本书受国家自然科学基金面上项目"脱贫山区生计效率的多尺度评估与干预机制研究"（42171281）资助。

返贫风险应对策略

基于西北生态脆弱区脱贫农户的调查

COPING STRATEGIES OF THE RISK OF RETURNING TO POVERTY:

A SURVEY OF POVERTY-STRICKEN FARMERS IN
THE ECOLOGICALLY FRAGILE OF NORTHWEST CHINA

尚海洋　苏　芳　马　静／著

社会科学文献出版社
SOCIAL SCIENCES ACADEMIC PRESS (CHINA)

前　言

受到资源限制的生态脆弱区属于我国的贫困高发区，大多数曾经的贫困村镇坐落于此，其中绝对贫困人口占全国的九成以上。由于生态脆弱区的环境恶劣以及具有较高的贫困聚集度，当地贫困居民，特别是农牧民，不得不一次又一次地开辟新的资源以维持生计，然而，这种开辟方式具有掠夺性和浪费性，从而导致生活与环境的循环恶化，最终形成"环境脆弱出现贫困，贫困导致对脆弱环境深度开发以获取新资源，对资源的掠夺超出当地生态承载力会使环境更加脆弱，最后造成贫困人口生活雪上加霜"的贫困陷阱。贫困的发生阻碍了世界各国社会经济稳步发展的进程，是当前各国急需解决的难题，为此世界各国选取与自己相适应的方法开展贫困治理。中国通过解决与总结扶贫工作开展过程中所存在的问题和经验，形成以精准扶贫、精准脱贫为核心的战略思想，它符合我国国情，适用于我国的经济发展现状，也体现了我国为解决世界贫困问题所做出的贡献和努力。

本书在厘清贫困问题的发生与发展、生计与贫困、返贫风险与风险规避等基本问题之后，以祁连山国家级自然保护区武威、张掖、金昌3市8县（区）为研究区开展相关实证研究。本书共12章：第1章至第3章介绍了贫困问题的产生、发展及脱贫后的共同富裕之路，阐释了生计与贫困，辨析了返贫风险与风险规避策略，由尚海洋、马静完成；第4章对研究区现状及致贫因素进行讨论，由马静、苏芳完成；第5章至第8章重点开展了研究区生计资本、生计策略、返贫风险与风险应对策略评估与分析，由马静、尚海洋完成；第9章、第10章、第11章引入对生计与贫困研究领域新热点的关注，第 12 章为结论与展望，由苏芳、马静完成。

本书的出版得到国家自然科学基金项目"脱贫山区生计效率的多尺度评估与干预机制研究"（42171281），陕西省创新人才推进计划科技创新团队（2021TD-35），陕西省科技创新人才推进计划软科学一般项目"农村社会组织在陕南地区稳定脱贫衔接乡村振兴中的作用路径与提升对策研究"（2022KRM045），甘肃省科技计划软科学项目"甘肃省特色农产品小微企业繁荣发展对精准扶贫的作用研究"（20CX4ZA068）的资助。此外，还得到了很多同人的帮助。

如果本书能在生计与贫困研究领域发挥些许作用，引起读者些许共鸣，那真是莫大荣幸！鉴于我们有限的能力和知识水平，书中难免存在错误和不足，希望读者不吝指教，共同商量探讨。

摘　要

　　中国通过解决与总结扶贫工作开展过程中所存在的问题和经验，形成了以精准扶贫、精准脱贫为核心的战略思想，它符合我国国情，适用于我国的经济发展现状，也体现了我国为解决世界贫困问题所做出的贡献和努力。本书通过对祁连山国家级自然保护区内武威、金昌、张掖3市8县（区）的农户开展生计现状与返贫风险抽样调查，明确农户的生计现状与生计预期，确定和分析典型的农户生计类型和特征；辨析农户返贫风险的种类与受众特征，评估返贫风险的安全性与强度，确定了导致研究区脱贫户返贫的主要风险类型；分析面临多种返贫风险时，农户的生计响应作用与机制，并归纳总结返贫农户在应对风险时所采取的规避策略。

　　研究发现，脱贫摘帽农户是否会返贫主要取决于农户所面临的风险程度以及自身的抗风险能力两个方面，资源禀赋不同、风险类型不同的农户有着不同的风险规避偏好，且等待政府的援助是农户应对多种返贫风险普遍的策略，而本应在返贫风险应对中发挥较大作用的社区/村级组织机构，却不为受访农户深度感知。此外，研究发现在脱贫攻坚全过程中，对于社区/乡村整体风险抵御能力建设的关注存在一定的不足，本书在诠释生计风险抵御力、社区风险抵御力等的基本内涵后，分析了社区/乡村与农户家庭间在返贫风险规避中的联系与作用机制，从系统维度思考社区/乡村生计风险抵御力构建框架。产业扶贫一直是脱贫攻坚取得全面胜利的重要支撑，而进入后脱贫时代的相对贫困治理时期产业扶贫的意义更加突出，对于脱贫摘帽地区的稳定持续防返贫尤为重要。

Abstract

By solving and summarizing the problems and experiences in the process of poverty alleviation, China has formed a strategic idea with precise poverty alleviation and precise poverty alleviation as the core contributions and efforts. This book conducts a sampling survey on the livelihood status and risk of returning to poverty among farmers in 8 counties (district) in Wuwei, Jinchang, and Zhangye in the Qilian Mountains National Nature Reserve, to clarify the livelihood status and livelihood expectations of farmers, and to identify and analyze typical farmers' livelihood types and characteristics; identify the types and audience characteristics of farmers' return to poverty risk, evaluate the safety and intensity of return to poverty risk, and determine the main types of risks that affect the return to poverty of poverty-stricken households in the study area; analyze the role and mechanism of farmers' livelihood response when faced with multiple return-to-poverty risks , and summarize the evasion strategies adopted by returning poor farmers when dealing with risks.

The study found that whether the farmers who have been lifted out of poverty will return to poverty mainly depends on the degree of risk faced by the farmers and their own risk-resisting ability. The assistance provided by farmers is a common strategy for farmers to deal with various risks of returning to poverty, while the community/village-level organizations that should play a greater role in responding to the risks of returning to poverty are not deeply perceived by the interviewed farmers. In addition, research found that in the whole process of poverty alleviation, there are certain deficiencies in the overall risk resistance construction at the community/village. After explaining the basic connotations of livelihood risk resistance, community risk resistance, etc. The relationship and mechanism of action between villages and peasant households in the risk aversion of returning to poverty, thinking about the resilience construction framework of the risk of returning to poverty at the community/village from a system perspective. Industrial poverty alleviation has always been an important support for the overall victory of poverty alleviation, and the significance of industrial poverty alleviation in the relative poverty governance period of the post-poverty alleviation era is more prominent, and it is particularly important for the stable and prevent the return of poverty in the areas which have been lifted out of poverty.

目 录 ↖

CONTENTS ↖↘

CONTENTS

第1章　贫困问题

1.1　贫困的发生

1.1.1　理论基础

贫困是一个全球性现象，是人类发展的核心问题，是政治、经济、文化、社会发展不平衡和地理自然环境差异以及人的个体差异等综合因素作用的结果。反贫困是全世界共同面临的挑战和亟待解决的课题，解决贫困问题也是人类共同的追求。关于贫困理论，国内外诸多学者给予了不同的解释和说明，本书从经济、资源、社会、政治等角度展开介绍。

（1）从经济角度对贫困理论进行研究

经济学家们主要是从公平与效率、价值与财富等角度研究贫困问题。西方古典经济学体系创始人亚当·斯密（Adam Smith）对"贫"与"富"含义的阐述是从财富多寡的角度进行的。独特之处在于采用劳动价值理论界定财富与商品交换的价值，劳动就是凝结在物品上的价值或使用价值，贫与富以拥有支配或购买劳动的多与寡来界定。斯密在《国民财富的性质和原因的研究》一书中用大量篇幅探讨了涉及劳动者贫困的关键性问题，即劳动产品的生产与分配问题。在此书中，斯密对劳动产品分配不平等的缘起和收入差异进行详尽的理论分析和现实叙事。斯密认为，劳动者收入的不平等受两个因素的交互影响：一是职业本身的差异性；二是政府政策的强制性。在斯密看来，劳动者收入的多寡是与职业本身的性质自觉关联的，当然，如果允许市场充分竞争和劳动力自由交易，劳动与资本的收益必然会趋向均等或是相近。判断个体是否属于贫困，可以从他的生活必需品、娱乐品中看出具体的细节，看他享有什么样的这类用品，来判断他是否属于贫困[①]。

大卫·李嘉图（David Ricardo）认同考察一个人是否贫困需要考察个体所拥有和支配的各类生活必需品、娱乐品等的多少。后来李嘉图在此基础上提出"使用价值贫乏论"，认为价值与财富的本质是不同的，价值与劳动生产的条件和困难程度相关，与数量的多寡无关，就像在制造产业领域，工人可以生产出同样价值的商品，却不能生产出相同的财富[②]。简而言之，使用价值贫乏论中财富是指制成品或商品，衡量财富或贫困的标准是商品或商品的数量，而不是劳动价值的多寡。此外，李嘉图将价格分为受生活必需品价格影响的自然价格和受供求关系影响的市场价格。他认为，当自然价格高于市场价格时，劳动者将由于工资不足以购买生活必需品而陷入匮乏状态，在这种情况下，只有劳动者数量减少到足以减轻人口对生活资料的压力时，劳动者才有机会从贫困的泥沼中走出来。

1901 年，本杰明·西博姆·朗特里（Bemjamin Seebohm Rowntree）在约克郡做了简单的调查，调查对象是约克郡工人的家庭收入情况及生活费用使用情况，在分析了调查中收集的数据后，他发现约克郡 10% 的人口生活在贫困之中。朗特里认为贫困是指家庭总收入水平不足以购买仅仅维持家庭成员身体正常功能的最低生活必需品[③]。朗特里所强调的生存需要包括食物、衣物、住房等，但不包括阅读报纸、享受生活所需要的酒精和烟草以及娱乐品和奢侈品等。朗特里也是第一个提出贫困线概念的学者，即根据最低生活必需品的数量及价格得出贫困家庭收入标准。此方法比世界银行（WB）在《2000/2001 年世界发展报告：与贫困作斗争》中提出的贫困线计算方法早一个世纪且一直沿用至今。

---

① 亚当·斯密. 国民财富的性质和原因研究（上卷）[M]. 郭大力，王亚南，译. 北京：商务印书馆，1972：26.
② 大卫·李嘉图. 李嘉图著作和通信集：第二卷 马尔萨斯《政治经济学原理》评注 [M]. 蔡受百，译. 北京：商务印书馆，1979.
③ 本杰明·西博姆·朗特里. 贫乏研究 [M]. 长泽弘毅，译. 东京：株式会社千城，1975：1-2.

（2）从资源角度对贫困理论进行研究

随着贫困概念与内涵的发展，人们逐渐发现贫困不仅是个人能力不足，还包括人们发展能力的资源供给不足，"资源"逐渐走进了贫困研究者的视野。马克斯·韦伯（Max Weber）认为社会的不平等现象也是社会资源的分布不够均匀所导致的，这些社会资源及有价物包括财富、收入、权利、名望、教育以及各类机会等，贫困者正是由于缺乏这些资料，而被动处于社会底层①。英国社会学家皮特·汤森（Pete Townsend）认为，贫困就是指一个人在社会中由于缺乏社会资源无法参与社会活动的状态②。欧盟委员会在《向贫困开战的共同体特别行动计划的中期报告》中表明，贫困代表个人、家庭和群体享有的资源不足，他们缺乏物质资源，也缺乏文化和社会资源，他们难以实现社会上普遍接受和认可的生活。我国学者乔东平和邹文开提出，贫困是物质资源匮乏导致的生理和精神资源匮乏③。资源贫困理论提出生态环境和社会资源的改善可以改变区域现有的贫困状态。

（3）从社会角度对贫困理论进行研究

阿马蒂亚·森（Amartya Sen）认为贫困的表现形式多样，除收入水平之外，贫困可能表现在应对风险时的脆弱性、面对外部压力缺乏基本的防御能力、无法平等享受公共物品供给等④。阿马蒂亚·森提出的可行能力贫困理论重点强调"可行能力"，即个人有可能实现的、各种可能的功能性活动。可行能力贫困理论突破了传统福利理论的局限，认为能力是界定贫困的核心要素，即从个人能力的角度，关注贫困者的能力，才是改变贫困的根源。阿马蒂亚·森在《以自由看待发展》一书中指出，经济、收入和技术进步都是为人类发展服务的，都属于工具范畴，人类发展的终极目标是自

---

① Runciman W G, Max Weber: Selections in Translation [M]. London: Cambridge University Press, 1978.

② Townsend P, et al. Superiority of the Deep Circumflex Iliac Vessels as the Supply for Free Groin Flaps. Clinical Work. [J]. Plastic and Reconstructive Surgery, 1979.

③ 乔东平，邹文开. 社会救助的理论与实务 [M]. 天津：天津大学出版社，2011.

④ 方劲. 可行能力视野下的新阶段农村贫困及其政策调整 [J]. 经济体制改革，2011（1）：73-78.

由。阿马蒂亚·森认为，自由是指人类的"潜在能力"，是指自我价值可以在生活方式上得到实现，因此，自由与可行能力是两个相通的概念。阿马蒂亚·森还认为，个体不应该停留在只追求物质收入层面的自由，而是应该关注更广泛的自由，包括个体能够具备自食其力、避免过早死亡的能力，以及享受阅读、参与民主活动的自由。

还有许多社会学者从社会分层的意义来解释贫困问题，认为在分层的意义上，贫困就是一种不平等。贫困人口一般生活在社会的底层，出生处境悲惨。还有些社会学者从社会结构或社会制度层面分析贫困的根源，认为社会结构或社会制度本身的不平等导致了现代意义上的社会贫困。美国人类学家奥斯卡·刘易斯（Oscar Lewis）认为，穷人独特的生活方式使他们与其他人在社会生活中隔离，长此以往，最终形成一种脱离社会主流文化的亚文化[1]。亚文化世代相传，使穷人即使遇到了摆脱贫穷的机会也难以摆脱贫困。刘易斯以对研究对象的同情和恻隐之心，揭露发展中国家在对抗贫穷过程中的复杂性和政治体制的弊端。另外，美国学者甘斯（Gans）的"贫困功能论"、弗里德曼（Friedman）的"个体主义贫困观"等都不同程度地从社会学角度分析了贫困问题。

（4）从政治角度对贫困理论进行研究

中国共产党始终坚持社会主义的本质要求，努力做到消除贫困、改善民生、实现人民群众的共同富裕。新中国成立之初，贫困问题就是我们党首先面临的关键问题。刚成立时的新中国可以用一穷二白来形容，人民生活普遍贫困，"1949 年中国人均国民收入 27 美元，不足整个亚洲平均 44 美元的 2/3，不足印度 57 美元的一半"[2]。以毛泽东同志为核心的党的第一代中央领导集体，面对新中国成立初期的严峻形势，继承和发展了马克思主义经典作家的反贫困理论，结合我国国情，采取了一系列有效措施，打响了反贫困斗争的第一枪。1953 年 12 月 16 日，党中央通过《中国共产党中央委员会关于发

---

[1] 杨永伟，陆汉文.贫困人口内生动力缺乏的类型学考察 ［J］. 中国农业大学学报（社会科学版），2019，36（6）：128-136.

[2] 胡绳.中国共产党的七十年 ［M］.北京：中共党史出版社，1991：289.

展农业生产合作社的决议》，该决议提出，"党在农村中工作的最根本的任务，就是要善于用明白易懂而为农民所能够接受的道理和办法去教育和促进农民群众逐步联合组织起来，逐步实行农业的社会主义改造，使农业能够由落后的小规模生产的个体经济变为先进的大规模生产的合作经济，……使农民能够逐步完全摆脱贫困的状况而取得共同富裕和普遍繁荣的生活"。1955 年 7 月 31 日，毛泽东在《关于农业合作化问题》的报告中，提到"逐步地实现对于整个农业的社会主义的改造，即实行合作化，在农村中消灭富农经济制度和个体经济制度，使全体农村人民共同富裕起来"①。这是毛泽东最早提出共同富裕的概念。毛泽东对共同富裕的重要论述，是从制度层面对共同富裕的深邃探索，奠定了共同富裕的制度基础，把改造私有制、建立和完善生产资料公有制、等量劳动取等量报酬以及公平分配作为实施共同富裕的制度保障②。

以邓小平同志为核心的党的第二代中央领导集体通过解放思想，做出了改革开放这一伟大决策，提出建立有中国特色的社会主义市场经济体制。邓小平同志也曾提到，国家富强，人民生活水平提高，努力发展生产力，消除贫困，提升人民的总体幸福感，是我们党永恒的追求。他直接指出，要改变中国面临的贫困落后面貌，首先要大力发展生产力，摆脱贫困落后的状态③。1992 年，邓小平同志在南方谈话中明确指出，社会主义的本质，是解放生产力，发展生产力，消灭剥削，消除两极分化，最终达到共同富裕。邓小平同志深刻认识大贫困的本质，通过一系列经济改革开放的政策，经过"两步走"到"三步走"的战略布局最终消除了中国整体贫困的局面。

世纪之交，世情、国情进一步发生了深刻变化，以江泽民同志为核心的党的第三代中央领导集体提出"三个代表"重要思想作为党一切工作的指

---

① 韩大元. 20 世纪 50 年代"共同富裕"理念形成及其演变——以《共同纲领》制定中社会主义目标的讨论为中心［J］. 交大法学，2022（6）：6-24.
② 徐紫嫣，夏杰长. 共同富裕思想的演进脉络和实践指引［J］. 学习与探索，2022（3）：133-140.
③ 石仲泉. 邓小平与中华民族伟大复兴的中国梦［C］//中央宣传部，中央党校，中央文献研究室，中央党史研究室，教育部. 邓小平与中国道路——全国纪念邓小平同志诞辰 110 周年学术研讨会论文集（上）. 中央文献出版社，2014：13.

南，"三个代表"重要思想也是这一时期反贫困工作的重要指导思想。"三个代表"重要思想与反贫困相结合，对反贫困的认识更加科学，认识到反贫困是社会主义制度优越性的重要体现，认识到扶贫的关键是扶智，认识到反贫困是我们党根本宗旨的体现。

科学发展是可持续反贫困的根本路径。以胡锦涛为总书记的党中央领导集体根据新时期国际环境，以及我国国情的变化，确立科学发展观作为我们党工作的指导思想，科学发展观这一思想贯穿我们党反贫困工作的理论和实践。胡锦涛把科学发展观与反贫困斗争相结合，促进反贫困斗争的实践朝着更科学、可持续的方向发展，对实现稳定脱贫具有重要意义。

党的十八大以来，以习近平同志为核心的党的新一届中央领导集体把扶贫事业摆在治国理政的关键位置，脱贫攻坚是全面建成小康社会的重要标准和基本目标，关系到两个百年奋斗目标的进程，关系到人民幸福的实现。2013 年 11 月，习近平总书记明确指出，共同富裕属于我们社会主义国家的一项基本原则，我们必须取得更多、惠及更多人们共享，且更加公平的成果，最终实现共同富裕。我们的奋斗目标便是实现共产主义，实现共产主义是我们党所追求的重要使命，是我们中华儿女的奋斗追求①。今天，中国大多数人民的生活水平有了显著的提高。有中等收入者和高收入者，但仍有大量低收入者，我们真正需要帮助的是低收入者，帮助他们解决问题，使发展优势更加公平地为人民服务，这不仅是对我们党全心全意为人民服务根本宗旨的体现，也是党和政府的重要责任。2017 年，习近平总书记在阐述新时代中国共产党的历史使命时强调，行百里者半九十。中华民族伟大复兴，绝不是轻轻松松、敲锣打鼓就能实现的。全党必须准备付出更为艰巨、更为艰苦的努力②。目前，我们如期打赢了脱贫攻坚战，历史性地解决了绝对贫困

---

① 赵宏，王玉萍．中国特色社会主义必然性研究［C］//天津市社会科学界联合会．天津市社会科学界第十四届学术年会优秀论文集：加快构建中国特色哲学社会科学 推进"五个现代化天津"建设（上）．天津出版传媒集团，2018：8.

② 中华人民共和国中央人民政府．习近平说，实现中华民族伟大复兴的中国梦是新时代中国共产党的历史使命［EB/OL］．http：//www.gov.cn/zhuanti/2017－10/18/content_ 5232628.htm.

问题，脱贫攻坚成果得到进一步巩固拓展，要切实做好巩固拓展脱贫攻坚成果同乡村振兴有效衔接各项工作，让脱贫基础更加稳固、成效更可持续①。

1.1.2 基本内涵

随着对贫困问题研究的不断发展，对贫困概念的理解也不断深入，早期对贫困的认识主要是"收入或消费水平不能满足基本生存需要"，而随后更多的学者从能力、权力、脆弱性等角度重新定义了贫困，贫困的概念得到进一步的丰富。

早在20世纪初期，学者们就开始从收入角度定义贫困。英国学者朗特里对英国约克郡工人家庭的贫困问题进行了家庭生计调查，在此基础上，将贫困定义为"家庭总收入水平不足以购买仅仅维持身体正常功能所需的最低生活必需品"，第一次定义了"收入贫困"这一可以量化的贫困概念，随后，收入贫困的概念得到了广泛的应用②。美国学者劳埃德·雷诺兹（Lloyd Reynolds）从贫困者的收入匮乏角度出发，在其著作《微观经济学》中提到，贫困即意味着个体收入及其匮乏，无法满足最低的生活保障水平及标准。英国学者奥本海默（Oppenheimer）也同样注意到了贫困群体的收入与支出问题，他认为贫困即个体或家庭收入较低，其在衣、食、住、行等方面的支出少于平均水平③。我国学者王小林也认为贫困是指个人或家庭收入匮乏，以至于基本的生活物质资料无法获取，从而达不到基本的生活需求标准，也可以理解为，贫困即物质财富或货币收入在一定程度上十分缺乏的一种状态④。

伴随对贫困概念的进一步探索，"社会排斥理论""剥夺理论"与贫困的关系日益紧密，"剥夺理论"认为贫困是由个人、家庭或某种群体在社会

① 让脱贫群众生活更上一层楼（持续增进民生福祉）［EB/OL］. http：//finance. people. com. cn/n1/2023/0311/c1004-32641749. html.

② Rowntree B S. Poverty：A Study of Town Life［M］. London：Macmillan，1901.

③ Cai Ruohong，Esipova Neli，Oppenheimer Michael，Feng Shuaizhang. International Migration Desires Related to Subjective Well-Being［J］. IZA Journal of Migration，2014，3（1）.

④ 王小林. 贫困标准及全球贫困状况［J］. 经济研究参考，2012（55）：41-50.

发展中遭到一定程度的排斥或剥夺而引起的①。世界银行发布的报告指出，在传统的贫困定义中，贫困是人民福祉被剥夺的一种现象，且引起贫困的这种剥夺不是单方面的，而是多方面剥夺综合的结果。从某种程度上说，人口的发展、权利、健康、教育、社会交往和享受生活等多方面的剥夺也是贫困的具体表现②。安东尼·吉登斯（Anthony Giddens）对"下层阶级"做了进一步阐述，认为下层阶级是处于阶层最下层的群体，这正是贫困群体被排斥的一种表现③。

中国的研究者也提到，社会排斥是从深层次的本质和原因出发的，容易让人们与政治、经济、文化和社会制度等相联系。社会排斥概念的发展是人类社会在贫困现象认知上的一大进步和理论升华。贫穷和剥夺一般会让人们想到物质资源的缺乏，而社会排斥则会让人们想得更深，会与政治、经济、文化等因素相关联④。综合众多学者的意见，1981 年，世界银行界定贫困内涵，即无法拥有足够多的资源来支撑享受衣、食、住、行、娱乐等条件时，被视为贫困⑤。其中一个重要观念的变化是，穷人作为贫困的主体，他们不是经济福利的被动接受者，而应该是能动地获取机会、争取权利进而享有充分经济自由的经济单位。

但是，当我们拓展贫困因素之间的联系就会发现贫困是多因素缺乏的综合体现。而"能力"缺乏是学者们讨论的热点。19 世纪末，布思（Booth）在其文章中将贫困定义为：缺乏获取物质货物资源或服务的能力，且这些物质货物资源和服务对于人们的生存是必不可少的⑥。阿马蒂亚·森的著作

---

① 许昭宾，张勇，闫晓静，等. 创新解决相对贫困长效机制 加强脱贫攻坚思想政治教育 [J]. 现代商贸工业，2020，41（17）：132-133.

② 杨国涛，周慧洁，李芸霞. 贫困概念的内涵、演进与发展述评 [J]. 宁夏大学学报（人文社会科学版），2012，34（6）：139-143.

③ Giddens A，熊美娟. 阶级分化、阶级冲突与公民身份权利 [J]. 公共行政评论，2008，1（6）：5-21+197.

④ 王小林. 贫困标准及全球贫困状况 [J]. 经济研究参考，2012（55）：41-50.

⑤ 青连斌. 社会主义和谐社会理论研究的进展 [J]. 中共石家庄市委党校学报，2006（2）：15-24.

⑥ Booth，Charles. Life and Labour of the People in London：First Results of An Inquiry Based on the 1891 Census. Opening Address of Charles Booth, Esq. , President of the Royal Statistical Society. Session 1893-94 [J] . Journal of the Royal Statistical Society，1893，56（4）.

《以自由看待发展》提出"可行能力"概念，即个人有可能实现的、各种可能的功能性活动组合。阿马蒂亚·森指出，贫困代表个体或家庭可行能力的剥夺，收入低下仅仅是一方面，更包含如死亡、营养不良、疾病、低学历、文盲等一些让个体无能力获取资源的事物。阿马蒂亚·森还探讨了贫困与发展之间的关系，强调了个体的自由与能力的重要性，他认为，发展不应仅仅以经济增长和物质繁荣为导向，而应更注重人的综合发展和福祉，应该致力于减少剥夺和不平等，提供机会和资源的平等分配①。2000 年，"能力贫困"被提出并阐述，即贫困不仅包括了人们物质、教育、医疗等的匮乏，还包括了生计中面临的各种风险及抗风险能力的脆弱性，以及自我需求表达和影响力的缺失②。

随着贫困问题研究呈现微观化和动态化的趋势，反贫困实践对贫困的事前预见提出了越来越高的要求。在这种背景下，脆弱性贫困的概念应运而生。世界银行在《2000/2001 年世界发展报告：与贫困作斗争》中正式提出了脆弱性概念，认为不安全和脆弱性概念动态地描述了随时间推移人们针对变化所做出的响应。不安全是指暴露于风险之中，而脆弱性是指风险等外部冲击导致福利水平下降的可能性。在研究中，脆弱性被视作家庭资产禀赋、保险机制以及遭受冲击程度和频度的函数。自此，贫困研究领域出现了大量以脆弱性为主题的论文与著作，这些文献对脆弱性概念做出了进一步的阐述、解释和修正。脆弱性不单单反映当下的贫困现实，更重要的是预测民众面对未来各种不确定性时陷入贫困的概率，它深入、动态、前瞻性地刻画了贫困。

上述几种贫困概念的提出反映了学术界对贫困内涵认识的深化和完善，它们相互补充、相互影响、相互作用，也使得人们对贫困的理解更加全面和深化。贫困不仅涉及缺乏"相关的物质文化层面"，还涉及"民主、法治、制度、司法、安全和环境"的不平衡和发展不足，以及在这些方面的实际

① Sen A. Development as Freedom［M］. New York：Oxford University Press，2001.
② 青连斌. 贫困的概念与类型［N］. 学习时报，2006-06-05（5）.

困难和相对能力的缺乏，还包括人们是否有足够的感情去充分感受与认知，是否会受到社会排斥等。

1.2 贫困的发展

1.2.1 绝对贫困

朗特里最早在《贫困：城镇生活研究》中对绝对贫困给出界定，他认为贫困是家庭总收入水平不足以购买仅仅维持家庭成员身体正常功能所需的最低生活必需品。这种界定将生存与个体生理上最低的需求相联系，低于该需要人就不能生存，因而也被称为绝对贫困①，可见，绝对贫困是一种生存需要的绝对匮乏和绝对剥夺，生存需要得不到满足时个体或者家庭将失去维持生命的能力。

除了界定贫困，学者们对探索导致贫困的原因也非常热衷。主要观点有以下几种。最早的观点将贫困归因于个体，认为贫困的个体都存在某种生理、性格等方面的缺陷，个体应该为自己的贫困负责。这种观点显然忽略了贫困产生的社会因素，后来被研究群体极力反对。

一部分研究者将贫困归因于文化，这种观点热衷于从贫困区的文化背景入手进行研究，1959年，奥斯卡·刘易斯率先提出了"贫困文化"（Culture of Poverty）概念。该理论认为，贫困并非（至少不完全是）贫困者自身的过错，而是贫困者与其嵌套的外部环境动态调适的互动结果，因此，反贫困需要社会环境和贫困者自身共同做出调整。至此，贫困文化理论逐渐形成②。

在我国，很多学者对贫困成因问题也有了一些研究成果，有些学者认为制度的不合理是导致贫困的原因之一。例如廖赤眉等人认为："制度性贫困

① 郭熙保，罗知. 论贫困概念的演进 [J]. 江西社会科学，2005（11）：38-43.
② 张洁. 城市贫困的双重阐释：结构和文化的视野 [D]. 上海：上海大学，2016.

是由于社会制度，如政治权利分配制度、就业制度、财政转移支付制度、社会服务分配制度、社会保障制度等决定生活资源在不同社区、不同区域、不同群体和个人之间的不平等分配而造成某些社区、区域、群体或个人处于贫困状态。"[①] 王正理认为，贫困地区落后的原因归结为三点，生产方式、经营结构和思想的落后，要想摆脱贫困，就要改变那些和市场经济发展不相适应的经济体制[②]。总之，关于贫困的成因，众说纷纭，归结起来有几方面，有的来自经济方面，有的源自制度方面，还有的来自文化方面和自然环境方面。这些因素综合在一起使贫困的成因变得复杂。

1.2.2 相对贫困

相对贫困是一种长期性贫困现象，具有连续性、主观性、发展性等特点，也具有动态性、不平等性、相对性等特征，表现为各个社会阶层之间和各阶层内部的收入差距。2020 年以后，我国反贫困战略发生历史性转变，相对贫困治理在扶贫工作中的战略定位更加凸显。相对贫困不仅是以收入、消费或福利来衡量经济福利的方式[③]，还是社会贫困的一种表现形式。相对贫困更多地强调一种脆弱性、无发言权、社会排斥等社会层面的"相对剥夺感"[④]。不论是从物质生活匮乏还是从社会参与不足等角度看，相对贫困都更多地表现为一个从低到高的连续分布，涉及主体感受和客体评价，并反映了对于贫困认知的发展过程[⑤]。可以认为，相对贫困与财富、收入在不同阶层之间的分配有关，又与个人的自我认同以及社会公平观紧密相连。下面对相对贫困产生的原因分几个维度展开讨论。

---

① 廖赤眉，彭定新，严志强，等．贫困与反贫困若干问题的探讨［J］．广西师院学报（哲学社会科学版），2002（1）：1-5.
② 王正理．贫困地区的特点及发展对策［J］．科学·经济·社会．1986（6）：330-332.
③ 乌德亚·瓦格尔，刘亚秋．贫困再思考：定义和衡量［J］．国际社会科学杂志（中文版），2003（1）：146-155.
④ 郭熙保．论贫困概念的内涵［J］．山东社会科学，2005（12）：49-54+19.
⑤ 关信平．论现阶段我国贫困的复杂性及反贫困行动的长期性［J］．社会科学辑刊，2018（1）：15-22+209.

相对贫困问题是收入分配的重要内容，相对贫困产生的一个重要表现是贫富差距拉大。有数据显示，中国城乡居民人均可支配收入比在持续下降，但收入差距绝对值仍在继续拉大，比如，2009 年农村居民人均可支配收入为 2210 元、城镇居民人均可支配收入为 5854 元，两者相差 3644 元；2018 年农村居民人均可支配收入为 14617 元、城镇居民人均可支配收入为 39251 元，收入差距绝对值扩大到 24634 元[①]。

贫困主体自身能力贫困也是其中一个重要原因。表现较为明显的是农民工代表，这一群体具有劳动或工作能力低、获取资源和信息的能力低、合作和参与的能力低、城市适应能力差、人际交往能力弱、自我发展能力差的特点，同时，他们提升自己能力的空间受限，他们通常以比正常工作时间更长的时间换取必要的收入，培训自己的时间几乎为零。外加他们工作劳动强度大、工作环境差、工作防护性保障不足、居住条件差等，导致健康折旧加速[②]。除此之外，他们从事的工作大部分以简单重复性的体力劳动为主，很难在工作中提升自己的工作能力。颠沛流离的工作状态使他们很难在某地长期驻留，不易融入当地人际交往圈，很难深度参与打工地的公共事务，也难以发挥实质性影响。

人力资本缺失是贫富差距加大的重要原因之一。随着经济增长且收入不平等状况不断恶化，贫困研究逐渐转向从人力资本的角度分析相对贫困问题。有研究认为贫困主体缺乏分享经济发展成果的能力且经济社会的不平等导致贫困差距依然存在。西奥多·舒尔茨（Theodore W. Schultz）对人力资本做出解读，人力资本"是人民作为生产者和消费者的能力""是由人们通过对自身的投资所获得的有用的能力所组成的""即知识和技能"。他认为，"我们之所以称这种资本为人力的，是由于它已经成为人的一个部分，又因

---

① 国家统计局. 中国统计年鉴（2019）[M]. 北京：中国统计出版社，2019.
② 俞林伟，陈小英. 农民工家庭城市融入中健康贫困问题研究 [J]. 医学与哲学（A），2013，34（3）：58-61.

为它可以带来的满足和收入，所以将其称为资本"①。所以人力资本是蕴藏在人体之中且具有经济价值的知识、技能、能力等因素的整合。不得不承认人与人之间存在人力资本差异，不同形态的人力资本对贫困的影响方式和影响结果不尽相同，这是导致收入不平等的重要原因。同时，人力资本还具有传递性，例如父辈的人力资本状况会影响子女人力资本的投资，使得收入状况也表现出代际相传特征进而拉大贫富差距。

缺乏教育投资所产生的人力资本匮乏在相对贫困分析中扮演着重要角色。个人教育状况直接影响个人的收入状况。一方面，在经济社会中，不同的岗位、职业发挥的作用不尽相同，因此收入各有差异。当受过较多教育的个体选择比较重要的岗位时，受教育水平较低的个体只能被淘汰，到技术含量较低的岗位获取较低收入。且随着经济社会不断发展，现代化生产过程对劳动者的技能要求也不断提高，教育所产生的基础知识是专业技能产生的必要前提。贫困者因为教育水平低而面临较窄的市场需求，出现就业困难。另一方面，教育不仅直接影响个体收入状况，更重要的是通过影响个体就业状况出现贫困循环，即教育缺失导致的就业困难使贫困者无力支付教育投资而继续循环贫困的事实。

社会资本差异也是相对贫困发生的重要原因。托马斯·福特·布朗（Thomas Fort Brown）和木子西认为微观层面的社会资本分析，侧重于讨论"个体自我通过社会网络（包括自我在内）调动资源的潜力"②。且该层次的社会资本分析主要是考察居民或家庭的行为决策过程中社会资本功能的发挥。所以，社会资本可以理解为是一种社会资源，可以通过投资积累为社会网络中的行动者带来便利甚至是收益。首先，社会资本为个体带来精神上的鼓励与支持，社会关系网络为人的交往需求的实现提供了重要渠道。同时，社会关系网络规模的大小、层次的高低，对个人交往需求满足程度有较大的

---

① 西奥多·W.舒尔茨.论人力资本投资［M］.吴珠华等，译.北京：北京经济学院出版社，1990.

② 托马斯·福特·布朗，木子西.社会资本理论综述［J］.马克思主义与现实，2000（2）：41-46.

影响。结合贫困者实际，随着改革的不断深入，特别是在市场化、城市化以及国有企业改制等制度变迁过程中，市场波动、技术变革、产业经营等变动情况下，必然有一部分人出现文化融入困难、社会排斥等感知性精神因素得不到满足的情况，并陷入封闭性和边缘化的社会生存困境。此外，社会资本通过信息传递促进知识溢出，知识溢出效应包括知识溢出和知识传播，两者都是知识扩散的方式。知识传播是知识的复制，而知识溢出则是知识的再造，知识溢出过程具有连锁效应、模仿效应、交流效应、竞争效应、激励效应等。贫困者由于缺乏社会资本难以获得知识溢出的好处，不能享有社会资本带来的收益，进而影响自身利益维护和经济状况改善。

对于相对贫困群体而言，以上这些因素并不是单独发挥作用而是相互影响、相互建构、交叉融合的，给相对贫困的解决带来巨大挑战。

1.2.3　绝对贫困向相对贫困的转变

从理论的角度来看，贫困是一个发展且相对的概念，由绝对贫困发展到相对贫困不但是贫困存在的客观规律，也是中国农村扶贫开发战略取得阶段性胜利后的必然趋势和客观现实。绝对贫困向相对贫困的转变得益于中国共产党带领人民所付出的艰辛努力，体现在历代领导人的贫困治理思想之中，而相对贫困问题会在今后更加凸显并成为贫困存在的主要形式。

（1）社会主义革命和建设时期的贫困治理思想

近代中国是一个贫困落后的农业国，遭受着帝国主义国家和本国封建势力的双重压迫，作为中国社会主义革命和社会主义建设的重要领导人，毛泽东在领导中国人民革命和建设的过程中产生的反贫困理论主要集中在社会主义建设阶段，尤其是 1949 年中华人民共和国建立到 1965 年。通过对农业、手工业和资本主义工商业的改造，工人阶级基本上被以工厂招工的形式吸纳进国有企业或集体企业，工人阶级的衣食住行等基本生活要求得到一定程度的保障，工人阶级的工资待遇按照国家编订的薪酬体制执行。但由于城乡二元制的存在，农民阶级仍然处于落后的小农经济的包围之中，没有纳入国家保障体系，面临贫困和返贫的威胁。根据苏联 20 世纪 20 年代末到 30 年代初大规模社会主义集体经济建设的经验，毛泽东提出了对农业社会主义改造、推进农业合作化的计划。他预言，"为了摆脱贫困，改善生活，为了抵御灾荒，只有联合起来，向社会主义大道前进"[①]。经过对农业进行3年的社会主义改造，截至1956年底，全国建立了农业生产合作社75万个，入社农户达到全国农户总数的96.3%，涉及几亿农民的深刻社会制度变革终于完成。

（2）改革开放十年的贫困治理思想

改革开放后，以邓小平同志为核心的党的第二代中央领导集体坚持解放思想、实事求是的思想路线，颠覆了过去几年甚至几十年对于反贫困理论和路径的认识。提出的"贫穷不是社会主义""社会主义就是要消灭贫困""三步走"战略等一系列重要论断，把中国共产党人对社会主义制度下贫困及贫困治理问题的认识提高到了一个新水平。

在1985年全国科技工作会议上，邓小平同志提出"我们奋斗了几十年，就是为了消灭贫困"[②]，为了完成这个目标必须两步走，第一步到本世纪末（20世纪末）达到小康水平，第二步再用三五十年的时间，在经济上接近发达国家的水平，使人民生活比较富裕。1987年，在中国共产党第十三次代表大会前夕，邓小平把"两步走"战略改为"三步走"战略，并写入党的十三大报告。该报告提出，中国经济建设的总体战略部署分三步：第一步是实现国民生产总值比1980年翻一番，解决人民温饱问题；第二步是到20世纪末国民生产总值再增长一倍，人民生活达到小康水平；第三步是到21世纪中叶人均国民生产总值达到中等发达国家水平，人民生活比较富裕，基本实现现代化。

1978年后，邓小平逐步提出在东南沿海地区兴办经济特区，邓小平明确指出了从东南沿海到内陆地区的贫困治理空间布局，指出要允许一部分地区、一部分企业、一部分群众率先富裕起来。他们的致富会产生示范效应，

---

① 王建军. 新中国成立初期国家治理体系的构建（1949-1956）[D]. 北京：中共中央党校，2018.
② 邓小平文选（第三卷）[M]. 北京：人民出版社，1993：109.

带动其他地区来学习，从而形成一种不同单位、不同地区之间的竞争，最后"会使整个国民经济不断地波浪式地向前发展"①。

（3）党的十三届四中全会以后的扶贫开发思路

党的十三届四中全会后，党中央将扶贫开发上升为国家重大经济提升策略，深刻论述了贫困对国家经济腾飞的阻碍以及对地区政治稳定的危害，明确要求把"实现扶贫攻坚目标，到本世纪末基本解决全国农村贫困人口的温饱问题"作为"最艰巨的任务"来抓②。改革、发展、稳定是中国现代化建设的三颗棋子，丢失任何一颗都不被允许，江泽民同志在继承邓小平反贫困工作布局的基础上制定了"八七扶贫攻坚计划"，明确反贫困的主体、形成反贫困合力③。

（4）党的十六大以后以人为本的贫困治理思想

胡锦涛同志执政时期是我国反贫困工作快速推进的时期，也是中国共产党贫困治理思想得以全面充实的时期。胡锦涛为主要代表的中国共产党人，团结带领全党全国各族人民从更广阔的世界视角看待中国的扶贫工作，对扶贫标准、脱贫时间、扶贫主体、扶贫模式等都有论述，形成了以人为本的贫困思想④。在党的十六届五中全会上，中共中央提出了建设社会主义新农村的重大战略。胡锦涛同志指出，建设全面小康社会关键在农村，尤其是贫困的农村，必须毫不动摇地按照既定目标推进社会主义新农村建设，力争到2020年，使贫困地区的群众"两不愁、三保障"。

（5）习近平总书记关于"精准扶贫"的论述

习近平总书记在继承改革开放以来扶贫开发战略和扶贫开发经验基础上，围绕贫困治理问题发表了系列重要讲话，形成了全面深化改革时期中国共产党人的贫困治理思想。其中，精准扶贫思想正是总结数十年扶贫工

---

① 邓小平文选（第二卷）[M]. 北京：人民出版社，1993：152.
② 江泽民. 论社会主义市场经济 [M]. 北京：中央文献出版社，2006：319.
③ 江泽民. 论社会主义市场经济 [M]. 北京：中央文献出版社，2006：322.
④ 胡锦涛. 全面贯彻落实科学发展观，推动经济社会又快又好发展 [J]. 求是，2006（1）：3-9.

作经验、教训，并根据目前中国贫困群体状况所提出的针对性措施。精准扶贫包括了精准识别、精准帮扶、精准管理和精准考核，其核心要义就是精准化理念，要求将精准化理念作为扶贫工作的基本理念，贯穿扶贫工作的全过程①。习近平总书记指出，做好新形势下的扶贫工作必须坚决反对"一刀切"，要根据各个贫困地区、贫困家庭的不同情况"实事求是、因地制宜、分类指导、精准扶贫"，他明确提出"扶贫开发贵在精准，重在精准，成败之举在于精准"②。习近平总书记在中央扶贫开发工作会议上指出，"脱贫攻坚战的冲锋号已经吹响"，要坚决打赢这场脱贫攻坚战。习近平把邓小平共同富裕的思想和扶贫开发工作联系起来，在社会主义本质论述的基础上强调扶贫开发也是社会主义的本质要求，这一论述发展了中国共产党人对社会主义本质的认识。通过立足贫困地区的资源、市场和人文环境优势，摸清扶贫开发规律，发展职业教育，推广适用技术，推动贫困劳动力转移，提高劳动者素质。同时，搭建政府、企业、社会和贫困地区共同合作的协调机制，编织贫困群众生活保障网，开辟贫困群众全面建设小康的新渠道。

2020年我国决战脱贫攻坚取得决定性胜利，现行标准下农村贫困人口全部脱贫，832个贫困县全部摘帽，绝对贫困现象历史性消除，完成了绝对贫困向相对贫困的历史性转变，工作任务也逐渐转为相对贫困治理。在2022年中央农村工作会议上，习近平总书记明确指出，巩固拓展脱贫攻坚成果是全面推进乡村振兴的底线任务，要继续压紧压实责任，把脱贫人口和脱贫地区的帮扶政策衔接好、措施落到位，坚决防止出现整村整乡返贫现象。聚焦重点，统筹推进乡村振兴，进一步完善基层组织建设，数字乡村建设，构建自治、法治、德治相结合的乡村治理体系③。

---

① 唐任伍．习近平精准扶贫思想阐释［N］．贵州民族报，2015-12-09（3）．
② 闻涛．扶贫开发成败在于精准［N］．人民日报，2015-06-25（5）．
③ 王艳．全力推进巩固拓展脱贫攻坚成果同乡村振兴有效衔接［N］．农民日报，2023-02-09（1）．

1.3 贫困的治理

1.3.1 绝对贫困治理

贫困治理是我国在社会主义初级阶段长期面临的重要任务。党和国家进行了大量脱贫实践探索和理论创新，先后实现了人民温饱满足、生活总体小康和全面建成小康社会的目标。基于此，我国对于绝对贫困的治理走出了一条适合自身的发展道路。经历了70多年的不懈努力与艰苦奋斗，我国最终彻底消除绝对贫困，成为全世界最早实现联合国千年发展目标中减贫目标的发展中国家。

在马克思主义反贫困思想指导下，我国立足各建设阶段经济发展条件和贫困状态，及时调整政策目标和工作方式，开展了具有时代烙印和中国特色的反贫困实践。

（1）1949~2011年针对绝对贫困粗放式扶贫

新中国成立初期，我国的目标是消灭剥削制度和剥削阶级，基本解决温饱问题。我国经过社会主义三大改造建立了社会主义制度，实行农民土地所有制改革，开始建立以社会救助为主的社会保障制度，为"五保户"提供暂时性和补偿性的国家保障。改革开放后改革农村经济体制，初步建立社会主义市场经济制度，打破原有的反贫困工作制度藩篱。1994年发布《关于印发国家八七扶贫攻坚计划的通知》，提出在2000年前基本解决全国农村8000万贫困人口温饱问题，针对中西部革命老区和少数民族地区提供信贷优惠、财税优惠、经济开发优惠等政策保障。党的十七大时，贫困人口基本生活得到保障，人民生活从温饱不足发展到总体小康，与时俱进地提出了全面建设小康社会奋斗目标新要求是"绝对贫困现象基本消除"，做出"解决好农业、农村、农民问题，事关全面建设小康社会大局，必须始终作为全党工作的重中之重"①

---

① 高举中国特色社会主义伟大旗帜为夺取全面建设小康社会新胜利而奋斗——在中国共产党第十七次全国代表大会上的报告［J］．党建研究，2007（11）：4-22.

的论断，并开始关注提高扶贫开发水平。

（2）2012～2019年针对绝对贫困精准脱贫

经过 30 多年中国特色社会主义制度建设，我国社会生产力迅速发展，为反贫困提供了强大的物质基础和发展动力。城乡最低生活保障标准和农村扶贫标准提升，但贫困问题仍是制约全面小康社会建设目标实现的瓶颈和关键。虽然开展了瞄准贫困县的制度性扶贫开发、东西协作"输血"式扶贫等探索实践，却出现了脱贫速度放缓、贫困人口总体分散区域集中、区域扶贫成果完成后个体返贫率高的问题，脱贫工作可持续性弱。党的十八大后重点解决城乡发展不协调问题，"把国家基础设施建设和社会事业发展重点放在农村，深入推进新农村建设和扶贫开发，全面改善农村生产生活条件"①，将资源倾斜向农村、边远、贫困、民族地区的义务教育和特殊教育。2013年 11 月，习近平总书记提出"精准扶贫"思想，将"扶持对象精准、项目安排精准、资金使用精准、措施到户精准、因村派人精准、脱贫成效精准"作为工作关键要求，我国进入精准扶贫阶段②。党的十九大将 2020 年以前我国的反贫困目标界定为"现行标准下农村贫困人口实现脱贫，贫困县全部摘帽，解决区域性整体贫困"。针对我国绝对贫困治理阶段，总结出我国特色绝对贫困治理实践的特点如下。

第一，始终坚持党在绝对贫困治理中的领导地位。中国共产党的领导是中国特色社会主义事业最根本的特征，中国共产党对贫困事业的领导是战胜绝对贫困最根本的保障。只有在中国共产党的领导之下，才能寻找到消除绝对贫困的治理方式，才能够集中力量办大事，才能够快速完成全面脱贫的目标，在全世界创造出发展中国家战胜绝对贫困的奇迹。

第二，党在脱贫事业中以人民为中心，坚持群众观点，走群众路线。脱贫的重点工作在于对农村的绝对贫困治理，党的扶贫工作坚持以"两不愁、三保障"作为消除农村绝对贫困的最低扶贫标准，对农村扶贫工作格外关

① 坚定不移沿着中国特色社会主义道路前进为全面建成小康社会而奋斗——在中国共产党第十八次全国代表大会上的报告 [J]. 实践（思想理论版），2012（Z1）：4-18.
② 汪三贵. 习近平精准扶贫思想的关键内涵 [J]. 人民论坛，2017（30）：54-55.

注。首先，对农村地区扶贫工作制定政策措施，增加国家财政支持，建设基础设施和公共服务体系，满足农村地区生活的必要需求。其次，通过发展农村教育文化等激发农村人民对脱贫的热情，引导贫困人口通过双手改变现状，鼓励社会其他主体积极参与农村脱贫事业。另外，对农村干部严格要求，筛选掉不为人民办实事、不积极建设农村的纸面派。对领导干部进行严格的责任监督，建立考核机制，把扶贫工作作为党政领导干部政绩考核的重要内容，引导贫困地区的领导干部把工作重点放在扶贫开发上。中国共产党时刻将人民利益放在首位，明白人民真正的需求是什么，并据此制定正确的、有利于人民的政策，这是中国共产党成功的秘诀①。

第三，在绝对贫困治理过程中创新贫困治理方式，坚持精准扶贫战略。面对贫困治理的多方问题，如何才能有效解决这些问题，并且将贫困治理措施落实到位、执行到位，成为进行绝对贫困治理的首要问题。而中国共产党解决这一问题的方式就是创新贫困治理模式，提出精准扶贫、精准脱贫的战略。实践证明，这一战略对我国绝对贫困治理的成功起到了关键作用，成为快速战胜绝对贫困的法宝。在精准扶贫战略下，具体分析每一个贫困家庭致贫的原因以及有针对性地提出脱贫路径，这种治理模式也能够很好地防止贫困人口出现返贫现象。对有劳动能力的贫困人口采取开发式扶贫措施，即鼓励和帮助贫困人口开发物质资源和人力资源，实现脱贫致富的目标。对丧失劳动能力的贫困人口采取保障性扶贫措施，即政府为无法依靠自身力量解决贫困的人口提供基本的社会保障，以兜住贫困人口的生活底线。

第四，在绝对贫困治理过程中充分利用互联网、大数据，推进贫困治理的现代化。互联网对于我们的社会和生活而言不可或缺，在贫困治理中利用互联网，不仅能够节约资源，通过信息共享快速定位脱贫对象，而且能够给贫困家庭带去现代化的便利，让他们切身体会到光明的未来。互联网与扶贫具有很强的兼容性，通过互联网与扶贫工作相结合，可以为扶贫提供更高效

---

① 王丹，王太明. 中国共产党治理农村绝对贫困的基本特征、主要经验及现实启示［J］. 理论学刊，2021（1）：50-58.

的资源整合、更快捷的信息传递、更准确的扶贫评估。在党的领导下，社会力量可以借助互联网参与扶贫工作，通过搭建电商扶贫平台畅通农副产品销售渠道，解决农村贫困群众就业问题，促进农民增收致富①。

第五，在绝对贫困治理过程中以贫困治理现代化为工作主线。首先，党制定了有效的贫困治理机制，出台了贫困治理的政策，这些政策机制构成我国绝对贫困治理的高效系统，成为进行脱贫工作的框架性架构。其次，为充分调动地方干部以及人民投身于脱贫事业的积极性，根据当地发展状况和自身特点，因地制宜制定脱贫政策，加大脱贫支持力度。最后，着力点在于提高贫困人口收入，通过贫困治理现代化将政策落实到底。

总之，我国的绝对贫困治理在实践中起到了良好的效果，并且汲取绝对贫困治理的成功经验，为相对贫困治理打下了坚实的基础，在贫困治理过程中具有重要作用。

1.3.2 相对贫困治理

在完成绝对贫困治理以后，我国的贫困治理就集中于相对贫困治理的新阶段。党的十九大报告明确"增进民生福祉是发展的根本目的"，在"两步走"战略第一个阶段（2020~2035年），相对贫困治理目标体现在"城乡区域发展差距和居民生活水平差距显著缩小，基本公共服务均等化基本实现"。当前，相对贫困治理还存在以下三个方面的问题。第一，相对贫困人口内部多级分化，且人对更高层次的发展需求具有内隐化特征，存在支出性贫困、因病因学贫困和意外贫困等多维贫困状态②。第二，贫困人口内生动力不足。区别于绝对贫困，相对贫困不是仅仅依靠政府的支持就能消除的，而是在很大程度上依赖相对贫困人口自身，因此对于相对贫困人口的要求就高了。第三，相对贫困的消除不是一蹴而就的，往往需要长期实施政策，致

---

① 耿静红，谭清华．中国战胜绝对贫困：发展历程、基本经验与世界意义［J］．传承，2021（1）：63-68．
② 王雪岚．从绝对贫困治理到相对贫困治理：中国精准扶贫长效机制的实践路径分析［J］．沈阳工程学院学报（社会科学版），2020，16（1）：52-57+90．

贫原因更加多元化，因此也不同于绝对贫困的治理方式。政府在制定政策时需要考虑贫困地区的长远发展，不只是为了应付阶段性任务，而是针对不同贫困人口的需求进行治理，防止出现返贫现象。

针对上述相对贫困治理过程中的难题，今后我国的相对贫困治理工作需要从以下几点出发。

第一，由关注人的生存需求转向关注人的发展需求。由于消除绝对贫困已经取得胜利，因此我国的贫困治理目标应该转移到相对贫困治理上来。相对贫困治理目标是解决贫困群体的发展性需要，针对的是发展不平衡不充分的问题，体现了社会主要矛盾的变化，目标设定也更加复杂，包含收入、教育、居住、发展机会等多个维度。从时间上看，相对贫困治理的短期目标是巩固脱贫攻坚成果，阻断返贫及预防新贫的产生；中期目标是缩小区域间收入差距和解决区域间发展的不平衡；长期目标是实现共同富裕和人的全面自由发展①。

第二，推动脱贫攻坚与乡村振兴有效衔接。首先要完善脱贫攻坚与乡村振兴衔接政策，优化过渡期政策，制定新政策，做好二者衔接工作。其次要建立农村产业持续发展机制，一方面要创新贫困地区特色产业发展路径，延长产业链，促进农户创收增收；另一方面要推动特色产业多业态融合，引导小农户与新型经营主体合作，建立多主体间利益联结共享机制。最后要建立脱贫攻坚与乡村振兴有效衔接的工作机制，充分发挥中国共产党在脱贫攻坚与乡村振兴衔接中的领导地位和主体责任，试点开展脱贫攻坚与乡村振兴联合办公，建立统一的领导决策机制和要素资源配置体系，统筹各类扶贫和乡村振兴资源，凝聚脱贫攻坚和乡村振兴的工作合力。

第三，贫困治理仍然要继续坚持精准扶贫战略思想②。首先，在精准施策上，继续发挥中央统筹、省负总责、市县抓落实的扶贫开发工作机制，做好全面系统的统筹规划工作。其次，在精准推进上，继续发挥大扶贫开发格

---

① 季琳欢. 2020 年后我国相对贫困治理的战略转型研究［J］. 商业经济，2021（9）：159-161.
② 韩广富，辛远. 2020 年后中国贫困治理的战略重点、难点与对策［J］. 行政管理改革，2020（9）：39-47.

局合力助推贫困治理的重要作用，需要在全党全社会范围之内形成合力，建立长效化、可持续化扶贫助推模式。最后，在精准落地上，各项精细化政策举措应从短期效益和长期效益两方面来评估落地实施状况。

1.3.3 中国贫困治理实践历程

（1）新民主主义革命时期：土地革命下的贫困治理（1919～1949年）

中国共产党在新民主主义革命时期就把改善民生、争取农民支持作为重点工作。在此阶段，党进行贫困治理工作主要有两种方式。第一，党在成立之初就认识到土地对农民贫困治理的重要性，通过土地斗争缓解农民贫困。因此，党领导农民进行了一系列土地斗争，破除不合理的土地制度，最大限度地激发农民利用土地进行生产的积极性，让农民拥有生产资料，从而在一定程度上为农民争取了自由，为以后的贫困治理奠定了基础。第二，这一时期党号召广大军民"自己动手、丰衣足食"，并逐渐形成"自力更生、艰苦奋斗"的发展路线[①]。各地农民纷纷响应这一号召，积极进行自我生产和劳作，在一定程度上改善了贫困状况，并且为民族解放、国家独立提供了物质支持。

（2）社会主义革命和建设时期：计划经济体制下的贫困治理（1949～1978年）

1949年，新中国成立之初，中国共产党认识到只有调整所有制关系、解放生产力、完善工业体系，才能从根本上消除贫困。因此，在社会主义革命和建设时期，我国开始实行计划经济体制。

在此阶段，党领导人民进行贫困治理的方式如下。第一，开展土地革命。为了让农民获得土地，对全国广大农村地区进行彻底改革，并且正式以法律形式确定了农民土地所有制，此后，农民的生产劳作积极性大幅提高。第二，进行农业生产合作化。建立了计划经济体制下的人民公社制度，对农

---

① 张淼. 中国共产党百年贫困治理的历程、经验与展望 [J]. 安阳师范学院学报，2021（4）：6-12.

业、手工业和资本主义工商业进行社会主义改造，极大加快了社会主义改造的进程。第三，通过学习苏联的社会保障体系，建立民政救助体系，在医疗、住房、教育等方面进行福利保障和社会救助。这种民政救助体系符合当时中国国民经济薄弱、贫困发生率高的贫困现状，为特困群众提供了极大保障。

（3）改革开放和社会主义现代化建设新时期：市场经济体制下的贫困治理（1978～2012年）

在这一时期，中国共产党开始认识到经济体制的落后是贫困的主要原因，阻碍了生产力的发展。因此，开始提出经济体制改革，通过改变体制进行贫困治理。首先，在广大农村开展家庭联产承包责任制改革，"包产到户，自负盈亏"使得农民享有土地使用权、经营权，极大地刺激了农民生产积极性，农民收入增加。其次，成立专门的扶贫开发机构，统一领导和组织全国扶贫工作，党的扶贫模式由体制扶贫向开发扶贫转变。最后，制定专项扶贫开发计划，先后通过并实施扶贫开发纲要将贫困治理工作系统化、体系化。中国农村扶贫开发工作进入了有计划、有组织的新阶段，中国共产党治理贫困工作有了规范化的制度保障。

（4）中国特色社会主义新时代：高质量发展阶段的精准扶贫（2012年至今）

2013年，习近平总书记在农村调研时提出了"精准扶贫"思想，由此吹响了打赢脱贫攻坚战实现全面小康的时代号角。围绕"帮扶谁、谁来扶、怎么扶、如何退"四个关键问题，构建了完善的贫困识别体系、帮扶责任体系、政策资金投入体系、考核评估体系。精准扶贫期间，党在"两不愁三保障"的基础上，出台大量扶贫政策，为打赢脱贫攻坚战提供了组织、路径和机制保障[①]。在中国共产党的领导下，我国全面消灭绝对贫困。但如何巩固脱贫成果与治理相对贫困，是今后工作的重点。《中共中央关于制定

---

① 张琦，张力，张涛. 中国特色的贫困治理方略与经验［J］. 可持续发展经济导刊，2021（Z2）：49～51.

国民经济和社会发展第十四个五年规划和二〇三五年远景目标的建议》要求实现巩固拓展脱贫攻坚成果同乡村振兴有效衔接，在经济社会发展原则之一"坚持系统观念"中强调加强全局性谋划、整体性推进①。现阶段通过建立返贫预警识别机制，优化调整相关政策等，做好新时代巩固脱贫攻坚成果与乡村振兴有效衔接，实现更高质量的相对贫困治理，为实现乡村振兴与共同富裕的目标奠定坚实的基础。中国贫困治理实践历程见表1-1。

表1-1 中国贫困治理实践历程

扶贫阶段	扶贫目标	扶贫特征
新民主主义革命时期（1919~1949年）	争自由、保生存	破除旧土地制度，激发生产积极性
社会主义革命和建设时期（1949~1978年）	固生存、保温饱	计划经济，农业生产合作化
改革开放和社会主义现代化建设新时期（1978~2012年）	固温饱、扶贫困	经济体制改革，开发扶贫
中国特色社会主义新时代（2012年至今）	解决绝对贫困、防范返贫风险	精准扶贫，脱贫攻坚

1.3.4 中国贫困治理路径与结构

在贫困治理过程中，我国逐渐探索出了多种具有中国特色的贫困治理模式，主要包括产业扶贫、易地搬迁扶贫、科技扶贫、教育扶贫、生态扶贫等，这些治理模式结合当地特点，因地制宜发展当地特色产业，不仅能够为当地经济发展带来活力，而且大大增强了脱贫攻坚的目标针对性，提升了脱贫攻坚的整体效能。

（1）产业扶贫模式

产业扶贫是贫困地区和人口摆脱贫穷的基本路径之一，是最根本和最长

---

① 邓永超，张开云，贾莉.乡村振兴与脱贫攻坚强力衔接的三维进路［J］.理论探索，2023（1）：83-89.

久的扶贫。没有产业发展带动，贫困地区很难脱贫；缺乏产业支撑的脱贫，脱贫后的发展也难以为继。目前，产业扶贫包含了特色种养产业扶贫、休闲旅游产业扶贫、电商产业扶贫、光伏产业扶贫、生态农业扶贫、边境贸易产业扶贫等特色产业扶贫模式。目的是通过发展优势特色产业，提高贫困地区和贫困群体的自我发展能力，激发脱贫致富的内在动力，早日实现脱贫致富。我国学者杨庆然等认为产业扶贫是最直接、最有效的办法，也是贫困地区创造经济利益、帮助群众就地就业的长远之计①。重点是构建合理的产业结构和布局、提高各项投入要素的使用率和贫困群体主动参与产业发展扶贫的程度，其主要立足于产业立项、产业培育和产业发展三大阶段。

（2）科技扶贫模式

科技扶贫是我国开发式扶贫的重要组成部分，是借助科技发展生产、扩大生产力从而提高贫困区域劳动生产率和经济发展水平的根本出路。具体是指采用推广、组织或传导中介的形式，向贫困地区注入一定先进且适用的科技力量和科学技术，并将科学技术转化为生产力的一种扶贫模式②。我国科技扶贫发展可以总结为四个阶段：实验摸索阶段、实践开发阶段、推广扩散阶段和完善应用阶段。贫困县产业经济发展落后的重要原因就是科技水平落后、劳动力素质较低，科技扶贫正好可以克服这两点，但需要明确的是在科技扶贫过程中，主导的是政府，主体是科技，在推动农业发展的同时，优化产业链，与当地龙头企业和农民专业合作社合作，进行农业的产业化经营，切实保证农民的收入增加。

（3）教育扶贫模式

教育扶贫旨在通过政策投入和资源倾斜，完善贫困地区的教育机制和教育设施，改善当地的教育发展条件，促进经济社会的快速发展，提高扶贫对象的科学文化素质和知识技能，拓展其就业和增收的渠道，从而实现脱贫减

① 杨庆然，王永必，杨维林，等．夯实产业基础 创新养殖模式 助推脱贫攻坚［J］．云南畜牧兽医，2020（6）：39-41.
② 张华泉．我国71年农村科技扶贫变迁历程及演化进路研究［J］．科技进步与对策，2020，37（15）：18-27.

贫的目标①。扶贫必扶智，让贫困地区的孩子们接受良好教育，是扶贫开发的重要任务，也是阻断贫困代际传递的重要途径。治愚扶智是我国打赢脱贫攻坚战的重要战略指导思想，也是扶贫开发总结出来的实践经验。我国农村地区特别是西部偏远农村地区教育发展还比较滞后，弥补教育差距需要发力教育扶贫，实现活血式发展。

（4）生态扶贫模式

我国林地、草原、湿地、荒漠化土地合计占国土面积的70%以上，分布着全国60%的贫困人口，这些地区是生态建设的主战场，也是脱贫攻坚的主战场。2000年，中国首次提出了将扶贫开发与生态保护相结合的生态扶贫理念。生态扶贫是基于绿色发展理念，从生态产品价值的角度出发，将贫困地区的生态产品价值转变为农户的生计资本与发展资本，搭建合理的生态资源利用保护体系，形成生态环境保护与贫困地区人口可持续生计能力发展相协调的扶贫方式②。生态扶贫模式主要针对由于生态脆弱陷入贫困的地区，这一部分贫困地区通过改善生态环境，恢复自然资源，从而发展经济，脱离贫困。主要的途径包括通过工程建设、设定生态公益性岗位、发展生态产业、生态保护补偿等获得收入。生态保护、生态恢复、生态系统重构是贫困治理的新内容、新途径。生态脆弱的贫困地区要依靠"生态补偿""生态产业""生态建设"等进行分批脱贫，同时通过生态恢复与建设促进当地经济发展，通过生态系统的恢复与重构帮助生态脆弱区农户脱贫，这也是十分具有中国特色的绿色扶贫模式③。

除此以外，我国在长期的贫困治理实践中逐渐形成了较为完整的贫困治理结构，包括贫困治理的水平结构和贫困治理的垂直结构④。其中，贫困治理水平结构包括三个方面。一是政府、市场和社会的关系，市场在中国贫困治

---

① 黄国庆. 连片特困地区旅游扶贫模式研究［J］. 求索，2013（5）：253-255.
② 陈甲，刘德钦，王昌海. 生态扶贫研究综述［J］. 林业经济，2017，39（8）：31-36.
③ 陈祖海. 持续农业：民族地区生态环境建设的路径选择［J］. 中南民族大学学报（人文社会科学版），2003（3）：36-39.
④ 王小林，张晓颖. 中国消除绝对贫困的经验解释与2020年后相对贫困治理取向［J］. 中国农村经济，2021（2）：2-18.

理过程中发挥着配置资源的基础性作用，政府在中国贫困治理过程中发挥着主导减贫战略和政策的作用，社会是中国贫困治理中的重要补充力量。当政府和市场同时失灵时，就需要社会组织发挥扶贫的作用。二是中央统筹多部门合作的"一中心多部门协同治理"机制，国务院扶贫开发领导小组是中国开展跨部门、跨区域协作，制定跨领域减贫政策的核心机构。三是针对多维贫困问题所形成的行业扶贫、专项扶贫和社会扶贫"三位一体"的大扶贫格局。

中国具有十分鲜明的贫困治理垂直结构特征。中国在贫困治理过程中，逐渐形成了"自上而下"的扶贫责任制，"自上而下"的贫困治理能够保证减贫目标和行动的一致性。与"自上而下"的垂直治理互为补充的是"自下而上"的垂直治理，"自下而上"的垂直治理有助于底层行动者的意愿向上传递，是信息反馈机制。"上下互动"是提升扶贫绩效、避免扶贫政策出现较大失误的一个重要机制。

1.4 共同富裕之路

1.4.1 实现共同富裕是发展的历史必然

（1）国内背景

改革开放以来，中国共产党始终把为人民群众谋利益、为中国人民谋幸福作为一切工作的出发点和落脚点，在中国共产党的带领下，我国在许多方面取得了巨大的成就并顺利进入新时代。习近平指出，新时代"是全国各族人民团结奋斗、不断创造美好生活、逐步实现全体人民共同富裕的时代"[1]。在党的领导和市场经济作用下，我国经济建设取得了重大成就，生产力水平得到显著提高，社会主要矛盾转变为"人民日益增长的美好生活需要和不平衡不充分的发展之间的矛盾"[2]，这意味着我国初步具备了实现

---

① 决胜全面建成小康社会 夺取新时代中国特色社会主义伟大胜利——在中国共产党第十九次全国代表大会上的报告［M］. 北京：人民出版社，2017：11.
② 决胜全面建成小康社会 夺取新时代中国特色社会主义伟大胜利——在中国共产党第十九次全国代表大会上的报告［M］. 北京：人民出版社，2017：11.

共同富裕的条件。但同时，发展不平衡不充分、精神富裕落后于物质富裕更加凸显等问题，是新时代实现共同富裕面临的现实挑战，也为我国实现共同富裕提出了更加现实紧迫的要求，如何在更高的起点推动共同富裕是摆在我们党面前的重大理论和实践课题。

目前，我国已经摆脱了落后的社会生产力状况，人们基本的物质需要得到满足。新时代制约我国发展的不再是落后的社会生产力，而是发展的不平衡不充分问题①。发展的不平衡不充分在社会物质层面通常表现为贫富差距拉大，包括区域间收入差距增加和城乡收入差距扩大。

与此同时，精神贫困问题也日益凸显且精神富裕明显落后于物质富裕，具体表现如下。第一，个人物质财富增加和思想进步呈不一致的状态，一方面，不同物质条件下，先富起来的人缺少发挥带动作用的意识和动力；另一方面，相同或相近物质条件下个体的精神文明发展也千差万别。相对于物质贫困，精神贫困是实现共同富裕道路上的更大阻碍。第二，精神贫困与物质贫困一样存在区域发展不平衡的问题，这跟当地教育发展密不可分，教育落后地区的贫困人群更容易出现"等靠要"思想。

2020 年全面建成小康社会是实现共同富裕的重要一步，也是实现"两个一百年"奋斗目标的必然环节。在此起点上，我国需要更坚实的经济基础和政治基础为保障，不断坚持和完善党的坚强领导，走向共同富裕之路。

（2）国际环境

减贫脱贫是一个历史性命题，也是一个世界性课题，消除贫困始终是全人类的共同目标和美好愿望。长期以来，西欧国家和北欧国家一直是福利国家的典型。德国更是早在 19 世纪末期就开始探索建立现代的福利制度，尽管这些国家内部福利制度和体制存在很大的不同②，但是在很长一段时期它们无一例外都为减少贫困、推动共同富裕做出了贡献。中国在 2001 年正式

---

① 杨静，陆树程. 新时代共同富裕的新要求——学习习近平关于共同富裕的重要论述 ［J］. 毛泽东邓小平理论研究，2018（4）：24-29+107.

② Esping-Andersen G. The Three Worlds of Welfare Capitalism ［M］. New York：John Wiley & Sons，1990.

加入世界贸易组织（WTO）。从这个意义上讲，中国正式进入了国际结构①。自此，中国作为世界大家庭一员，是世界上最大的发展中国家，也是贫困人口数量最多的国家之一。一直以来，中国共产党和中央政府对反贫困事业高度关注、认真对待。习近平总书记在庆祝改革开放40周年大会上说："中国的发展离不开世界，世界的繁荣也需要中国。"② 可见，共建人类命运共同体、坚持改革开放是实现我国共同富裕的国际基础，只有将我国共同富裕与国际社会发展联系起来，才能满足人民对美好生活的追求。

按照联合国设定的千年发展目标，发展中国家需要从1990~2015年实现贫困人口减半的目标。而根据联合国开发计划署（UNDP）的研究，随着4.7亿中国人摆脱贫困，中国成为第一个完成联合国千年发展目标的发展中国家③。

当今中国日益走进世界舞台中央，影响力、辐射力、号召力不断增强，在国际事务中发挥的作用越来越明显、地位越来越重要，已经成为具有举足轻重影响的世界性大国。同时，国际社会特别是广大发展中国家，期望中国在地区或国际事务中，积极发挥一个逐步走向繁荣富强的发展中大国重要的正向影响和建设性作用。因此，在解决好自身存在的贫困问题基础上，中国也理所应当、义不容辞地主动担当全球性发展中大国在国际减贫脱贫事业中的义务和责任，与国际社会一道分享中国反贫困理论创新成果和重要实践经验，向其他贫困国家特别是广大发展中国家提供力所能及的帮助和支持，积极参与、共同应对全球贫困治理。

1.4.2　共同富裕是脱贫攻坚与乡村振兴有效衔接的最终成果

经过全国人民持续奋斗，我们如期完成了新时代脱贫攻坚目标任务，现

---

① 郑智航. 论免于贫困的权利在中国的实现——以中国的反贫困政策为中心的分析 [J]. 法商研究，2013，30（2）：48-57.

② 在庆祝改革开放40周年大会上的讲话 [N]. 人民日报，2018-12-19（2）.

③ China's Success on Millennium Development Goals Provides an Example for Others to Follow for the Post-2015 Development Agenda, Says New UNDP Report [EB/OL]. https：//www.undp. Org.

行标准下农村人口全部脱贫，贫困县全部摘帽，消除了绝对贫困和区域性整体贫困，近 1 亿贫困人口实现脱贫，取得了令全世界刮目相看的重大胜利。脱贫攻坚战的全面胜利，标志着我们党在团结带领全国各族人民创造美好生活、实现共同富裕的道路上迈出了坚实的一大步。脱贫攻坚取得胜利后，要全面推进乡村振兴，做好巩固拓展脱贫攻坚成果同乡村振兴有效衔接。2018年 1 月，《中共中央　国务院关于实施乡村振兴战略的意见》正式提出"做好实施乡村振兴战略与打好精准脱贫攻坚战的有机衔接"。2018 年 6 月，《中共中央　国务院关于打赢脱贫攻坚战三年行动的指导意见》再次提出"统筹衔接脱贫攻坚与乡村振兴"的要求。2018 年 9 月，《乡村振兴战略规划（2018—2022 年）》进一步提出"推动脱贫攻坚与乡村振兴有机结合相互促进"的要求①。在此背景下，探讨乡村振兴与脱贫攻坚的关系及衔接问题十分必要。

（1）乡村振兴战略

乡村振兴战略是结合深刻的时代背景以及社会发展的现实需求提出的。如何推进其战略规划，探索其实践路径，将直接影响整个国家的长远发展。为解决发展不平衡与不充分的问题、实现"两个一百年"奋斗目标，坚持农业农村优先、城乡融合发展的乡村振兴战略是一项重大举措。

①乡村振兴战略的提出背景

乡村振兴战略以坚持农业农村优先、实现城乡融合发展为指导理念，总体按照"产业兴旺、生态宜居、乡风文明、治理有效、生活富裕"的目标，具体在农业、农村、农民和农地四个维度进行制度设计②。乡村振兴战略的提出基于国际与国内两个大背景。

从国际视角看，乡村振兴战略思想的产生与乡村衰退的国际背景息息相关。在城镇化和现代化进程中，乡村地区呈现空心化乃至衰退和消亡是一个

---

① 李小云，许汉泽 . 2020 年后扶贫工作的若干思考 [J]. 国家行政学院学报，2018（1）：62-66+149-150.
② 豆书龙，叶敬忠 . 乡村振兴与脱贫攻坚的有机衔接及其机制构建 [J]. 改革，2019（1）：19-29.

普遍现象①。发达国家的发展历程均诠释了这一过程。面对国家发展过程中出现的乡村衰退现象及因此带来的挑战，发达国家都积极采取措施应对。美国、欧盟等西方发达经济体通过立法、基础设施完善、加大农村教育投入力度、发展农村特色产业等综合性手段解决乡村衰退的问题，形成符合自身特征的乡村发展道路。一些东亚经济体也致力于遏制乡村衰退，尤其是韩国的"新村建设"，经过改善基础设施、推进农业现代化、发展农产品加工业、实施新型工业化发展战略等几个阶段，彻底改变了乡村的产业结构、市场竞争力和地区吸引力，使乡村成为国家经济腾飞的坚强基础。因此，参照国际发展趋势和经验，中国必须提出并实施乡村振兴战略。

从国内视角看，乡村振兴战略思想是中国乡村建设百年探索的历史延续。新中国成立以后，国家就通过农村合作社和人民公社形式，对农村和农业力量进行集聚，服务国家快速工业化的需要，但由于挫伤了人们的生产积极性，工业化和城市化进程缓慢。改革开放以后，家庭联产承包责任制在农村得以推行，一方面在短时间内激发了农民的生产积极性，提高了农业劳动生产率，另一方面释放出大量的剩余劳动力。20 世纪 90 年代开始，在社会主义市场经济体制刺激下，城市吸纳了大量农村剩余劳动力，带来了第二、第三产业的快速发展。由于市场机制并未向农业开放，资本禁止进入农业，农业生产率低，无法如工业与服务业一样通过资本引领吸纳发展资源。农村优质资源快速向高效率的第二、第三产业转移，如农村的青壮年劳动力都陆续进入城市，无法在生产过程中发挥重要作用的老、弱、病、残留守在农村，最终导致中国在加速工业化和城市化的同时，农业和农村加速衰败，城乡之间的差距迅速拉大，农业状况变得更加脆弱。在中国社会的主要矛盾转变为人民日益增长的美好生活需要和不平衡不充分的发展之间的矛盾的背景下，城乡之间发展不平衡，成为目前最大的不平衡。推进农业现代化、繁荣农村，成为缩小城乡差距的必由之路。

---

① 张海鹏，郜亮亮，闫坤. 乡村振兴战略思想的理论渊源、主要创新和实现路径 [J]. 中国农村经济，2018（11）：2-16.

此外，国家于 2005 年按照"生产发展、生活宽裕、乡风文明、村容整洁、管理民主"的要求推行社会主义新农村建设，力图实现以工促农、以城带乡的城乡一体化发展。社会主义新农村建设的推行，增加了农民的收入，提升了农村的基础设施条件，为农业现代化发展奠定了基础。同时，中国进入新的经济社会发展阶段，对农村土地保障的功能需求凸显。中国快速的工业化与城市化转型，得益于城市对农村资源的低成本使用，这一"有利条件"基于农村通过土地发挥社会保障功能，使大量进城农民"进可攻退可守"，成为社会发展巨大的缓冲器。目前，国家发展进入新时期，需要进行新的战略调整。当前中国经济发展换挡，由高速增长转变为高质量增长，城市就业形势发生变化，部分社会问题与矛盾凸显，需要农村更好地发挥社会保障与社会缓冲器的功能，进而维护社会的稳定。在此背景下，提出乡村振兴战略，同时具备了重大的经济、社会与政治意义。

②乡村振兴战略的实践方式

乡村振兴以"产业兴旺、生态宜居、乡风文明、治理有效、生活富裕"20 字方针作为战略目标①，以"产业兴旺"为基础，通过农村产业发展，吸引人才回流，实现农业现代化，增加农民收入。从具体实施来看，政府官员的讲话及政府文件，对推行乡村振兴提出了明确的指向。叶兴庆认为现代社会的农村，不仅要有发达的农业，还要有发达的非农产业体系。为此，要瞄准城乡居民消费需求，把农业向第二、第三产业延伸，以休闲农业、乡村旅游、农村电商、现代食品等新产业新业态为引领，构建现代农业产业体系、经营体系，促进农村三次产业融合发展②。韩长赋认为产业兴旺是乡村振兴的重点，要从农业内外、城乡两头共同发力，做大做强高效绿色种养业、农产品加工流通业、休闲农业和乡村旅游业、乡村服务业、乡土特色产业、乡村信息产业，实现农村三次产业融合发展，培育农业农村发展新动能，激活农业农村经济发展活力，为全面乡村振兴奠定物质基础③。从中央

① 中共中央国务院关于实施乡村振兴战略的意见 [J]. 农民致富之友, 2018 (5): 1
② 叶兴庆. 新时代中国乡村振兴战略论纲 [J]. 改革, 2018 (1): 65-73.
③ 韩长赋. 用习近平总书记"三农"思想指导乡村振兴 [J]. 农村工作通讯, 2018 (7): 5-7.

部委文件内容可知，乡村振兴以发展休闲农业和乡村旅游为重点，实现农村产业兴旺[①]。产业兴旺所需人才主要靠吸引返乡农民和大学生村官[②]，他们是乡村振兴的"领头雁"。在乡村振兴过程中，鼓励进城农民返乡创业，带动农村产业发展；同时鼓励大学生村官扎根农村，为乡村振兴提供知识与人才保障。总体上讲，乡村振兴主要从城乡居民需求出发，返乡农民和大学生村官领头，以农村现有劳动力为主力，将发展农业产业体系和非农产业体系作为发展的两个着力点，通过产业链延伸，融合三次产业，以休闲农业、乡村旅游为抓手，推动农村的产业振兴。即乡村振兴以产业兴旺为基础，产业兴旺以休闲农业和乡村旅游为重点，而休闲农业和乡村旅游本质上以城市居民通过消费"乡愁"获得发展。所以，按照目前的实践逻辑，农村通过向城市提供"乡愁"消费，实现乡村振兴。

③乡村振兴战略存在的问题及可能后果

乡村振兴中存在的问题不仅影响乡村振兴战略有序推进，而且有可能影响脱贫攻坚成果，本书将问题分为理论与实践两个部分进行说明。

理论研究方面，最大的瓶颈是理论研究还不够深入，虽然有在城乡融合视角下对乡村振兴战略提出背景与内在逻辑的思考[③]，也有基于农村和农民分化、代际传承的观察[④][⑤]。但总体上，学术界不是以传统思维对这一战略进行解释，就是继续以单向城市化逻辑来理解乡村的归宿，或是以孤立的乡土和传统农业思维陷入脱离实际的乡村浪漫主义情绪[⑥]。

在实践层面，首先要关注的一个问题就是区域发展差距过大，中国

---

① 贺雪峰. 城乡二元结构视野下的乡村振兴 [J]. 北京工业大学学报（社会科学版），2018，18（5）：1-7.

② 龙新. 农业农村人才队伍建设助力乡村振兴 [N]. 农民日报，2018-12-26（1）.

③ 王颂吉，魏后凯. 城乡融合发展视角下的乡村振兴战略：提出背景与内在逻辑 [J]. 农村经济，2019（1）：1-7.

④ 贺雪峰. 关于实施乡村振兴战略的几个问题 [J]. 南京农业大学学报（社会科学版），2018，39（3）：19-26+152.

⑤ 刘同山，孔祥智. 确权颁证、子孙传承与农民的承包地转让意愿 [J]. 中国人口·资源与环境，2019，29（3）：159-166.

⑥ 刘守英，熊雪锋. 我国乡村振兴战略的实施与制度供给 [J]. 政治经济学评论，2018，9（4）：80-96.

的区域发展不平衡不仅体现在城市发展水平上，更体现在农村区域差别上。以长江三角洲与珠江三角洲为例，由于二者区位优势和较早就走上了乡村工业化道路，城乡经济发展高度融合，第三产业也得到较好的发展。这些地区的产业发展，不仅为当地农民提供了就业岗位，还吸引了大量的外来农民工就业。在工业化和城市化的带动下，这些地区农业用地非农使用，第二、第三产业获得了发展，农民不仅通过转让土地使用权获得大量收益，还从产业发展中获得了非农就业机会。反观西部落后区域的农村，由于缺少区位优势和错失工业化机遇，不再具有工业化的条件，这些地区的农民因缺少第二、第三产业带动的就业机会难以脱贫致富，青壮年只能流向城市获得就业机会与提高收入。大量农民工外出就业导致人力资本流失严重，且落后的现状使当地农户过度依赖自然资源导致生态脆弱，乡村振兴很难真正实现。

其次就是政策落实不够且区域支撑力不强。表现之一就是有的地区对于中央的重大战略执行缺乏全局意识，就脱贫攻坚与乡村振兴战略的衔接来看，有的地方就"脱贫"论"脱贫"，就"振兴"谈"振兴"，忽视了两大战略之间的内在逻辑关系，涉农项目交叉重复、资金投向分散等问题比较突出①。表现之二就是农村地区经济基础薄弱、经济活力不强和改革协同性不强。部分地区在乡村基层领导人员设置方面存在年龄结构老化、能力素质低、后备干部不足等问题；县域经济发展项目模仿性较强，导致经济活力受阻，存在产业单一化、竞争力不足等问题。

最后就是工作体制机制存在的问题，这主要表现在工作体制缺乏有效衔接。有些地区脱贫攻坚与乡村振兴存在两套工作体制机制，工作缺乏沟通机制和协调机制，导致贫困县脱贫摘帽以后出现松懈，后续保障和乡村振兴工作没有纳入工作部署。针对以上问题有研究提出，提升实施乡村振兴战略的质量、效益和可持续性，必须避免大跃进式推进、农民无参与、路径太单

---

① 高强. 脱贫攻坚与乡村振兴有机衔接的逻辑关系及政策安排［J］. 南京农业大学学报（社会科学版），2019，19（5）：15-23+154-155.

一、主体负担增加等误区[①]，努力规避战略问题战术化倾向，发展目标浪漫化、理想化倾向，振兴方式单一化和"一刀切"倾向，体制机制改革工程化、政策支持盆景化倾向，支持重点错乱化和推动"三农"配角化倾向[②]。

（2）乡村振兴的路径分析

推动乡村振兴必须围绕构建城乡融合体制机制这一核心，从发展理念、深化改革、要素市场、产业发展几个方面，不断提高农业农村现代化水平，最终实现乡村全面振兴。

①发展理念

任何发展都起步于理念的改变。乡村振兴战略的实现首先要坚持新发展理念。一是激发践行主体的发展愿望，打好精准脱贫攻坚战，通过志智双扶唤醒、增强农户发展信心，使其认识到自己也能发家致富，凝聚乡村振兴的内生动力[③]。二是树立"创新、协调、绿色、开放、共享"发展理念，坚持人与自然和谐共生发展方略，树立"绿水青山就是金山银山"的发展理念。只有更新发展理念，才能认识到乡村是可以大有作为的广阔天地，才能以新思路推动农业产业高质量发展，才能发现乡村的"绿水青山"，进而将其转化成"金山银山"。因此，要加大新发展理念的宣传力度，同时抛弃"农村等同于农业，农村就是提供粮食和劳动力的地方""农业农村是贫困人口和剩余劳动力的蓄水池"等错误理念[④]。

②深化改革

改革是促进农村经济发展、实现乡村振兴的直接动力。要完善以产权制度为核心的农村综合改革，既要激活农村的土地、人才和资本等要素流动，也要吸引城市资本、人才等进入农村，并为各种要素的结合创造体制机制激

---

① 刘合光.乡村振兴战略的关键点、发展路径与风险规避［J］.新疆师范大学学报（哲学社会科学版），2018，39（3）：25-33.

② 姜长云.实施乡村振兴战略需努力规避几种倾向［J］.农业经济问题，2018（1）：8-13

③ 闫坤.乡村振兴战略的时代意义与实践路径［J］.中国社会科学，2018（9）.

④ 界面新闻.振兴乡村不能只谈乡村经济，而更需要开展一场新进步运动［EB/OL］.（2018-04-25）.https：//www.sohu.com/a/229448162_313745.

励，从而为乡村振兴提供源源不竭的微观发展动力，包括巩固和完善基本经营制度、深化农村土地制度改革、深化农村集体产权制度改革、构筑农业农村人才体系等。建立健全各类农业农村人才的界定、培训和激励体制机制。科学开展"新型农业经营主体培育工程，培育发展家庭农场、合作社、龙头企业、社会化服务组织和农业产业化联合体，发展多种形式适度规模经营"①。

③要素市场

建立城乡统一的要素市场，扩大要素在城乡之间自由流动、实现农业农村现代化与城市经济现代化效率上的同步一致，城市的各类要素才能流入乡村，为此，必须建立城乡统一的要素市场，进一步扩大要素在城乡之间的自由流动②。但是在建立统一要素市场的过程中要提供良好的环境，包括重视对耕地的保护和发挥市场在资源配置中的决定性作用。

④产业发展

农村产业往往局限在中间生产环节，产业链在农产品上下游的延伸较为有限；农村不同产业的割裂化、单向度情形仍较为突出，农业的工业化和服务业化处在起步阶段，"总体上说，全国绝大多数乡村的产业比较单一，基本以农业生产为主"③，所以，今后农村产业要以新发展理念创新产业形态业态，以科技支撑产业发展质量，以组织提升产业融合程度。"深入推进农业绿色化、优质化、特色化、品牌化，调整优化农业生产力布局，推动农业由增产导向转向提质导向。"④ 同时，各级政府应该不断完善相关政策，继续推动农业适度规模经营，注重发展农产品加工、休闲农业、乡村旅游、电商等新业态和新模式，推动一二三产业融合发展，以农业转型升级提高农村

---

① 中共中央 国务院关于实施乡村振兴战略的意见 [N]. 人民日报，2018-02-05 (1).
② 刘守英，熊雪锋. 我国乡村振兴战略的实施与制度供给 [J]. 政治经济学评论，2018，9 (4)：80-96.
③ 李国祥. 实现乡村产业兴旺必须正确认识和处理的若干重大关系 [J]. 中州学刊，2018 (1)：32-38.
④ 中共中央 国务院关于实施乡村振兴战略的意见 [N]. 人民日报，2018-02-05 (1).

产业效率①。

（3）脱贫攻坚衔接乡村振兴发展

尽管现在完成了消除绝对贫困的艰巨任务，但是解决发展不平衡不充分问题、缩小城乡区域发展差距、实现人的全面发展和全体人民共同富裕仍然任重道远。脱贫攻坚与乡村振兴衔接的重点从消除绝对贫困到巩固拓展脱贫攻坚成果的战略转型、从攻坚期的超常规举措向常态帮扶转变，需要积极探索建立实现巩固拓展脱贫攻坚成果同乡村振兴有效衔接的路径②。构建包括衔接理论研究、衔接路径研究、衔接体系研究、衔接政策研究在内的巩固拓展脱贫攻坚成果同乡村振兴有效衔接的研究内容体系③。本部分从必要性与可行性两个方面阐释脱贫攻坚与乡村振兴的有效衔接。

①必要性

乡村振兴与脱贫攻坚都是国家关于农业农村发展的重大决策，虽然侧重点不同但都属于国家决策部署，二者具有广阔的衔接空间。第一，基层实践需要二者有效衔接。乡村振兴战略已经在中央和地方政府中非常受重视，以政策文件的形式存在于地方政府工作中，但对于二者政策衔接如何实践、如何充分利用脱贫攻坚经验促进乡村振兴战略实施还缺少清晰成熟的思路和做法。不少地方政府仍然没有形成因地制宜、协调推进乡村振兴与脱贫攻坚的规划④。且在不同的区域政策把握和执行力度不同，对于经济欠发达地区主要还是就脱贫攻坚谈脆弱性；而对于经济发达地区主要是谈乡村振兴。因此，在基层实践中，既要警惕简单地把脱贫攻坚理解为乡村振兴，盲目扩大精准扶贫的目标、内容和标准，导致扶贫不精准，又要预防把乡村振兴理解为可以完全覆盖脱贫攻坚的所有要求，因而只落实乡村振兴战略或者

---

① 张海鹏，朱钢 . 返乡农民工创业的现状、意愿及问题 [J] . 中国发展观察，2018 (6)：53-56.

② 黄承伟 . 论乡村振兴与共同富裕的内在逻辑及理论议题 [J] . 南京农业大学学报（社会科学版），2021，21 (6)：1-9.

③ 白永秀，宁启 . 巩固拓展脱贫攻坚成果同乡村振兴有效衔接的提出、研究进展及深化研究的重点 [J] . 西北大学学报（哲学社会科学版），2021，51 (5)：5-14.

④ 何绍辉 . 协调推进脱贫攻坚与乡村振兴 [N] . 人民日报，2018-12-24 (5).

脱贫攻坚政策①。第二，制度衔接的必然要求，即强调乡村振兴与脱贫攻坚有机统一的互动关系。一方面体现为脱贫攻坚为乡村振兴奠定了坚实的物质基础和组织前提，脱贫成效显著会极大地减轻乡村振兴的压力，脱贫攻坚所形成的组织载体和运作经验可为乡村振兴提供借鉴；另一方面体现为乡村振兴为脱贫攻坚提供了动力和保障。乡村振兴所规定的标准、思想与原则会优化脱贫攻坚的行动，从而实现二者有机结合。第三，社会主义的本质要求。社会主义的本质是解放和发展生产力，消灭剥削，消除两极分化，最终实现共同富裕。中国目前较为突出的社会问题是贫富差距和城乡差距扩大的问题，而脱贫攻坚和乡村振兴战略的相继提出正是为了缩小这种差距，维护农民群众的根本利益。伴随主要矛盾的转移，乡村振兴战略作为一个整体性战略具备整体性和系统性的特征，为解决社会主要矛盾提供了政策支撑，这正是社会主义本质的体现。

2020 年是全面建成小康社会和"十三五"规划收官之年，也是脱贫攻坚决战决胜之年。习近平总书记在决战决胜脱贫攻坚座谈会上强调，要针对主要矛盾的变化，理清工作思路，推动减贫战略和工作体系平稳转型，统筹纳入乡村振兴战略，建立长短结合、标本兼治的体制机制。习近平总书记对打赢脱贫攻坚战提出作战任务，又放眼长远为全面脱贫后的工作提出奋斗目标，为接续推进全面脱贫与乡村振兴有效衔接指明了方向、提供了遵循。

②可行性

乡村振兴与脱贫攻坚内容互相交融，终极目标一致，二者理论和实践的衔接体现了二者衔接的可能性和可行性，这主要表现在两个方面。

一方面，乡村振兴可在脱贫攻坚成果的基础上稳健推进，借鉴脱贫攻坚实践有效成果。具体来讲成果主要包括产业积淀、人才储备、人才引领与生态修复四个方面。在脱贫攻坚实践中，70%的扶贫资金用于产业扶贫②，且带动的

---

① 姜列友．正确理解和把握支持脱贫攻坚与服务乡村振兴战略的关系［J］．农业发展与金融，2018（6）：107-108.

② 李博，左停．精准扶贫视角下农村产业化扶贫政策执行逻辑的探讨——以 Y 村大棚蔬菜产业扶贫为例［J］．西南大学学报（社会科学版），2016，42（4）：66-73+190.

脱贫人数也最多①。可见，产业扶贫是促进贫困地区发展的有效路径之一，将产业与扶贫连接起来不仅有巨大的减贫成效，而且实现了贫困地区产业的初步发展，为特色产业和品牌农业发展奠定了基础，对乡村产业振兴起到了奠基的效能。乡村的人才振兴为脱贫攻坚提供强大的人才保证，这是在脱贫攻坚中积累的重要经验之一。第一，要构建领导考核和乡村振兴的联结机制，调动领导的积极性；第二，要注重乡土人才培训与人力资本开发，通过二者结合在乡村振兴实践中培养更多的全面人才。在脱贫攻坚中坚持以人民为中心的发展理念，坚持农民主体地位，激发贫困户的内在动力，实现农民"要我脱贫"到"我要脱贫"的思想转变。为此，要借鉴相关经验，发挥文化引领功能②。具体而言，在乡村振兴战略中可以通过创办乡村振兴"农民讲习所"，弘扬积极进取的优秀传统文化，提高农民的主体意识；通过对乡村振兴项目和资源输入机制进行创新，将自上而下的项目资源与自下而上的农民主动性相结合，激发村庄自组织和农民的参与意识和主创精神，进而实现从"要我振兴"到"我要振兴"的思想转变。生态扶贫打破了"资源诅咒"，实现脱贫与生态修复的统一。就理论层面而言，生态扶贫以"两山"理念为指导，将生态保护与扶贫开发融合在一起，推动生态资源向资产与资金的有序转化③。这为生态振兴打下了坚实基础，其基础性作用主要体现在：理念继承层面，生态振兴更加需要以"两山"理念为指导，将生态振兴与产业振兴融合起来，实现双赢；实践经验借鉴层面，可因地制宜采取多样化的生态振兴手段。

另一方面，脱贫攻坚可抓住乡村振兴机遇深层次发展。首先，脱贫攻坚虽取得了巨大减贫绩效，但由于脱贫攻坚主要是以消除绝对贫困为目标，已脱贫地区和已脱贫人口出于种种原因还存在较大的返贫风险。短期减贫效果明显的

① 产业扶贫助力3000万贫困人口"摘帽"［EB/OL］.（2016-10-16）［2019-01-08］. http://finance.china.com.cn/roll/20161016/3941363.shtml.
② 叶敬忠，张明皓，豆书龙.乡村振兴：谁在谈，谈什么？［J］.中国农业大学学报（社会科学版），2018，35（3）：5-14.
③ 雷明.绿色发展下生态扶贫［J］.中国农业大学学报（社会科学版），2017，34（5）：87-94.

产业并不意味着长期市场竞争力的保持，因此要借助乡村振兴巩固产业发展成果，在相当程度上提高农户持续脱贫的能力。其次，对于深度贫困的地区，需要借助乡村振兴战略采取综合性措施、供给权威性资源消除贫困产生的根源，权威性资源是指为实现权力目标可供选择的制度控制与组织资源①。按照乡村振兴的总要求，进一步纵向深层次巩固脱贫攻坚成果。最后，面对现实依然存在的城乡差距问题，可借助乡村振兴战略开启城乡一体化治理模式。随着"农业农村优先发展"和"城乡融合发展理念"的提出，扶贫规则也开始发生变迁。传统扶贫时期，扶贫规则以保护型贫困治理模式为主②，而开发式贫困治理模式则更加强调市场化手段在带动农户脱贫中的作用。2020年后的精准扶贫进入以相对贫困治理为特征的新阶段③，伴随乡村振兴战略的持续推动以及城乡公共服务均等化的实现，城乡一体化扶贫治理模式将得以开启。

经过全党全国各族人民的共同努力，我国脱贫攻坚战取得了全面胜利。习近平总书记指出，"脱贫攻坚战的全面胜利，标志着我们党在团结带领人民创造美好生活、实现共同富裕的道路上迈出了坚实的一大步"④。但是，解决发展不平衡不充分问题、缩小城乡区域发展差距、实现人的全面发展和全体人民共同富裕仍然任重道远。因此，我们必须切实做好巩固拓展脱贫攻坚成果同乡村振兴有效衔接各项工作，让脱贫基础更加稳固、成效更可持续。由脱贫攻坚取得全面胜利转向全面推进乡村振兴，是"三农"工作重心的历史性转移。实现脱贫攻坚与乡村振兴的有效衔接，必须注意发展规划衔接、政策保障衔接、工作机制衔接、重大举措衔接、产业优势与帮扶机制衔接的有效性⑤。

---

① 张明皓，豆书龙. 农业供给侧改革与精准扶贫衔接机制研究 [J]. 西北农林科技大学学报（社会科学版），2017，17（6）：18-24.

② 李小云. 我国农村扶贫战略实施的治理问题 [J]. 贵州社会科学，2013（7）：101-106.

③ 叶兴庆. 新时代中国乡村振兴战略论纲 [J]. 改革，2018（1）：65-73.

④ 习近平：在全国脱贫攻坚总结表彰大会上的讲话 [EB/OL]. https：//www.ccps.gov.cn/xtt/202102/t20210225_147575.shtml.

⑤ 刘焕，秦鹏. 脱贫攻坚与乡村振兴的有机衔接：逻辑、现状和对策 [J]. 中国行政管理，2020（1）：155-157；张琦. 稳步推进脱贫攻坚与乡村振兴有效衔接 [J]. 人民论坛，2019（S1）：84-86.

一是发展规划有效衔接。实现巩固拓展脱贫攻坚成果同乡村振兴有效衔接，关键要科学谋划好二者有效衔接的顶层设计。首先，要巩固拓展脱贫攻坚成果，根据各地发展实际制定出更加具体有效的措施，切实解决好相对贫困问题，进一步制定和完善治理相对贫困的指标体系，及时更新相对贫困的评价体系。其次，要统筹好相对贫困区域和非贫困区域的协调发展，在推进乡村振兴过程中着力解决好相对贫困问题。再次，要继续提升乡村振兴战略规划的统筹性和针对性，自觉遵循乡村经济社会发展规律，切实把解决相对贫困纳入乡村振兴战略，融入乡村基础设施建设、乡村社会治理，全方位体现乡村振兴战略规划的系统性、连贯性和融合性。

二是政策保障有效衔接。政策是党和国家为实现一定时期的目标或路线而制定的行动准则。为打赢脱贫攻坚战，我们先后出台了一系列政策和措施。巩固拓展脱贫攻坚成果与乡村振兴有效衔接，必须在制定和完善政策时注重兼容性、协调性和持续性，使二者在具体实施过程中能够无缝对接、相得益彰。具体来说，首先，要延续脱贫攻坚的好政策，保证各项涉农政策相对稳定，保持对"三农"投入的力度不减，避免因政策取消或政策变化而消解脱贫成果；其次，要研究和制定与乡村振兴相衔接的解决相对贫困的政策，进一步明确相对贫困人口认定的标准、程序，从多方面做好对相对贫困群体的帮扶工作；最后，要根据脱贫后的实际情况，为实现乡村振兴提供有力政策支撑。

三是工作机制有效衔接。脱贫攻坚战虽然已经打赢，但相对贫困问题的彻底解决还需要很长的时间。为了继续巩固脱贫攻坚成果并使之与乡村振兴有效衔接，应延续打赢脱贫攻坚战的好经验、好做法、好机制、好措施，使之更好地运用到乡村振兴工作中，形成"政府主导、市场参与、相对贫困人口响应"的社会协同发展机制[①]。一方面，继续加大东部省份对西部省份的对口帮扶，制定优惠政策，吸引企业深度参与相对贫困地区经济建设。另

---

① 白永秀，吴杨辰浩. 论建立解决相对贫困的长效机制［J］. 福建论坛（人文社会科学版），2020（3）：19-31.

一方面，重视社会组织与各种社会力量的作用，不断鼓励社会各主体参与乡村振兴实践。

四是重大举措有效衔接。近年来，中央和地方先后推出了一系列重大举措，采取了一系列独具特色、富有成效的方法措施，对打赢脱贫攻坚战起到了重要作用。需要看到的是，与相对发达地区相比，原有贫困地区基础设施和公共服务虽然得到了相对改善，但与当地群众对美好生活的向往和期盼相比还有一定距离。为此，在继续巩固脱贫攻坚成果的同时，应继续贯彻实施具有特色、富有成效的方法措施，使之在乡村振兴过程中继续发挥积极作用。具体来说，首先，要确保基础设施建设的衔接，尤其是群众用水、用电、用气等基础设施必须不断优化升级；其次，要确保公共服务保障水平的衔接，确保已有公共服务水平不断提升；再次，要确保产业发展举措的衔接，通过加大培育优势特色产业力度，加快构建现代农业生产体系、经营体系和产业体系；最后，要确保环境治理措施的衔接，通过加大生态治理力度，探索适合地方特色的人居环境治理方式，建设生态宜居乡村。

五是产业优势有效衔接。大力发挥产业优势，是脱贫地区继续实现乡村振兴的长远之计。脱贫攻坚任务完成后，应根据各地区资源环境方面的差异及农业农村实际发展水平，发挥资源环境的比较优势，因地制宜发展特色产业，推动优势农业农产品品牌化，加快形成具有市场竞争力的优势特色产业体系①。在努力打造产业优势的同时，还要注重发挥市场作用，搭建产品网络销售平台，以农村一二三产业融合发展助力乡村振兴，为彻底解决相对贫困问题、实现乡村振兴注入强劲发展动力②。

六是帮扶机制有效衔接。对口帮扶是完成脱贫攻坚目标任务的关键一环，在助力打赢脱贫攻坚战中发挥了重要作用。在全面推进乡村振兴过程中，可延续对口帮扶这一好的做法和经验，努力实现原有帮扶机制的有效转

---

① 刘学武，杨国涛.从脱贫攻坚到乡村振兴的有效衔接与转型［J］.甘肃社会科学，2020（6）：87-93.

② 范和生，武政宇.相对贫困治理长效机制构建研究［J］.中国特色社会主义研究，2020（1）：63-69.

化和衔接。具体来说，包括继续做好帮扶工作队伍和人才的衔接，确保帮扶项目和资金不断、对口支援单位帮扶力度不减等，使之在助力实现乡村振兴过程中发挥更加积极有效的作用。

总体来说，统筹脱贫攻坚与乡村振兴，要以提升人居环境、基础设施和公共服务质量为价值取向①。2020 年中央一号文件提出，对标全面建成小康社会加快补上农村基础设施和公共服务短板。这既是对国家历来聚焦补短板、增后劲重要政策举措的一脉相承，又是紧跟时代步伐、顺应百姓呼声，创造性地接续新时代全面建成小康社会做出的系统安排。农村公共基础设施和公共服务的建设质量影响着全面小康社会的成色。习近平总书记指出，城乡差距大最直观的是基础设施和公共服务差距大，要把公共基础设施建设的重点放在农村，加快推动公共服务下乡②。

农村基础设施和公共服务是乡村振兴战略的重要组成部分，对农村经济社会发展产生巨大的直接和间接效应，是推动农业农村发展的动力引擎。长久以来，几代人为实现美好生活而不懈奋斗，乡村公共基础设施和公共服务实现了长足发展，农村水电路气房等基础设施发生了空前变化，农村科教文卫体等公共服务质量提升也取得了喜人成果。但也要清醒地认识到，与广大农民群众的殷切期盼和全面建成小康社会的要求相比，农村基础设施建设和公共服务发展仍然存在短板和不足。要结合实施乡村振兴战略，继续扎实推进农村"厕所革命"，深入开展村庄清洁行动，统筹推进农村生活垃圾污水治理，精准解决农村"行路难""饮水难""用电难"问题，加大农村公共服务供给力度，着力从改善农村人居环境这一现阶段农民最迫切需求、最易有明显成效的事情入手，打牢基础、补齐短板、破障除弊，解决民生堵点痛点，做好民心工程。

统筹脱贫攻坚与乡村振兴，要以推动基层组织建设、乡村治理和化解矛盾为根本保障。加强农村基层基础工作，重点是健全自治、法治、德治相结

---

① 刘欢. 乡村振兴视域下乡风文明建设研究［D］. 长春：吉林大学，2021.
② 重塑城乡关系，走城乡融合发展之路［N］. 人民日报，2022-09-25（1）.

合的乡村治理体系。2020年中央一号文件提出，加强农村基层治理，要充分发挥党组织领导作用，健全乡村治理工作体系，推动社会治理和服务重心向基层下移，把更多资源下沉到乡镇和村，提高乡村治理效能。聚焦农民群众最关心最直接最现实的利益问题，加快补齐农村治理短板，进一步强化政府推动和农民主体作用，立足农民所需和经济发展水平，充分发挥农民的积极性、主动性，满足乡村治理主体中农民的利益诉求，强化乡村治理中基层党组织的组织领导力和村民自主参与度，着力构建"产业兴旺、生态宜居、乡风文明、治理有效、生活富裕"的现代乡村治理体系，形成可持续发展的长效机制①。同时，开展自治、法治、德治相结合的乡村治理体系建设试点，推广乡村治理创新性典型案例经验，探索和完善满足人民日益增长的美好生活需要的乡村治理实践路径。

统筹脱贫攻坚与乡村振兴，要以人才配备、科技支撑和现代农业赋能助力振兴发展。习近平总书记指出，"没有农业农村现代化，就没有整个国家现代化"②。发展农业农村现代化要坚持以服务"三农"为出发点和落脚点、以培养智慧教育为根本，以科技人才为主体、以科技成果为纽带，在推动乡村振兴发展、巩固拓展脱贫攻坚成果中取得显著成效。当前，要着眼长远，持续推动人才下乡，培养更多知农爱农、扎根乡村的人才；强化科技支撑作用，加强农业关键核心技术攻关。当务之急是要围绕创新驱动发展，进一步完善人才统筹培养使用制度体系、现代农业产业技术体系和农业现代化政策环境建设，进一步发展壮大各类人才队伍，把创新的赋能拓展到田间地头。

1.4.3 乡村振兴到共同富裕的有序发展

共同富裕是社会主义的本质要求，乡村振兴则是实现共同富裕的必经之

---

① 习近平：决胜全面建成小康社会 夺取新时代中国特色社会主义伟大胜利——在中国共产党第十九次全国代表大会上的报告 [EB/OL]. （2017-10-18）[2017-10-27]. http：//www.12371.cn/2017/10/27/ARTI1509103656574313.shtml.

② 上下同心再出发——习近平总书记同出席2019年全国两会人大代表、政协委员共商国是纪实 [N]. 人民日报，2019-03-15（1）.

路，乡村振兴不仅要巩固脱贫攻坚成果，而且要以更有力的举措、汇聚更强大的力量，在新的发展阶段探讨共同富裕实现路径，推动全体人民向共同富裕迈出坚实步伐。

（1）共同富裕理念

①共同富裕理念提出背景

共同富裕的理念在很早之前就已经形成，早在170多年前，马克思和恩格斯就已经创立科学社会主义共同富裕思想，使共同富裕变成科学。1953年中共中央起草并通过《关于发展农业生产合作社的决议》（以下简称《决议》）。《决议》明确指出，迅速实行农业的社会主义改造，并使农民能够逐步完全摆脱贫困的状况而取得共同富裕和普遍繁荣的生活①。中国共产党人在改革开放的伟大实践中，以科学社会主义共同富裕思想为指导，又进一步形成了中国特色社会主义共同富裕观，实现了共同富裕理念的新发展。其中，邓小平同志认为共同富裕的必由之路是"先富"到"共富"的动态过程②；江泽民和胡锦涛同志认为，共同富裕就是代表最广大人民的根本利益，让人民共享改革发展成果。中国共产党共同富裕思想的实现机制，经历了由"利益均享"到"利益分享"再到"利益共享"的提升③。可见，在探索建设中国特色社会主义过程中，共同富裕始终伴随这一探索进程并逐渐成为中国特色社会主义理论体系的重要内容。

在党的十九大报告中，习近平总书记明确提出，中国特色社会主义进入新时代，进一步明确指出，新时代是逐步实现全体人民共同富裕的时代。所以，处在新时代的我们要以实现全体人民共同富裕的新时代我国的奋斗目标为出发点，坚持不懈为之努力奋斗。

---

① 中国共产党中央委员会关于发展农业生产合作社的决议［EB/OL］.（2007－05－29）. http：//www.ce.cn/xwzx/gnsz/szyw/200705/29/t20070529_11531669.shtml.

② 杨散逸：如何让先富带动后富［EB/OL］.（2019－11－18）. https：//www.guancha.cn/ YangSanYi/2019_11_18_525489.shtml.

③ 杜奋根，赵翠萍.论中国共产党在社会主义建设实践中的共同富裕思想［J］.求实，2011（1）：11-15.

②实现共同富裕的必要性

首先，共同富裕是社会主义的目标，当前我国还处于社会主义初级阶段，但是我国作为社会主义国家，最终目标是实现共产主义，即实现全体人民的自由、平等、富裕。在这个意义上讲，共同富裕是社会主义的根本目的。

其次，共同富裕是社会主义的重要原则。共同富裕是社会主义区别于其他一切社会制度的原则。也正因如此，建设中国特色社会主义的探索才一直强调只有坚持并实现共同富裕，才能实现共产主义。党的十八大报告也指出，必须坚持走共同富裕道路，共同富裕是中国特色社会主义的根本原则。

最后，共同富裕是社会主义的本质属性，是中国式现代化的重要特征。邓小平同志曾指出："社会主义的本质，是解放生产力，发展生产力，消灭剥削，消除两极分化，最终达到共同富裕。"[①] 习近平总书记也多次指出："消除贫困、改善民生、实现共同富裕，是社会主义的本质要求。"[②] 如果人民群众长期处于贫困的状态，生活水平得不到有效提高和改善，就没有体现社会主义的本质属性。

③共同富裕理念发展的历史时期探讨

中国共产党成立以来，从未放弃对共同富裕的追求和探讨，共同富裕理念百年演进主要分为以下几个阶段。

中国共产党成立，共同富裕思想实现了初步萌芽。在这一时期，主要是围绕国家独立、人民解放展开工作。例如，在《青年杂志》创刊之际，陈独秀同志就指出："财产私有制虽不克因之遽废，然各国之执政及富豪，恍然于贫富之度过差，决非社会之福。"[③] 除此之外，中共一大提出要消灭阶级差别、废除资本主义私有制等，中共二大提出了实现共产主义是党的最高纲领，可见，中国共产党追求共同富裕的坚定决心。

中华人民共和国成立之初，平均富裕思想倾向明显。新民主主义性质下

① 邓小平文选（第三卷）[M]. 北京：人民出版社，1993：373.
② 习近平扶贫论述摘编 [M]. 北京：中央文献出版社，2018：3.
③ 陈独秀文集（第一卷）[M]. 北京：人民出版社，2013：99.

的财富增长以"公私兼顾、劳资两利、城乡互助、内外交流"① 的政策为主，这促进了国内五种经济成分（国营、合作、个体、私人资本主义和国家资本主义）之间的合作与分工。1956 年，中国完成对农业、手工业、资本主义工商业的社会主义改造，进入社会主义初级阶段，这从根本上改变了我国的经济结构，"社会主义公有制经济的比重达到90%以上"②。

改革开放以后，在社会主义市场经济体制改革的实践中共同富裕思想得到升华。邓小平同志曾多次提出什么是社会主义，怎样建设社会主义的问题。他指出首要任务是发展生产力，人民收入将随生产力发展而逐步增加，而经济的长期停滞和人民生活的长期低水平"不能叫社会主义"③，社会主义的本质是"解放生产力，发展生产力，消灭剥削，消除两极分化，最终达到共同富裕"④。"三个代表"重要思想和科学发展观都关注人的根本利益和富裕领域，将"生产力"置于各自内容体系首位。"统筹兼顾"明确了共同富裕实现过程的方法论指引，"全面协调可持续"则丰富了共同富裕的内容要求⑤。

在我国步入全面建设小康社会时期后，共富共享特征更加明显。党的十八届三中全会召开，标志着全面深化改革新时代的开启，此后改革的重点聚焦于全面小康的突出矛盾并进行全局性改革，这为实现共同富裕奠定了坚实的生产关系基础；党的十八届五中全会提出共享发展理念，随后这一理念深入人心，贯穿于政治、经济、社会发展的全过程，这为实现共同富裕奠定了坚实的思想基础；在精准扶贫思想的指导下，党和国家在农村地区不断加大财政投入力度，努力构建完善的社会保障制度，城乡收入差距不断缩小⑥，

---

① 中共中央文献研究室.建国以来重要文献选编（第一册）［M］.北京：中央文献出版社，1992：18.
② 邱卫东，高海波.新中国 70 年来的共富实践：历程、经验和启示［J］.宁夏社会科学，2019（2）：5-11.
③ 邓小平文选（第二卷）［M］.北京：人民出版社，1993：312.
④ 邓小平文选（第三卷）［M］.北京：人民出版社，1993：373.
⑤ 蒋永穆，豆小磊.共同富裕思想：演进历程、现实意蕴及路径选择［J］.新疆师范大学学报（哲学社会科学版），2021，42（6）：16-29.
⑥ 蔡萌，岳希明.中国社会保障支出的收入分配效应研究［J］.经济社会体制比较，2018（1）：36-44.

通过有针对性的产业引进、技能培训和易地搬迁等举措，增加农村居民的就业机会，提高其发展能力，从而增加了农民收入[1]。脱贫攻坚取得重大成果，解决了困扰中华民族几千年的绝对贫困问题，全体人民生活水平得到明显改善，这为共同富裕奠定了坚实的物质基础。

（2）共同富裕的路径探讨

实现全体人民共同富裕的宏伟目标，最终靠的是发展，没有扎扎实实的发展成果，共同富裕就无从谈起。如何推动经济迈向高质量发展，进而实现共同富裕，本书主要结合新发展理念进行讨论。

第一，创新始终是实现高质量发展的动力所在，在我国现代化建设中占据核心地位。新时代我国经济已由高速增长阶段转向高质量发展阶段，决定经济能否实现高质量发展的核心是科技创新能力，我国的全球创新指数排名从 2012 年的第 34 位跃升至 2022 年的第 11 位，跻身世界上最具创新性的前 20 个经济体之列，我国的科技发展水平也从以跟踪为主逐步提升到跟踪和并跑、领跑并存的新阶段。这可以为我国实现共同富裕增添不竭的动力。

第二，协调发展始终是实现高质量发展的平衡杠杆。特别是在消除绝对贫困之后，地区与城乡经济之间发展的不平衡、不协调问题成为制约经济有序发展的重要因素。协调发展被看作经济实现高质量发展的内生特点[2]，注重协调发展不仅能够缩小地区之间的发展与贫富差距，而且能够促进城乡之间、区域之间、产业之间的协同共进，在促进物质文明与精神文明共同繁荣的基础上为共同富裕的实现提供经济体制基础。

第三，绿色发展是经济高质量发展的普遍方式，是推动经济结构调整的重要举措。当今世界，绿色发展已经成为一个重要的发展趋势，而它在内涵上与可持续发展思想是一脉相承的，既是对可持续发展的继承，也是对可持续发展中国化的理论创新，更是中国特色社会主义应对环境变化这一客观现

---

[1] 檀学文，李静．习近平精准扶贫思想的实践深化研究 [J]．中国农村经济，2017（9）：2-16．

[2] 王彩霞．新时代高质量发展的理论要义与实践路径 [J]．生产力研究，2018（10）：18-22+67．

实做出的重大理论贡献。从生产力发展的微观视角看，绿色发展可以丰富生产力样态，实现由劳动力、技术生产力、知识生产力到绿色生产力的演化，通过绿色发展可以建立高度发达的生产力，为实现共同富裕奠定物质基础[1]；从经济增长的宏观视角看，绿色发展会生成绿色增长、绿色财富、绿色福利，对经济系统与社会系统正向发展有着很强的促进效应[2]。可见，绿色发展能够带动多元化的经济增长，这对于解决相对贫困问题，促进欠发达地区发展生产、实现经济增长、走向共同富裕提供了普遍的发展形态。

第四，开放共享发展是实现经济高质量发展的必经之路。开放发展有益于我国在世界平台上获得更多的机遇，同时将扩大新时代共同富裕的主体外延，让他国共享我国发展成果，为新时代共同富裕奠定良好的外部基础；共享发展理念与共同富裕思想在根本上有着理论与价值的统一性，经济高质量发展的成果用以促进共同富裕。在共享发展理念中，全民共享体现了社会的公平正义，全面共享体现了对人全面发展的追求，共建共享调动了广大人民的生产积极性与主体性，渐进共享体现了对目标持续性与阶段性统一的认识[3]，共享发展是对共同富裕具体的、历史的、辩证的理解，既是经济高质量发展的手段，也是其目标[4]。

（3）乡村振兴助推共同富裕实现

乡村振兴是实现共同富裕的必经之路，乡村振兴经历了长期的社会实践发展过程，是一种历史的必然选择。当下，乡村振兴的重点任务是打破城乡二元差异化发展僵局，实现农村和城市发展从差异化到均衡化的转变，实现共同富裕发展目标。

---

① 向国成，邝劲松，邝嫦娥. 绿色发展促进共同富裕的内在机理与实现路径 [J]. 郑州大学学报（哲学社会科学版），2018，51（6）：71-76.

② 胡鞍钢，周绍杰. 绿色发展：功能界定、机制分析与发展战略 [J]. 中国人口·资源与环境，2014，24（1）：14-20.

③ 陆自荣，张颖. 从"共同富裕"到"共享发展"：理念的继承与创新 [J]. 湖南科技大学学报（社会科学版），2017，20（5）：70-75.

④ 韩步江. 共同富裕：中国特色社会主义共享发展理念的目标指向 [J]. 云南民族大学学报（哲学社会科学版），2017，34（4）：18-22.

党的十九大报告 6 次提到"共同富裕"，提出了 2035 年"全体人民共同富裕迈出坚实步伐"和 2050 年"全体人民共同富裕基本实现"的发展愿景。2021 年，在第二个百年奋斗目标新征程的开局之年，中央做出了"在高质量发展中促进共同富裕"的重大战略部署，提出"要促进农民农村共同富裕，巩固拓展脱贫攻坚成果，全面推进乡村振兴，加强农村基础设施和公共服务体系建设，改善农村人居环境"[①]。

首先，共同富裕要求均衡、高质量发展。而乡村振兴是把握新发展阶段、深入贯彻新发展理念、构建新发展格局的有力举措。二元分离的结构状态是当前我国城乡发展面临的基本状态。改革开放以来，农业和农村农民问题已成为中国不平衡不充分发展的最突出部分。高质量全面实施乡村振兴战略，有利于有效破除城乡"二元结构"，促进城乡协调发展，实现更高质量、更有效率、更加公平、更可持续的发展，进而全面提升发展质量效益，保持经济持续健康发展；有利于推动各类经济要素在城乡之间自由流动，畅通国内大循环，促进国内国际双循环，加快构建新发展格局；有利于进一步促进革命老区、民族地区、边疆地区等欠发达地区加快发展，提升区域经济发展平衡性，优化区域经济布局，促进区域协调发展；有利于进一步缩小城乡差距，促进基本公共服务的均等化，持续增进民生福祉，扎实推动共同富裕。

其次，共同富裕不仅指收入方面达到一定的平衡水平，还包含着社会福利、教育、医疗卫生服务以及人们的精神面貌如何。除此之外，也要看公共财政收入是否增加，更要看公共财政收入是否用于民生事业、公共服务和基础设施建设等[②]，而乡村振兴就是要补齐农村发展短板、实现农业农村现代化。这要求包括收入、社会福利、医疗教育在内的服务也有明显的改善和提高。国家政策应有侧重地向农村、基层、欠发达地区和困难群众倾斜；加快突破发展不平衡不充分问题，不断使人民的获得感、幸福感、安全感都有所

---

① 在高质量发展中促进共同富裕 统筹做好重大金融风险防范化解工作 [N]. 人民日报，2021-08-18（1）.

② 王春光. 迈向共同富裕——农业农村现代化实践行动和路径的社会学思考 [J]. 社会学研究，2021，36（2）：29-45+226.

提高，不断改善人民生活品质、促进人的全面发展和社会全面进步。可见，高质量乡村振兴是迈向共同富裕的前提和基础。

最后，共同富裕要求全体人民物质生活和精神生活都富裕。而乡村振兴正是解决当前农村地区经济发展落后、文化建设缺乏的问题。乡村振兴致力于把广大农民对美好生活的向往转化为推动乡村振兴的内生动力，着力推进乡风文明建设，凝聚农民共同的价值取向、道德规范、精神风貌，培育文明乡风、良好家风、淳朴民风，提高乡村社会文明程度，焕发乡村文明新气象①，大力提升农村精神文明建设和文化建设的水平，实现物质富裕与精神富裕共同发展。乡村振兴正是以满足人民群众日益增长的美好生活需要为根本。

---

① 黄承伟. 推进乡村振兴的理论前沿问题［J］. 行政管理改革，2021（8）：22–31.

第2章 生计与贫困

解决贫困问题首先要以农民民生改善为基础，解决生计问题是我国民生问题解决中的重要环节。在改革开放推动下，我国工业化发展迅速，农村无论是生产方式、产业结构，还是就业模式、消费方式等都在进行前所未有的变革。但也产生了一些错综复杂的社会问题，例如城乡收入差距加大，农村居民的社会保障问题、社会公平正义问题等。农民民生的发展是国家全局发展的重要组成部分。同时，消除贫困是我国一以贯之的目标，为顺应历史潮流，我国战略性地提出了实施乡村振兴的"中国方案"，为我国农业、农村、农民的发展提供了战略支撑，使农户生计不断适应外部形势发展变化的需求。

2.1 生计的概念与内涵

2.1.1 生计的概念界定

"生计"首先是指生活的状态，其次是为了生存而做出的规划，多与贫困和农村发展问题相联系。其概念有着更丰富的含义，生计不仅是以获得的收入或者达到的消费来衡量的一个净产出[①]，还包括能够完整描绘生存状态的复杂性，更深入了解生存安全而采用的策略方法对贫困人口生活的改变。科学研究将生计进一步概念化。生计概念的厘清是在持续进步的。生计研究方向与学者的积累有关，所以生计概念差异认识是造成定义不同的原因。一个被普遍接受的概念是，生计"包括能力、资产以及一种

---

① 冯茹. 我国农户生计可持续能力评价研究［D］. 大连：大连理工大学，2015.

生活方式所需要的活动"①。生计所需要关注的是人们追求更高的收入水平和高质量生活的能力、获取它们的方式，以及资产和农户生计选择之间的联系。

生计包括个人、家庭、群体和社区等层面。最普遍的是家庭层面的。在我们的认识中，在家庭内部并不是所有的组成人员生计都是等同的，也存在区别，比如妇女、儿童和成年男子的生计是明显不同的。Chambers 和Conway 在解释家庭层面生计时提到，人口、有形资产和无形资产三个方面是家庭层面的生计内涵②。生计框架中，主要包含了生计行为的投入、生计政策实施下的产出、生计实施过程中产生的成果、生计对农户生活状况的改善以及整个生计完成产出的过程。

研究人员从不同的视角丰富生计的内涵和外延，并赋予了"生计"概念很强的包容性和解释能力，为可持续生计途径、框架的构建奠定理论基础。

2.1.2　生计的研究内涵

20 世纪 50 年代之前，很多学者已经对"生计"问题进行了研究和初步探索，但对于"生计"问题的研究局限于农村居民谋生方式的初步探索。在社会不断的发展中，部分国外学者对生计问题的探讨逐渐深入，研究的重点从早期的收入改变来扭转贫困的局面发展至以提高收入的能力手段，进而消除贫困问题。国内学者围绕可持续生计框架的五个方面，即脆弱性背景、生计资产、政策机构过程、生计策略、生计输出，开展了大量的实证研究，其中尤以生计资产与生计策略的研究为盛③，研究领域多集中在农村发展。随着生计研究领域的拓展，生计问题的研究从最初的解决贫困问题发展到越

---

① Ian Wallace. A Framework for Revitalisation of Rural Education and Training Systems in Sub-saharan Africa：Strengthening the Human Resource Base for Food Security and Sustainable Livelihoods ［J］. International Journal of Educational Development，2006，27 (5).

② 尚前浪. 云南边境傣族村寨旅游发展中的生计变迁研究 ［D］. 昆明：云南财经大学，2018.

③ 杨云彦，赵锋. 可持续生计分析框架下农户生计资本的调查与分析：以南水北调（中线）工程库区为例 ［J］. 农业经济问题，2009（3）：58-65+111.

来越重视人在自然环境、社会环境中的角色，生计的可持续发展逐渐成为研究热点。本书主要从生计脆弱性背景、生计行为活动、生计资本及策略、旅游与生计研究、生计与生态环境的相互作用、生计与土地利用、生态补偿对生计的影响来概括生计研究的内涵。

（1）生计脆弱性背景

脆弱性背景是可持续生计分析框架中农户无法控制的要素，构成农户生计的外部环境[①]。农户在选择生计经营活动中面临的突变事故等都是农户无法自己控制的要素，一旦发生，农户极有可能无法承受这种风险带来的后果。目前来说，对于该方面的研究包括脆弱性环境给农户生计带来的风险，农户应对这种风险的能力，以及对生计风险的适应性。导致农户生计脆弱的风险通常包括自然灾害、环境危机、经济波动、政策改变、种族冲突、疾病、失业、突发事故等[②]。李小云等对农户生计脆弱性进行了定量分析，发现农村社区不同群体的生计脆弱性具有差异，生计资产单一缺乏或多元缺乏都是导致农户生计脆弱性的直接原因。当农户生计水平得到提升，脆弱性水平就会下降[③]。阎建忠等以青藏高原东部样带为例，建立了农牧民生计脆弱性评估的指标体系，发现高原区农牧民生计脆弱性程度高于山原区和高山峡谷区，并建议政府的救助措施应从改善自然资本转变到改善人力资本和金融资本[④]。

（2）生计行为活动

我国学者多从实证研究方面证实了人力资本、社会资本、物资资本、金融资本对农户生计行为的影响，家庭劳动力数量、农户受教育年限、贫困户获得补贴机会的差别化程度等都是重要的因素。也有学者在分析国外研究的

---

① 何仁伟，刘邵权，陈国阶，等．中国农户可持续生计研究进展及趋向［J］．地理科学进展，2013，32（4）：657-670.

② 韩峥．脆弱性与农村贫困［J］．农业经济问题，2004（10）：8-12+79.

③ 李小云，董强，饶小龙，等．农户脆弱性分析方法及其本土化应用［J］．中国农村经济，2007（4）：32-39.

④ 阎建忠，喻鸥，吴莹莹，等．青藏高原东部样带农牧民生计脆弱性评估［J］．地理科学，2011，31（7）：858-867.

基础上，将一些国家相关政策与农户生计中存在的问题联系起来。在农户生计和类型研究方面，学者们发现农户收入结构和依赖性对生计类型的重要影响，特别是山区农户会更容易对环境产生依赖。学者何仁伟等通过由资源、收入、消费、福利及相应的制度安排组成的框架，研究了农户生计风险与脆弱性[1]。学者高帅等通过研究生计的分类及行为问题，对各地区进行分析，得出了不同生计类型农户的土地利用问题[2]。

（3）生计资本及策略

生计资本是可持续生计分析框架的核心内容，当前关于生计资本的研究大多是将英国国际发展署（DFID）的可持续生计分析框架作为理论依据，在此基础上，结合各研究区域的当地特色与经济发展状况，来设计农户生计资本的评价模型。而评价模型的核心则是自然资本、物质资本、金融资本、人力资本和社会资本这五大方面内容。

关于生计资本指标的选择，刘恩来等学者将 5 类生计资本细化为以下12 个二级指标：土地面积、耕地面积、房产现值、财产情况、现金收入、救助补贴、借贷款数量、劳动力数、教育程度、村干部人数、年电话费、赠送礼金[3]。陈卓等学者提出，用劳动力数量与教育程度反映人力资本禀赋；物质资本用农户所拥有的住房、耐用消费品以及生产性工具资料、对社区公共服务的评价等指标衡量；社会资本用经常走动的亲戚朋友中多少人能参加多少社会组织来衡量；金融资本以借款的可获得性和家庭持有银行存款等指标来体现[4]。也有学者对研究目标主体进行划分，但目前大多数研究目标主体为贫困农户，对这些农户的生计资本展开量化分析，依据所获得的结论对

① 何仁伟，刘邵权，陈国阶，等. 中国农户可持续生计研究进展及趋向［J］. 地理科学进展，2013，32（4）：657-670.
② 高帅，丛建辉，唐建军. 特困地区可持续减贫：理论逻辑与实践路径［J］. 上海财经大学学报，2020，22（6）：21-32+51.
③ 刘恩来，徐定德，谢芳婷，等. 基于农户生计策略选择影响因素的生计资本度量——以四川省 402 户农户为例.［J］. 西南师范大学学报（自然科学版），2015，40（12）：59-65.
④ 陈卓，续竞秦，吴伟光. 集体林区不同类型农户生计资本差异及生计满意度分析［J］. 林业经济，2014，36（8）：36-41.

农户的生活水平进行评估，提高制度的瞄准效率。然后，针对生计资本进行定量分析，还将生计资本的研究范围延伸到了边远山区、农牧区、退耕区、易受自然灾害区等生计环境。

生计策略的概念有狭义和广义之分，狭义的生计策略指的是农户的生产活动，而广义的生计策略则包含了农户的生产活动、劳动安排、消费模式等多个方面。研究认为，生计多样化可以提升农户的可持续发展能力、降低农户的生计脆弱性，增加资本积累。通常来说，生计多样化农户拥有比单一化的农户更好的生计资本禀赋、更多样化的生计活动、更强的抗风险能力以及更小的自然环境依赖性。农户为谋取生活而采取的技巧和运用生计资本进行组合是生计专业化的直接表现。因生存被迫采取的谋生方式呈现单一化特征，多样的生存型生计策略，是生计的基本表现。普遍来说，从事传统农业生产生计的农户，其本身收入较低且存在不稳定性，所以更容易出现返贫现象。因此，无论是因为规避风险、应对危机、实现策略之间的互补、最大化其效用还是充分利用技术、能力和资源禀赋的相对优势选择生计多样化[①]，都应鼓励农户根据当地条件发展多样化的生计方式，提升农户的可持续发展能力，不断优化生计的组合方式。

（4）旅游与生计研究

现有文献对旅游与生计的关系进行了大量丰富的研究，认为两者之间互相影响。一方面，旅游是生计发展的动力，乡村旅游的开展会深刻影响当地农户本身生计资本的改变和生计方式的选择；另一方面，生计改善促进旅游发展，生计可以拓展旅游研究的视角，对生计理论进行充实。生计研究应用到旅游领域之后，补足了旅游可持续发展理论的缺失，多方面地提高了旅游影响研究的全面性，生计研究提供了多方位的视角用于了解旅游业的复杂性以及旅游对消除贫困的促进作用[②]。在中国特殊的社会转型进程中，乡村旅

① 蔡洁，马红玉，夏显力. 集中连片特困区农地转出户生计策略选择研究——基于六盘山的微观实证分析 [J]. 资源科学，2017，39（11）：2083-2093.

② Thuy Thi Thanh Pham. Tourism in Marine Protected Areas: Can It be Considered as an Alternative Livelihood for Local Communities? [J]. Marine Policy, 2020, 115 (C).

游生计策略的转型，会直接影响当地居民的生计结果和民族文化的发扬与继承。部分地区的经济结构、社会文化和生态环境受旅游影响，当地居民的生计活动类型也得到了改变①，不仅如此，这些变化也影响了居民对生计策略的选择，正向地促进了当地的生计变迁。也有研究表明，现有文献已有乡村旅游发展与当地居民生计关系等方面的丰富研究，但对于农户个人及家庭微观方面的动态影响研究还有所欠缺。

（5）生计与生态环境的相互作用

农户是生计与生态环境相互作用的纽带，也是经济环境和资源环境矛盾的核心。近年来，随着我国各地乡村旅游与休闲观光农业的兴起，出现了自然资源利用率不足、生态环境遭受破坏、生物多样性减少等问题②。农户对农村地区生态环境的干预方式和强度受生计策略的影响，也对生态环境有着深远影响。生态系统通过提供各类产品和服务支撑经济社会发展、增进地区农户福祉，生态系统的有效利用也为改善农户生计提供了可能③。农户作为经济主体，会发生一系列包括集体投资决策、生产决策、消费决策在内的决策活动，决策活动对生态系统和农户福祉产生正面或负面的影响。一方面，农户生计资本数量多少、生产和消费活动方式与水平以及生态系统服务利用的强度决定了农户福祉的高低；另一方面，农户努力提高生态系统服务水平和经济福祉过程中，可能产生很多生态问题，最终危及自身福祉。农户生计既体现了经济行为主体利用自然资源和生态系统服务的过程、途径和方式，也直接决定了生态保护和经济发展的可持续性④。

---

① 杜文忠，席玮，杜金波．基于 SD 的旅游可持续发展仿真研究——以桂林为例 [J]．生态经济，2020，36（12）：104-111．

② Xiaohu Dang, Siwen Gao, Rui Tao, et al. Do Environmental Conservation Programs Contribute to Sustainable Livelihoods? Evidence from China's Grain-for-Green Program in Northern Shaanxi Province [J]．Science of the Total Environment, 2020, 719（C）.

③ 郭秀丽，杨彬如．高寒牧区农户的生计风险及应对策略：以甘南州夏河县为例 [J]．草业科学，2020，37（10）：2142-2151．

④ 何仁伟，刘邵权，陈国阶，等．中国农户可持续生计研究进展及趋向 [J]．地理科学进展．2013，32（4）：657-670．

（6）生计与土地利用

生计策略影响土地利用，土地利用对生计策略的转型产生反作用，二者互为影响因素。农户生计策略转型直观表现为农业收入占家庭收入比重改变，且生计策略转型带来的生计资本的异质性和配置结构会对经营规模、经营方式、产权调整和预期目标等农户行为和意愿产生影响，进而改变土地利用的方式和程度[①]。农户在生计策略转型过程中会不可避免地出现化学农药使用量增加、土地流转、土地撂荒的现象，导致土地生产能力下降、土壤养分不足、土地面积减少等问题。一方面，农业活动与非农业活动的竞争加剧，会造成土地撂荒等现象[②]。另一方面，农户生计的非农化会有效减轻贫困，从而减少农户林地开荒等土地利用行为，减轻对地表覆被的破坏程度，从而促进山地植被的恢复[③]。研究表明，农户生计策略转型会增加农户生计的多样性，农户生计多样性与种植结构的多样化呈正相关，与耕地利用集约度呈负相关[④]。因此，向农业专业化转型的过程中，要同时注重土地利用转型的社会效应、经济效应和环境效应。

（7）生态补偿对生计的影响

近年来，生态环境的内在价值越发凸显，但也出现生态服务提供者和消费者权责不协调、收支不匹配的问题。政府高度重视生态补偿对农户生计的影响，大力支持生态补偿的研究和实践。这主要体现在补偿资金逐年增长、补偿领域逐步拓展、补偿方式逐步多元、补偿机制逐步优化，目前已覆盖耕地、森林、草原、湿地、流域、海洋等重点领域和重点生态功能区，并积极拓展横向生态补偿，探索市场化、多元化补偿机制。生态补偿体系设计主要

① 李翠珍，徐建春，孔祥斌. 大都市郊区农户生计多样化及对土地利用的影响——以北京市大兴区为例 [J]. 地理研究，2012，31（6）：1039-1049.

② 林丽，樊辉，金缘. 山区县域土地利用/覆被变化多尺度多模型模拟对比——以云南省勐腊县为例 [J]. 山地学报，2020，38（4）：630-642.

③ 李广东，邱道持，王利平，等. 生计资产差异对农户耕地保护补偿模式选择的影响——渝西南山丘陵不同地带样点村的实证分析 [J]. 地理学报，2012，67（4）：504-515.

④ 卞莹莹. 不同生计方式农户的土地利用变化与效率分析——以典型生态移民区闽宁镇为例 [J]. 农业科学研究，2013，34（4）：18-23+31.

契合农户这一核心的诉求，构建符合项目条件的生态补偿方案是提高生态补偿工作效率的关键[①]。随着城镇化的不断发展，经济水平的差异让农户自动分化成不同的群体，因生态保护而影响生计的农户，对因生态补偿所产生的政策及其他支持的选择意愿明显增强。有学者研究总结将生态补偿方式分为5类：产权的分配与让渡、自由的市场交易、收费及限额交易、政策优惠、技术支持与教育等。吴中全等学者提出公共补偿、限额交易、自愿补偿、征收环境税费、生态标识、生态旅游以及信托与捐赠基金等生态补偿方式[②]。

2.1.3　生计的影响因素

农户生计是社会发展这个大系统中的一个子系统，不可避免要受政治、经济、文化系统整体的影响，除此之外，其又和农户生存和发展的外部环境因素和内部环境因素有直接或者间接的联系。内外部环境因素是一把双刃剑，既为农户生计活动发展提供条件，又对农户生计起制约作用，这些因素包括土壤环境、生计资本存量、生计成果转化等。以个体家庭为单位的生计模式一方面调动了农户生产积极性，另一方面面临着生计脆弱性的风险。

（1）外部环境因素

①政治体制改革

改革开放以来，在国家倡导先富带动后富和城乡差别社会政策的引导下，城市居民很快积极适应并融入社会主义市场经济的浪潮[③]。整个社会资源向利润回报更高的地区和产业倾斜，而在利润的影响和驱动下，城乡居民受到鼓励，自发地获得优质的资源，获得更高的经济收入，城乡居民收入差

---

① 杨欣，尚光引，李研，等. 农户农田生态补偿方式选择偏好及其影响因素研究——基于农户分化视角的实证 [J]. 中国农业资源与区划，2020，41（10）：131-137.

② 吴中全，王志章. 基于治理视角的生态保护红线、生态补偿与农户生计困境 [J]. 重庆大学学报（社会科学版），2020，26（5）：230-243.

③ 黄晋太. 城乡社会发展与二元工业化 [J]. 山西高等学校社会科学学报，2007（11）：49-52.

距不断扩大。在城乡二元分化中，农户由于信息不对称往往被动接受社会历史变革。这主要体现在农户本身容易受传统文化的影响而信奉亲情和道义，再加上地域限制不容易获取外在信息。但随着市场经济的发展，原有的认知被强烈冲击，农村居民在农业变革和工业化社会的夹缝中生存，数据显示，2018年我国农业人口占全国社会人口的40.42%，农业人口所占的比例决定了"三农"问题更加突出。如此庞大的农民群体所占有的社会资源却十分有限，且城乡差距不断拉大，农民总体生存水平偏低，社会阶层和地位低下，难以在短时期内完成自发转型。我国历来对"三农"问题高度重视，截至2022年中央连续19年出台涉农的一号文件，不断加大对农业与农村的政策支持力度。

②科技教育发展

我国农业正在发生改变，包括结构不断优化、综合生产能力提升等，农业科技有不可忽视的推动作用。自主研发的农业高新科技不断突破，部分达到了国际先进水平。农业技术的转化和推广，推动品种改良、选育、普及和高新技术应用，农业科技成果转化加快[1]。我国充分利用科技人员优势，组织技术人员深入农村，进入农户家中进行农业技术推广和农业技术服务，教会农户技术，将科技成果转化为农业生产，不仅提高了农产品的质量，更提高了农户的直接收入。在农业产业化的发展中，运作模式不断创新，也解决了农户小规模生产中信息不对称、销售困难的问题[2]，这些都降低了农户的生计风险，为农民提供了多种就业渠道，是农村劳动力实现就地转移、农户通过地租和工资两个渠道获得双重收入的有力举措。

③生态环境

可持续发展是农业产业发展的方向和趋势，在未来发展中农业会更加重视对生态环境的保护。当前，全球气候变暖成为全人类所要面临的

---

[1] 储诚炜. 新中国农民教育发展研究 [D]. 咸阳：西北农林科技大学，2010.
[2] 刘彦随，刘玉. 中国农村空心化问题研究的进展与展望 [J]. 地理研究，2010, 29 (1): 35-42.

问题，在此背景下，合理进行资源的开发，推动农业的发展，将缓解生态环境压力和恢复环境承载力有机结合是解决生态环境问题的关键。农业生产受耕地面积减少、森林过度砍伐、水资源短缺、酸雨危害、温室效应、旱涝灾害、地质灾害、病虫害等人为和自然灾害显著增加影响，正在遭受巨大损失。我国采取多种措施治理农村生产和生活环境，以期为农户的生存和农业生产提供有利的自然环境。通过推广使用有机肥和生物肥，减少化肥使用量，减少对地表水和地下水的污染，保护农村饮用水的卫生安全是恢复生态环境的有力举措。提倡使用太阳能、风能、水能等清洁能源，开展生态环境的治理和修复，在节约资源的同时，提高农业生产资源的利用率，倡导发展循环经济，推动农业生态技术的革新，为优化农村环境做出更大贡献①。同时，国家应加大对耕地保护及生态保护的宣传力度，提升农户对可持续发展的认识，合理推广新技术，从人口—资源—环境系统三位一体来促进农业生产的良性互动，确保我国农业生产的可持续性。

（2）内部环境因素

①自然资源

自然资源是农民维持生活的重要依赖，为了改善家庭生活状态，进行农业生产，农民不可避免地对自然资源进行深入的开发。自然资源拥有量、利用程度，影响农户生计的可持续发展②。粗放式的自然资源利用率低、资源浪费严重，当技术水平较低时，农户生计方式以破坏自然环境和自然生态平衡为代价，产生了很多破坏性的生计方式，这些是不可持续的③。可持续的生计策略自然资源利用程度高，自然资源运用细化，运用技术和科技集约化有效利用资源。

---

① 黄季焜，刘莹. 农村环境污染情况及影响因素分析——来自全国百村的实证分析 [J]. 管理学报，2010，7（11）：1725-1729.
② 张宇. 自然资本多元价值的识别与测度——以武汉市东湖风景区为例 [D]. 武汉：华中科技大学，2016.
③ 李卓智. 自然资本是新的增长动力 [J]. 生态文化，2016（1）：7.

②物质资源

农户生计可持续发展是通过物质资源中的基础设施和固定资产来奠定基础的[1]。物质条件是农户生产和生活的先决条件，物质资源的多寡决定了农户发展能力的强弱，是农户生产生活不可或缺的部分，农户无法实现自给自足的生产和维持家庭繁衍的重要原因，就是生产工具和基础设施服务的缺失。生产力发展水平的高低体现在生产工具上，而科学技术的变革可以促进生产工具的革新，科技含量高的生产工具所代表的生产效率较高，反之，科技含量低的工具代表着低水平的生产效率[2]。在生产工具发生变革后，农村剩余劳动力会进一步出现，该部分剩余劳动力可以从事多样化的生计，如进城务工、从事个体户经营、从事交通运输等。当物质资源供给水平提高时，农村劳动力的工作效率明显提高，农户可以选择更多样的生计，一方面增强了农户抗风险能力，另一方面提高了农户的生计可持续能力。所以，农户可持续发展离不开物质资源的保障。

③金融资源

金融资源是农户理财、投资的主要金融工具，更是农户生存、发展生产的重要经济支柱[3]。农户利用金融资源如稳定存款、持续性收入、政府投资、银行贷款来获取生计资源，利用金融资金发展农业及相关的产业。多渠道的收入可以提高农户的生计风险抵御能力。金融资源还具有可转换性，在农户的生活中可以将金融资源通过市场流转，转化为实际生活和生产中所需的其他资源，通过购买和租赁等形式的转化，改变农户现有资源情况。农户利用金融资源升级现有生产工具，引入新的技术或新的作物品种，恢复生产自然条件，更进一步提高了资源的配置效率。金融资金流入产业发展，通过投资转化为农产品协会，助力地区农产品产业化、规模化发展。农产品协会

---

① 李茜，毕如田. 替代生计对农民可持续生计影响的研究——以山西西北四县为例 [J]. 农业与技术，2008 (1): 141-145.

② 徐董寒. 生计资本对山区农户生活满意度的影响研究——基于浙江省山区农户的调查 [D]. 杭州：浙江农林大学，2019.

③ 黄德春，陈文婷，符磊. 金融资本深化对区域经济高质量发展的影响 [J]. 水利经济，2019，37 (3): 1-7+85.

不断建立后，规范、统一的标准会对农村产品的运输加工进行优化，农产品的经济价值进一步提升，市场竞争优势逐渐显现。当农户将金融资源投入劳动力的教育、医疗卫生、技能培训方面，农户的身体素质、劳动力水平将进一步提高，这些为农户生计的可持续性打下良好的基础，实现了农户生计的可持续发展①。因此，金融资源在推动农村经济发展的同时，也会转换为其他生计要素，推动农村经济的可持续发展，为农村居民创造更好的生活条件。

④社会资源

农村社会资源的优化配置是我国在追求共同富裕、改善民生的大背景下重点关注的问题。社会资源是农户生计可持续发展的动力之一，社会资源的获得是农户发展生产的有效保障②。在社会资源监督和促进农户生计发展方面，社会道德规范、社会关系网络等类型的社会资源显得尤为重要。农户所采取的生计策略需要具有长久性、持续性特征，并且能够确保对周边自然环境及邻里生产、生活没有影响，这是农户采取的生计策略组合的代内公平保障，这种类型的生计策略能够受到公众、社会关系网络的追捧和赞扬。社会成员对于生计策略学习具有模仿性、学习性，受社会赞扬的生计策略，必然受到社会关系中其他成员的追捧，农户在先进生计策略模式的带动下，受一定范围内一定数量的引领，对于促进农户生计可持续能力区域性的升级或改善具有重要作用。发挥社会资源对生计可持续发展的监督作用，在农户生计策略发生异常，生计策略的选择影响其他人的代内、代际公平时，运用人际关系网络和社会道德规范的监督模式，对于生计策略的健康发展也具有重要作用③。因此，农户生计可持续能力的提升离不开社会资源的合理配置。

---

① 黄颖，吴惠芳. 贫困山区农户生计创新的社会整合分析——基于皖西南村庄的调查［J］. 农村经济，2008（1）：112-114.
② 岑盈盈. 社会网络视角下非正式培训对失地农民人力资本提升的影响［D］. 杭州：浙江财经大学，2015.
③ 李志阳. 社会资本、村务管理对农民收入影响的实证分析——基于村级数据的研究［J］. 兰州学刊，2011（1）：181-185.

⑤人力资源

人力资源是支撑生计能力的关键，是农户生计选择的重要影响因素，不同类型人力资源对农户生计策略的影响不同，且具有明显的空间差异。研究资源角度的农户可持续生计能力，其根本在于研究可转化的人力资源拥有状况，人力资源通常是由知识、智力、体力、技能等核心要素构成的①。我国历来非常重视农村地区人力资源的开发和利用，并将人力资源视为我国实现全面繁荣的重要手段，将知识、智力、体力、技能等核心要素纳入评价体系，有助于探析人力资源因素对于农户生计可持续能力的影响②。

2.2 生计的认识转变

2.2.1 不同视角下的生计认识转变

生计认识改变受多方视角的影响，经济发展、社会公平、生态环境等变化都会改变人类对生计的认识。当前我国生计认识已经从注重经济效率转向注重社会分配的公平性再到更看重人口、资源、环境三者的和谐发展。本节从经济发展、社会公平和生态环境三个视角进一步分析，明确生计认识的转变特征。

（1）经济发展视角下的生计认识转变

经济运行和市场发展离不开资源的有效配置，当前，我国社会主义市场经济蓬勃发展，而如何进行资源合理配置、增加资源供给和拥有量，通过资源的供给、利用来提高经济发展水平、提高居民生活水平是一个非常值得思考的问题。从经济发展的视角来看，探索农户生计可持续能力和农户资源利用率的提高，不仅可以缓解资源利用不足问题，还可以提高农户生存质量，

① 权英，吴士健，孙绪民．当前我国农民社会资本的测度与分析——基于青岛市城郊农民的调查［J］．山东省农业管理干部学院学报，2009，25（1）：13-15.
② 窦婷婷．农村人力资本与农民收入增长的关系研究——以河北省为例［D］．石家庄：河北经贸大学，2012.

推动区域经济的高效发展。资源不足体现为农村资源的稀缺性。对于农村资源的稀缺性可以从四个方面来理解。第一，资源稀缺性是固有属性。从地球的整体来看，自然资源相对丰富，各种资源储备量巨大，但随着人类经济的发展和人类对资源的不断开发，不可再生的资源必定会出现短缺情况。第二，开发、利用技术的局限性导致部分资源无法被人类所利用，随着科技进步，农村虽然可开发利用资源增多，但人口增长带来的需求也不断增多，总体来看资源短缺的现象依旧存在[①]。第三，农村资源利用率低，开发不合理导致的资源浪费，更进一步加剧了资源的不足。由于意识水平较低和经济发展水平较低，农村地区为保障生存和改善生活，在追求经济效益时不会对资源的可持续利用进行考虑。同时，在资源开发中由于使用方式的不得当，可再生资源的再生能力遭到不可逆的破坏[②]。缓解资源供给不足的现状可以通过合理、高效的资源配置方式，这一方式是促进人与自然和谐发展的有效方法。因此，在经济发展的视域下，用农户的生产、生活行为是否经济的眼光来研究农户的生计可持续能力将更加行之有效，这促进了对生计认识的转变。

（2）社会公平视角下的生计认识转变

"在生存于不超出维持生态系统涵容能力的情况下改善人类的生活品质"是可持续发展的定义，文件《保护地球——可持续生存战略》从全球环境危机的视角出发，得出发展与环境保护并不是对立的，经济发展应该在自然资源合理利用的前提下，提高当代人的生活品质，还不对未来下一代的发展构成威胁这一结论。该文件认为可持续发展的概念界定以及可持续生存的 9 条原则中应该包含：改善人类健康水平、生活质量以及资源获取途径的诸多方面。不仅要满足当地人的发展，还不能影响下一代的发展需要，是可持续发展的主要切入点，其重视资源配置的长效性。在资源分配公平的视角下，发展应该将社会收入分配问题提高到和资源拥有量同等重要的位置。

强调利用社会公平的相关理论，是在社会公平视域下农户生计发生的重

---

① 周科. 我国农村正规金融服务缺失的制度经济学分析 [M]. 成都：四川大学出版社，2014.

② 颜节礼，王祖祥. 洛伦兹曲线模型研究综述和最新进展 [J]. 统计与决策，2014 (1)：34-39.

要变化。该变化主要强调利用社会公平相关理论，注重农村社会的公平性，促进农户生计策略的可持续性。保障农民个体发展的权利必须保证社会收入的公平性，就是将农民谋求自身发展的条件，放在平等的基础上。因此农户生计认识变化在社会公平视域下不可或缺的是公平这一属性。代际公平，即代际内容、代际代价的平等，是生计公平性的主要体现，这也是生计可持续能力度量的限制条件：生计的发展既要满足当代人的发展需求也要满足下一代人获取资源和发展的需求。长期性、动态性的过程，是代际公平性质下研究生计可持续能力的前提。人类在发展历程中，应当运用公平性原则促进人类生产活动，保证代际间的公平发展①。人类依赖自然环境，自然环境为人类提供了物质资料，人类如果仅仅追求经济效益的最大值，破坏自然环境，以牺牲环境换取经济的增长，必将对生态环境造成不可逆的破坏，无疑会对人类未来发展造成极大阻碍。

（3）生态平衡视角下的生计认识转变

生计的发展应该使经济社会与生态环境相互协调，研究表明，稳定、可持续的发展才是人类的未来。生态系统同各种环境、资源的和谐统一是环境系统的结构和功能最稳定的状态②。农户维持生存和发展谋生能力的总和称为生计可持续能力，生计可持续能力首先强调的是生计的稳定性，既要满足个体追求自身温饱和未来的发展需求，又要避免人类破坏资源，超越自然环境承载能力导致的农村发展受损。相反，稳定、均衡的系统是最为理想的结构模式，推动农村可持续发展的进程中如果实现农民与自然界的协调发展，就可以在可持续发展理论的支撑下，实现农户生计可持续能力保持长期稳定的发展状态③。在经济、社会、生态综合系统中，关注人与自然协调发展，通过生态环境的制约机制，发挥人类的能动作用，实施农

① 赵述.区域性金融改革的制度变迁：基于新制度经济学视角［J］.海南金融，2018（1）：5–12.
② 童玉芬.人口、资源与环境经济学的经济学分析视角探析［J］.人口学刊，2009（6）：14–18.
③ 行龙.开展中国人口、资源、环境史研究［J］.山西大学学报（哲学社会科学版），2001（6）：1–4.

村可持续发展战略，保持生态平衡。这些理念在农户生计认识的转变中应列为最高标准。

2.2.2　生计认识的转变方向

对生计的认识随着人类贫困治理的进程不断深入，从最初解决贫困人口的生存问题，到随着人类社会的不断发展，开始重视人与环境的协调发展，再到更为注重生计问题的可持续性，通过详细的划分，对生计的各影响因素进行深入研究，为生计的发展提供更多的依据。随着生计理论体系的丰富，人类对生计有了更全面的客观认识，而生计认识的变化也在指导着人类反贫困实践的发展。

生计问题的研究被学者触及、探索是在 20 世纪 50 年代之前，但受时代的局限，对于生计的研究还停留在农村居民谋生方式的初级探索阶段。随着人类发展不平衡的问题越来越严重，人类对生计问题越加重视，因此生计的研究领域不断扩大，生计的研究开始注重人在自然与社会环境中的角色。

生计问题的重视程度增加是在 20 世纪 60 年代，因人类环保意识的不断增强，对于环境的重视程度也在增加，对于生计的研究更加注重可持续性的生计和生计的永续性，在这一阶段，研究生计问题放在环境保护的框架下。20 世纪 80 年代，"可持续生计"概念开始被人们作为完成人类脱贫工作的重要手段。第 35 届联合国大会提出"可持续性生计"概念，要求人们首先不应该影响他人的将来和当前的谋生机会，给予所有人选择、利用资源的平等机会，主张把稳定生计作为消除贫困的主要目标。印度学者阿马蒂亚·森提出"消除贫困是发展的第一步"，并在《以自由看待发展》一书中进行了阐述，改变了狭隘发展观的旧范式。提高自身生活水平获得稳定发展是消除贫困的重要方式，这就是可持续生计的观念。增进人类福祉，丰富完善可持续性生计的理论是英国学者安东尼·哈尔（Anthony Hall）和詹姆斯·梅志里（James Midgley）所做出的贡献[①]。此外，还有一些组织和研究机构对生计概念的研究起到重要作用。

---

① 赵浩华. 欧洲福利国家制度变迁研究［D］. 哈尔滨：黑龙江大学，2018.

20世纪末，英国学者罗伯特·钱伯斯（Robert Chambers）和戈登·康威（Gordon Conway）将生计定义为："不同的成员在多样的活动中获得生计结果，在拥有一定资产基础上的谋生能力，生计资产可以分为有形资产和无形资产两种。"① 在社会不断发展的过程中，学者对于贫困问题的研究不断深入，研究的重点从最初的提高收入解决贫困问题发展至提高收入能力来消除贫困。此外，农村经济、农作物、资源、生态环境的可持续性生计研究得到了充足发展。围绕减少贫困、提高幸福感、降低脆弱性、增强适应性和恢复力等方面②，深入阐述并拓展了可持续性生计的内涵。

在21世纪初期，可持续生计分析框架所产生的理论创新对于后来的研究产生深远影响。联合国粮食及农业组织（FAO）、联合国开发计划署、美国援外合作署（CARE）、英国国际发展署四大组织以及一些研究者如贝宾顿（Bebbington）③、埃利斯（Ellis)④、斯孔（Scoones）⑤ 等开发了侧重点不同的分析框架。

2010年以来，我国学者丁士军等的研究也逐渐向可持续生计方向转变，主要有贫困与生态脆弱地区的生计脆弱性研究，以及生计转型的经济社会和生态环境效应研究等⑥。可持续生计主要的5个组成部分，即脆弱性背景、生计资产、政策机构过程、生计策略、生计输出中，生计资产和生计策略的研究占比较大⑦。生计资产的单一性和多样性不足是造成生计脆弱的主要原

---

① 吴孔森，刘倩，张戬，等. 干旱环境胁迫下民勤绿洲农户生计脆弱性与适应模式［J］. 经济地理，2019，39（12）：157-167.

② 梁义成，李树茁，李聪. 基于多元概率单位模型的农户多样化生计策略分析［J］. 统计与决策，2011（15）：63-67.

③ Anthony Bebbington. Capitals and Capabilities：A Framework for Analyzing Peasant Viability, Rural Livelihoods and Poverty［J］. World Development，1999，27（12）.

④ Ellis F. Rural Livelihoods and Diversity in Developing Countries ［M］. New York：Oxford University Press，2000.

⑤ Ian Scoones. Livelihoods Perspectives and Rural Development ［J］. The Journal of Peasant Studies，2009，36（1）.

⑥ 丁士军，张银银，马志雄. 被征地农户生计能力变化研究——基于可持续生计框架的改进［J］. 农业经济问题，2016，37（6）：25-34+110-111.

⑦ 何仁伟，李光勤，刘邵权，等. 可持续生计视角下中国农村贫困治理研究综述［J］. 中国人口·资源与环境，2017，27（11）：69-85.

因，政府救助措施应从改善自然资本转变到改善人力资本、金融资本①。南水北调库区、云贵高原和四川盆地、甘南高原等区域的实证研究都运用了生计资产的定量化研究方式，得出了具有参考价值的提高生计可持续性的结论。生计认识的转变方向见表 2-1。

表 2-1　生计认识的转变方向

时间	生计的认识	生计认识的转变特点
20 世纪 50 年代	生计研究仅局限在农村居民谋生方式的初级探索阶段	主要侧重于人的生存
20 世纪 60 年代	生计问题的受重视程度逐渐提高，环境保护意识的增强，促使人类在发展的过程中，认识到生计的永续性、可持续性	从简单的人的生存生计，发展到注重生计的未来长期发展
20 世纪 80 年代	提出"可持续生计"概念，将支持、鼓励稳定性生计作为贫困人口提高生活能力、消除贫困的手段，并从增进人类福祉的角度，丰富和完善了可持续生计的理论	提出生计的可持续性，重视生计对贫困消除的巨大作用，不断进行生计研究的理论深入
20 世纪末	细化生计定义为：不同的成员在多样的活动中获得生计结果，在拥有一定资产基础上的谋生能力。研究生计问题与贫穷问题的相互关系	重视生计对人类生产生活的实际作用，将生计的转变发展和人类的可持续发展紧密结合
21 世纪初期	生计可持续性理论的研究发展达到顶峰，出现多种分析框架，理论与实践结合越来越紧密	生计的理论体系趋于稳定，生计认识转变的影响从理论拓展到实践

2.2.3　生计认识转变原因

从各种视角看生计认识的转变，不仅应该关注生计认识转变的过程，也应探寻认识转变的原因。当前人类与自然环境的关系已经受到人们的关注，

---

① 魏凌. 农户生计脆弱性及影响因素研究 [D]. 郑州：河南财经政法大学，2017.

而农户生计对于自然界的依赖程度较高，生态平衡受到农村经济发展的影响，生态平衡和可持续发展问题依旧需要引起人们的重视。下文将从政策与制度变化、生计资本变化、自然环境变化三个方面阐述影响生计认识转变的因素。

（1）政策与制度变化

随着生态政策的变化，近年来生态脆弱区农户生计方式不断转型。在我国退耕还林（退牧还草/退田还湖）政策推动下，农户拥有的生计资本及生计组合发生了变化，推动了农户生计方式转型。赵雪雁等[①]指出，甘南黄河水源补给区退牧还草工程限制了农户对草地资源的利用，引发农户拥有的自然资本存量减少，这促使了该区域农户生计方式发生改变，生计多样化指数增大。李军龙等[②]研究发现，退耕还林后农户的收入结构和成本结构发生了变化，退耕还林促进了农业劳动力向其他产业转移。但这种转移不一定会促使农业劳动力向非农转化。因此，制定生态政策一定要因地制宜、结合当地特色，更好促进生态脆弱区农户生计方式转型。

（2）生计资本变化

首先，生计资本拥有量决定着农户的生计策略。在拥有更多的生计资本时，农户往往具有多方的选择权和对风险的规避能力，并在应对风险冲击时有选择应对的主动性，在冲击中可以发现和利用机会以更好地生存。反之，当缺少生计资本时，农户只能被动地应对冲击，在面临自然灾害时显得脆弱无助，只能被动地接受或利用公共资源应对冲击[③]。其次，农户拥有的资本类型组合会影响农户生计策略选择，农户的自然资本、社会资本、人力资本减少或稀缺时，农户生计易转向二、三产业[④]。

---

① 赵雪雁，介永庆，何小风，等. 多重压力下重点生态功能区农户的生计适应性研究——以甘南黄河水源补给区为例 [J]. 中国人口·资源与环境，2020，30（1）：140-149.
② 李军龙，邓祥征，张帆，等. 激励相容理论视角下生态公益林补偿对农户的增收效应——以福建三明为例 [J]. 自然资源学报，2020，35（12）：2942-2955.
③ 霍般若. 生计资本、感知能力与农民工创业 [D]. 太原：山西师范大学，2019.
④ 徐定德，谢芳婷，刘邵权，等. 四川省山丘区不同生计策略类型农户生计资本结构特征及差异研究 [J]. 西南大学学报（自然科学版），2016，38（10）：125-131.

（3）自然环境变化

从原始社会开始，人类就依赖大自然的环境而获得生存的资源，因此在初期农户选择生计方式时，对自然环境的依赖度较高，这一现象在贫困地区尤为明显。农户生计策略选择依赖自然环境及其提供的坚实物质基础，自然环境使农户的空间分异基本格局成型。农户生计资本及所处的脆弱性环境发生变化，农户会进行生计转型①。其中，人类面临的最大挑战是生态环境恶化，会引起农户福祉与生计变动，使其产生巨大压力。生态环境的巨变对贫困地区农户的生计资本冲击最为剧烈，增加该地区农业人口的脆弱性，逼迫该地区人口进行强制性的生计方式转型。例如，我国石羊河流域下游民勤绿洲生态环境日趋恶化，曾致使 7 万余人、20 万头牲畜饮水困难，2 万多公顷耕地被迫弃耕，农户生计面临严峻挑战，已有大批农民被迫迁移②。

2.3　生计策略

2.3.1　生计策略研究的背景

贫困是人类社会发展中普遍存在的社会现象，贫困问题由来已久，吸引了发展经济学、统计学、管理学以及社会学等学科的学者进行研究。贫困困扰人类社会发展，是制约中国发展的重大阻碍，亦为世界性难题，是当今世界各国和国际社会共同面临的最严峻的挑战。贫困通常指福利被剥夺，从而导致个体或家庭收入或财富不足，无力满足基本需求。贫困不仅是缺乏满足基本需求的收入，而且包括基本能力被剥夺。贫困为人类基本需求，包括食物、安全饮用水、卫生设施、健康、住所、教育和信息等被严重剥夺的一种生活状态。贫困问题是一种"无声危机"，长期伴随人类社会的发展进程，困扰着人类的发展，是造成局部地区生态环境恶化、战乱及冲突、恐怖主义

---

① 陈海鹰．自然保护区旅游生态补偿运作机理与实现路径研究［D］.昆明：云南大学，2016.
② 刘晓满．生态旅游对武夷山国家级自然保护区农户生计的影响研究［D］.福州：福建师范大学，2019.

蔓延等世界性问题的原因之一。自英国学者布斯和朗特里开始研究工业化社会的贫困问题起，对贫困问题的研究已走过了 100 多年的历史。100 多年来，国内外学者对此研究做了积极的努力。1987 年 10 月 17 日，十几万人在法国巴黎特罗卡德罗广场（《世界人权宣言》的签署地）聚集，他们认为贫困侵犯了人权，宣称将携手保护贫困群体的人权。此后，每年的这一天都举行相关活动来表达对贫困人口的声援与关注。1992 年的冬至日，第 47 届联合国大会一致通过将每年的 10 月 17 日确定为"国际消除贫困日"，以此提高人们对贫困问题的重视程度，推动全球消除贫困问题。从 1992 年确定"国际消除贫困日"伊始，国际社会逐渐加大了减贫工作的力度。2000 年 9 月，联合国召开千年首脑会议，189 个国家签署《联合国千年宣言》并一致通过了"千年发展目标"，即以 1990 年的规模为参照标准，到 2015 年世界极端贫困人口和饥饿人口减少一半，这表达了世界各国政府对消除贫困、改善人类生活水平的态度和决心。多年以后，随着经济社会的不断发展，人类在解决贫困问题的道路上又面临新的课题。《2014 年人类发展报告》强调，人类社会正在面临脆弱性的威胁，如果不采取调整社会准则和发展政策的系统性办法进行解决，人类社会发展进步的公平性和可持续性将难以保证。尽管当前全球贫困人口持续下降，但如果不积极采取防备措施帮助个人和社区有效抵挡风险冲击，将会有大量的脱贫人口存在返贫的可能。这一报告从全新的视角审视贫困，并据此提出了一系列提高抵御风险能力的措施和建议。2015 年 7 月，联合国发布了《千年发展目标 2015 年报告》，认为全世界生活在极端贫困中的人口数量在 25 年间（1990~2015 年）减少了 56%。总体上看，减贫成效较为乐观，已经实现贫困问题的千年发展目标，但从区域来看，在贫困问题的解决上全球各国差距较大，具有区域非均衡性特征，大量的剩余贫困人口聚集在偏远的农村地区。因此，2015 年 9 月，联合国成员国通过了千年发展目标的后发展议程，其中最重要的一条是"至 2030 年，在全球所有人口中消除极端贫困"。联合国发布的《2019 年全球可持续发展报告》显示，2018 年的全球贫困人口没有呈现下降态势，反而从 2015 年的 7.84 亿人上升至 8.21 亿人，其中的 5.14 亿人分布在亚洲和撒哈拉沙漠以南的非洲。贫困是人类社会面临的共同敌人和挑战，据世界银行报告，目前世界极度贫困人口仍有 12 亿人之多，受新冠肺炎疫情影响，2020 年世界绝对贫困人口新增 8000 万人至 1.15 亿人。反贫困始终是古今中外治国安邦的大事，建立一个没有贫困的世界更是世界各国人民的共同愿望。

鉴于此，世界各国反贫困工作的指导理念不仅要强调贫困治理，更要重视"贫困预防"，以缓解个体或家庭的贫困脆弱性为目标，提高贫困群体有效应对风险的能力，弱化各种生计风险产生的负向冲击，避免陷入永久贫困。事实上，早在 2001 年，世界银行在《2000/2001 年世界发展报告：与贫困作斗争》中就正式提出了"贫困脆弱性"这一概念，并将其描述为"对冲击复原性的测度——冲击造成未来福利下降的可能性"。2015 年，联合国的《2030 年可持续发展议程》提出：到 2030 年时，要增强贫困人口和处境脆弱群体的韧性，减轻极端气候、自然灾害、市场价格波动以及疾病事故等风险冲击对他们的影响程度。这标志着增强贫困群体面对风险冲击的能力，削弱贫困脆弱性，实现可持续减贫目标成为 2015 年后全球贫困治理的主要议题。

中国作为世界上的人口大国，贫困人口规模曾一度占世界贫困人口总数的 20%。党和国家历来高度重视扶贫工作，将扶贫工作作为一项重要的政治任务，不断探索扶贫开发模式。开发式扶贫坚持自力更生的原则，强调增强贫困人口的自我发展能力，保障永久脱贫的能力，是我国扶贫开发工作的核心方式，致力于提升贫困地区、贫困人口的自我"造血"能力。开发式扶贫是对改革开放之初救济式扶贫方式的调整，体现了扶贫的根本要义。贫困已经影响到各国的稳步发展，是当今世界各国急需解决的问题，消除贫困是联合国千年发展目标的首要任务，是人类进步和发展的重要标志，是人类孜孜以求的梦想。各国按照自身的发展需求和发展进程，逐步解决贫困问题，我国则以破解扶贫工作的重点难点问题为核心，形成了以精准扶贫、精准脱贫为核心的战略思想，给我国贫困问题的解决带来新的治理方式，为世界贫困问题的解决贡献了智慧和力量。

1978~2010 年，我国的经济呈现快速增长的趋势，人均 GDP 从 1978 年的381元提高到2010年的29784元，增长78倍。同时，政府扶贫开发的力度明显加大。随着经济的高速发展，中国政府一直致力于扶贫减贫工作，特别是将农村地区的减贫工作作为整个国家扶贫工作的核心，创新制定了一系列行之有效的减贫政策，形成了"中国道路"的减贫模式，为全人类的减贫事业贡献了"中国经验"和"中国智慧"。

回顾中国的反贫困发展历程，扶贫事业取得了巨大的成效，在全世界层面的减贫贡献率达到了七成以上，中国借此成为首个完成联合国千年发展目标中减贫目标的发展中国家。改革开放以来，全国农村贫困人口持续减少，贫困发生率不断走低。据统计，1978~2008年，中央财政专项扶贫资金投入累计超2000亿元①。在经济增长和扶贫投入的驱动下，中国反贫困事业取得了令世界瞩目的重大成就。按照1978年的绝对贫困线标准，我国农村的贫困人口由1978年的2.5亿人下降到1980年的2.2亿人再到2007年大幅减少到1479万人，与此同时，贫困发生率也由1980年的26.8%下降到了2007年的1.6%②，减贫效果是极为罕见的。数据显示，1981年，我国有2/3的人口生活在贫困线以下，1980~1990年，我国贫困人口减少了1.67亿人，1990~1999年，我国贫困人口又减少了1.15亿人③。到2010年，这个数字变为不到全国人口的1/8；农村贫困人口大幅减少，从1978年的2.5亿人下降到2010年的2688万人，贫困发生率急剧下降，从30.7%下降到2.8%④，减贫成效十分显著。按2010年的标准衡量农村贫困人口数量，农村贫困人口从2000年的9422万人减少到2010年的2688万人；农村贫困人口占农村人口的比重从2000年的10.2%下降到2010年的2.8%⑤。

---

① 抚州市人民政府.改革开放30年：中央财政投入扶贫资金近2000亿［EB/OL］.http：//www.jxfz.gov.cn/art/2008/11/24/art_3826_853543.html
② 白增博.从贫穷到富裕：中国共产党消除绝对贫困百年辉煌实践［J］.南京农业大学学报（社会科学版），2022，22（1）：41-55+138.
③ 刘青海.减贫关键在于给贫困者赋权［J］.农村工作通讯，2011（23）：42.
④ 《人类减贫的中国实践》白皮书［EB/OL］.（2021-04-06）.http：//www.gov.cn/zhengce/2021-04/06/content_5597952.htm.
⑤ 中华人民共和国国务院新闻办公室.中国农村扶贫开发的新进展［N］.人民日报，2011-11-17（23）.

精准扶贫作为党的十八大以来中央关于我国农村工作的重大政策部署，是我国基层政府在一个时期内解决农村贫困问题，尤其是 14 个集中连片特困地区贫困问题的战略重点。习近平总书记在考察河北省阜平县的扶贫工作时指出，"帮助困难群众脱贫致富要有针对性，要有计划、有资金、有目标、有措施、有检查，切实把扶贫开发工作抓紧抓实，不断抓出成效"①。2013 年 11 月，习近平总书记调研湖南省湘西自治州十八洞村的扶贫工作时强调，扶贫工作要科学规划、因地制宜、抓住重点，不断提高精准性、有效性和持续性，要因地制宜、精准扶贫。同时期，李克强总理两次召开专题会议研究扶贫工作，对建档立卡和精准扶贫工作提出了具体要求。随后，在 2013 年 12 月，中办、国办印发《关于创新机制扎实推进农村扶贫开发工作的意见》，提出健全干部驻村帮扶机制和建立精准扶贫工作机制的要求。2014 年 5 月，国务院扶贫开发领导小组等部门制定了《建立精准扶贫工作机制实施方案》，对精准扶贫的工作模式及运行思路进行了顶层设计。至此，在全国开展到村到户到人的贫困状况调查和建档立卡的"精准滴灌式"扶贫开发工作如火如荼地推进。"十三五"规划明确指出，要实现"我国现行标准下农村贫困人口全部脱贫，贫困县全部摘帽，解决区域性整体贫困"，并提出了针对精准扶贫的"六个精准"（扶贫对象精准、项目安排精准、资金使用精准、措施到户精准、因村派人精准、脱贫成效精准）。党的十九大也提出，让贫困地区和贫困人口同全国一道进入全面小康社会是我们党的庄严承诺。这一承诺需通过扶贫开发的扎实推进来实现。到了 2019 年，现行标准下的贫困发生率为 0.6%，且相应的贫困人口规模为 551 万人。2010~2019 年，中国以前所未有的力度持续推进脱贫攻坚工作，贫困发生率累计下降 16.6 个百分点，贫困人口累计下降约 1.6 亿人。由此可见，无论是以原有贫困标准还是调整后新的贫困标准，我国农村绝对贫困人口不断减少，贫困发生率持续走低，反贫困工作取得了举世瞩目的成就。党的二十大报告强调打赢了人类历史上规模最大的脱贫攻坚战，历史性地解决了绝对贫

---

① 在河北省阜平县考察扶贫开发工作时的讲话［J］．新长征，2021（3）：4-11.

困问题，实现了全面建成小康社会的历史任务，但也要健全防止返贫动态监测和帮扶机制，坚决守住不发生规模性返贫这条底线，以更强的担当、更实的作风，奋力推动巩固拓展脱贫攻坚成果再上新台阶[①]。

　　当然，减贫取得的巨大成就是以静态贫困标准衡量的结果，这种传统的贫困测度方式具有滞后性，据此实施的减贫措施和脱贫政策是一种"事后干预"，不能未雨绸缪，无法在贫困发生之前进行精准阻击。在实现消除绝对贫困的目标后，对我国生态脆弱区农户的扶贫工作将面临一个巨大的挑战，即脱贫家庭容易返贫和边缘家庭容易陷入贫困。具体来讲，一方面，生态脆弱区农户普遍承受极端气候、自然灾害、市场波动、健康威胁、失业和事故等多重生计风险，尽管采取一定的应对措施，但家庭福利仍有可能受损导致未来继续贫困下去。而且，脱贫攻坚期的生态脆弱区农户获得了超常规政策的支持，但此类家庭的贫困脆弱性依然较高，自我发展能力尚且不足，假如脱离了扶贫资源和脱贫政策的强力支持将很快再次陷入贫困，更严重的会陷入慢性贫困。另一方面，非贫困家庭中容易致贫的边缘群体，在应对风险能力方面与贫困家庭并没有系统性差异，一旦遭遇较为严重的风险冲击，这些未处于贫困状态的家庭与刚脱贫的家庭面临类似的遭遇，也会因无法有效应对风险的负向冲击而成为新生的贫困群体。

　　综上所述，如何有效地消除生态脆弱区农户的贫困成为我国贫困治理的关键性问题。传统的收入贫困标准是静态贫困理念的应用，在贫困人口的度量和识别方面缺乏预见性，无法囊括那些目前福利状况高于贫困线标准，但本身缺乏足够的资产和社会保障使得有效应对风险的能力不足，未来遭遇多重生计风险的冲击有很大可能陷入贫困的生态脆弱区家庭。以动态的观点预测风险冲击对家庭未来福利的影响，将风险引入贫困分析框架从而计算生态脆弱区家庭在未来发生贫困的概率，打破了传统贫困测度方式在识别贫困群体上存在的局限性，具有前瞻性，据此制定的减贫措施和脱贫政策方能减少长期贫困，形成贫困预防体系，实现减贫效应的可持续性。基于此，学术界对于生态脆弱

---

　　① 闫肃，孙祥逊. 奋力推动巩固拓展脱贫攻坚成果再上新台阶 [N]. 淮北日报，2022-12-15 (4).

区农户贫困治理的关注越来越多，更多的研究提出应该更多地关注贫困事前干预，设法降低生态脆弱区农户贫困风险成为有效解决贫困问题的关键所在。

2.3.2 生计策略研究的意义

在扶贫工作开展的过程中，不仅要关注贫困人口的生活现状以及条件改善，还需要注意当地的生态环境建设与保护。国家《"十三五"脱贫攻坚规划》明确指出："处理好生态保护与扶贫开发的关系，加强贫困地区生态环境保护与治理修复，提升贫困地区可持续发展能力。"因此，如何避免陷入地区生态脆弱导致的贫困陷阱，如何识别、规避、应对和抑制贫困风险，以及如何提升贫困地区发展能力等问题都急需解决，尤其是对于脱贫摘帽后的生态脆弱区来说更为迫切。我国的生态脆弱区严重受到自然环境的限制，导致当地农户的生活窘迫，为了维持生计，农户开始对这片本不富饶的土地进行深度开发，不合理的放牧耕种导致可利用资源进一步受限，久而久之，人与自然之间的矛盾也随之加深，我国超过九成的绝对贫困人口集聚于此。

为了能在 2020 年如期实现"两不愁、三保障"，我国在扶贫事业上的不断努力是有目共睹的，因此决不能让返贫风险蚕食现有的扶贫成果。而返贫风险与农户生计密切相关，农户生计的脆弱性既是返贫风险的起因，也是返贫风险导致的结果，还可能是解决返贫问题的途径。这是因为处于生态脆弱区的农户本身就具有生计脆弱性，他们大多由于生计资本匮乏而无法抵御外部带来的风险，陷入脱贫又返贫的循环，然而从返贫的困局中被解救还需要解决薄弱生计资本、发展其他本就具有的高效能资本。

理论方面，第一，完善扶贫开发理论体系。生态脆弱区农户虽然已经达到退出标准，不再接受政府的直接扶贫帮助，但这部分农户本身抗风险能力低，仍属于相对贫困的弱势群体，应纳入扶贫动态监测系统，关心脱贫后的生计可持续能力。改善生态脆弱区农户的生计资本，选择可持续的生计策略，不仅是脱贫攻坚的重点，也是实现生态脆弱区农户永久脱贫的根本手段和前提保障。本书将生态脆弱区农户生计状况的研究融入扶贫理论的发展，能够有效弥补当前理论体系的不足，更加关注生态脆弱区农户脱贫后的生计可持续能力，从而完善扶贫理论体系。

第二，丰富可持续生计的研究内容。随着对贫困问题探讨的深入，学者开始辩证思考引发贫困的深层次原因，对农户的可持续生计问题进行了大量研究，并在可持续生计分析框架下对生态脆弱区农户等弱势群体的脆弱性表现、生计资本组成、生计策略选择等方面进行了全面分析。脱贫农户作为农户的一种特殊构成，比普通农户更缺乏抵御外来风险的能力，因其占有更少的生计资本，更难实现生计策略的多样化。本书基于可持续生计分析方法，以武威、金昌和张掖为例，重点分析生态脆弱区农户的生计资本现状、生计策略的选择，以及生计资本对生计策略选择及转化的影响机制，丰富了可持续生计的研究内容和生计内涵。

现实方面，第一，为生态脆弱区农户增强生计可持续能力提供理论借鉴。武威、金昌和张掖是集祁连山国家级自然保护区、西部偏远山区、贫困地区于一体的复杂区域，具有一定的代表性与典型性。本书以三市为例综合分析生态脆弱区农户的生计现状及发展能力，生计资本如何影响生计策略选择，如何实现生计策略转型、优化等现实问题，为贫困地区探究生态脆弱区农户生计资本现状、生计策略的影响因素，以及为保障精准脱贫效果的可持续性，提高生态脆弱区农户生计可持续能力提供理论借鉴。

第二，为武威、金昌、张掖三市地方政府制定相关决策促进生态脆弱区农户可持续发展提供参考。武威、金昌和张掖地处祁连山国家级自然保护区，与甘肃省其他地市相比，经济发展较为落后，是甘肃省扶贫攻坚的重点区域，脱贫工作取得全面进展后，生态脆弱区农户的后续发展成为当地及甘肃省的重要工作内容。本书以武威、金昌、张掖为例重点分析其生计资本现状，生计策略的选择，以及生计资本对生计策略选择的影响，有利于武威、金昌、张掖三市各级政府和相关单位准确把握已脱贫农户的现实需求和发展瓶颈，有针对性地制定和改进工作方法和政策措施，提高脱贫后续发展效率与发展能力，维护民族团结，实现乡村振兴，具有一定的应用价值。

2.3.3 生计策略研究进展

根据钱伯斯和康威的定义，生计作为一种谋生方式，立足于个体能力、拥有资产及生产活动，生计策略是指人们基于生计资本因素的选择，为了达到所建立的生计目标做出的相关行动的组合[①]。在外界环境的影响下，农户所用的生计资本量不同，会促使不同的生计活动之间进行组合，组合的结果就是生计策略选择的结果。生计策略的选择对于农户生计的可持续发展至关重要，而选择之前需要先对生计策略进行分类，然后分析影响农户生计策略选择的因素。现有有关生计策略的研究主要集中在农户的经济活动方面，农户合理、恰当的生计策略选择反映了其对生计资本组合利用的程度，也进一步体现了后续可持续生计目标的实现情况。

对生计策略类型的研究，主要集中于从农户的生产要素或收入分配的视角进行的类型划分，不同学者根据不同的研究目标与研究背景，将生计策略类型进行了不同的划分。马明等根据实际情况，将移民的生计策略分为纯农户型、农业为主务工为辅型、务工为主农业为辅型、纯务工型、非农经营型和生计多样型[②]；丁文强等借鉴前人研究方法将牧户生计策略划分为纯牧型、牧兼型、兼牧型和非牧型，从草原类型的角度对牧户生计资本与生计策略影响的关系进行探讨，旨在识别影响纯牧型、牧兼型、兼牧型和非牧型生计策略相互转化的关键生计资本和生计资本指标[③]；郭秀丽和杨彬如根据农户生计活动安排对已有资源的依赖性，将农户的生计策略划分为基本型、缺失型和发展型3类，结合农户调查数据和经济统计数据，对不同生计策略类型农户的生计活动及其结果进行调查与对比分析，以确定农户的最优

① Chambers R，Conway G R. Sustainable Rural Livelihoods：Practical Concepts for the 21st Century [R]. Brighton：IDS Dis-Cussion Paper 296，1992.
② 马明，陈绍军，陶思吉，等. 易地扶贫搬迁移民生计策略、生计资本与家庭收入影响研究——以云南少数民族深度贫困地区为例 [J]. 干旱区资源与环境，2021，35（8）：1-10.
③ 丁文强，董海宾，侯向阳，等. 基于多项Logit模型的牧户生计资本对生计策略选择影响的实证研究 [J]. 中国农学通报，2020，36（9）：150-158.

生计策略[1]；万文玉等将生计策略划分为纯牧区型、半农半牧区型、农区型3种[2]；朱建军等将生计策略划分为非劳动力收入主导型、务工主导型、兼业型、农业收入为主型等5种具体的生计策略[3]；孙晓一等更是对生计策略进行详细研究，划分为8种类型工作单位、21个职业类别[4]；史俊宏研究内蒙古7个牧区生态移民安置区时，提出了无任何工作、打工（有手艺）、打工（无手艺）、固定工作以及个体户（小本生意）5种生态移民生计策略类型[5]；李小云等将生计策略划分为人力资产缺乏型、自然资产缺乏型等6种类型，进而探究生计资本与生计策略之间的关系[6]；安祥生等则将生计策略分为自由打工、私营企业、自办、国营企业和机关事业单位5种类型[7]。

从农户生计策略类型的具体划分方法来看，目前主要有两类：一类是研究者李聪等通过主观判断进行划分的方法，以收入的主要渠道进行划分[8]；另一类是采用聚类方法对农户生计类型进行划分。

总体而言，虽已有一定的学者对农户生计策略类型划分及其选择方面进行了实证研究，但对于农户生计策略的划分方式还未有统一的标准。生计策略的分类多数还是以主观分类为主，而采用较为科学的聚类分析方法划分农户生计策略类型的研究较为缺乏，而且不同研究者所采用的具体划分标准不

① 郭秀丽，杨彬如．贫困民族地区农户生计策略选择分析——以甘南州夏河县为例［J］．中国农业资源与区划，2020，41（11）：252-258．
② 万文玉，赵雪雁，王伟军，等．高寒生态脆弱区农户的生计风险识别及应对策略——以甘南高原为例［J］．经济地理，2017，37（5）：149-157+190．
③ 朱建军，胡继连，安康，等．农地转出户的生计策略选择研究——基于中国家庭追踪调查（CFPS）数据［J］．农业经济问题，2016，37（2）：49-58+111．
④ 孙晓一，徐勇，汤青．黄土高原半城镇化农民非农生计稳定性及收入差异分析［J］．人文地理，2016，31（3）：81-87．
⑤ 史俊宏．生计转型背景下蒙古族生态移民非农生计策略选择及困境分析［J］．中国农业大学学报，2015，20（3）：264-270．
⑥ 李小云，董强，饶小龙，等．农户脆弱性分析方法及其本土化应用［J］．中国农村经济，2007（4）：32-39．
⑦ 安祥生，陈园园，凌日平．基于结构方程模型的城镇化农民可持续非农生计分析——以晋西北朔州市为例［J］．地理研究，2014，33（11）：2021-2033．
⑧ 李聪，康博纬，李萍，等．易地移民搬迁对农户生态系统服务依赖度的影响——来自陕南的证据［J］．中国人口·资源与环境，2017，27（11）：115-123．

同，即使采取同样的划分依据，生计策略类型的划分也会有所不同。总体而言，在研究生计资本对生计策略的影响时，研究者大多基于农户的实际调查数据，采用计量经济学方法，对农户生计资本与生计策略进行分析，研究结果表明不同类别的生计资本对生计策略类型存在显著的影响，但对生计策略到底有何种影响及范围的大小还未有较为统一的看法。

不论以何种划分标准进行生计策略类型研究，实际都倾向于生计多样化策略。生计多样化的研究主要集中在以下三个方面。第一，生计多样化的描述。第二，生计多样化的相关因素研究。如阎建忠等在研究农牧民的生计多样化后发现，样本地区农牧户生计多样化对农牧户自身所拥有的 5 类生计资本有高度依赖性，主要呈正相关关系，且海拔高度也与农户的生计多样化存在一定的联系①。此外，农户的兼业行为也反映了生计多样化的程度大小。黎洁等研究发现与对自然环境依赖性大的以农业为主的农户相比，选择多样化生计的农户对自身拥有的生计资本会比前者更加具有禀赋，进而有能力从事更多的其他生计活动来降低自身的贫困程度②。第三，生计多样化与农户居住布局之间的关系研究。吴旭鹏等认为，农户的生计方式和居住布局之间有着相克相济的关系，即恰当的生计策略选择使得当地居民的生计活动朝有利的方向发展③。王成等也通过对不同农户对未来生计活动的趋向和居住意愿的研究为农户居住布局的整合提供科学的理论依据④。

国内对生计策略选择行为的研究起步较晚，主要可以分为以下几个方面：一是生计策略选择影响因素相关的研究；二是生计多样化方面的研究；三是从其他视角研究生计策略的选择，如生态补偿、生计风险与生计安全等视角。

---

① 阎建忠，喻鸥，吴莹莹，等．青藏高原东部样带农牧民生计脆弱性评估［J］．地理科学，2011，31（7）：858-867.
② 黎洁，李亚莉，邰秀军，等．可持续生计分析框架下西部贫困退耕山区农户生计状况分析［J］．中国农村观察，2009（5）：29-38+96.
③ 吴旭鹏，金晓霞，刘秀华，等．生计多样性对农村居民点布局的影响——以丰都县为例［J］．西南农业大学学报（社会科学版），2010，8（5）：13-17.
④ 王成，费智慧，叶琴丽，等．基于共生理论的村域尺度下农村居民点空间重构策略与实现［J］．农业工程学报，2014，30（3）：205-214+294.

2.3.4　生计策略研究的主要方法

（1）社会调查分析

在我国，社会调查（Social Investigation）是一个内涵较为宽泛的概念，泛指"一种了解客观事物的感性认识活动，是直接收集社会资料或数据的过程"。从操作层面看，这一概念实际上包含了两种方式：一种是以概率样本、结构化测量工具、统计分析为主要技术特征的采集量化信息的方式，亦称"调查研究法""问卷调查法"，即通过问卷工具从一个取自某种社会群体的样本来收集资料，并通过对资料的统计分析来认识社会现象及其规律；另一种则是以质性研究中的访谈、群体座谈、个案研究等为手段收集研究资料的方式。

（2）生计资本量化

基于当前已有研究中对生计资本评估的指标和变量的设计选取，生计资本通常通过指标进行量化，使得抽象的生计资本具体化，也能够更加明确生计资本在社会实践生活中的作用，从而以更加有针对性的措施来完善生计资本的各个方面，更有效地防止农户返贫现象的发生。比如，有学者将生计资本的指标分为人力资本、自然资本、金融资本以及社会资本。人力资本作为农户生计资本的基础，是指个体的健康状况和谋生的劳动能力。自然资本是指个体用于维持生计的自然资源。金融资本是指个体用于购买生产生活资料以及可以获得的贷款或个人借款。社会资本是指个体能够利用的社会网络关系等[1]。此外，另有学者将生计资本用5个指标进行量化，根据生计资本相关理论，将农户家庭所拥有的资源与禀赋分为5个维度：人力资本、自然资本、物质资本、社会资本和金融资本[2]。

由上述生计资本量化的相关指标分类可知，生计资本的评估需要通过人

---

[1]　黎毅，王燕. 西部地区不同生计策略农户多维贫困分解研究 [J]. 西安财经大学学报，2021，34（2）：73-80.

[2]　李聪，刘若鸿，许晏君. 易地扶贫搬迁、生计资本与农户收入不平等——来自陕南的证据 [J].农业技术经济，2019（7）：52-67.

力资本、自然资本、金融资本、物质资本以及社会资本等指标来进行，因此，本书结合了研究区农户的生计特点，设计了如下指标体系以评估生计资本状况（见表2-2）。首先对各指标中不同量纲和不同数量级的数据进行标准化处理，再根据各指标的贡献程度，采用模糊综合评价法，定量分析样本农户各类生计资本状况，即生计资本指数。

表 2-2　农户生计资本测算指标体系

资本变量		指标含义
人力资本	劳动能力	对16~60岁劳动力按身体健康状况赋值："优"赋值为5，"良"赋值为4，"一般"赋值为3，"较差"赋值为2，"很差"赋值为1，"丧失劳动能力"赋值为0
	教育文化	文盲(不会讲汉语)赋值为0；文盲(能讲汉语)赋值为1；小学学历赋值为2；初中学历赋值为3；高中或中专学历赋值为4；大专以上学历赋值为5
	职业技能	无劳动能力的人口赋值为0；农业劳动力(主要从事农业经营)赋值为1；非农业劳动力(主要从事非农业劳动经营，或有一定的手艺，经常从事非农生计活动)赋值为2；受雇用的劳动力(长期受雇于企业主，有比较稳定收入者)赋值为3；其他(与务农家属一起居住在农村，在政府等非企业组织供职或从事个体经营的劳动者)赋值为4
自然资本	人均耕地面积	人均耕地面积(亩)：正在经营的耕地面积总和，包括自留地、承包土地、租用及转包其他农户的耕地面积
	粮食单产	亩均粮食产量(公斤)
金融资本	拥有财产	耐用消费品和大型生产型工具：农户所拥有的耐用消费品和大型生产型工具的种类占所有选项种类数的比例(%)
	现金资本	现金量：家庭年人均现金收入(元)
	信贷资本	获得信贷的机会：从农村信用社、商业银行等获得贷款的机会；如果有，赋值为1；没有，赋值为0
物质资本	住房情况	人均住房面积：$50m^2$ 以上赋值为5；40~$50m^2$(含 $50m^2$)赋值为4；30~$40m^2$(含 $40m^2$)赋值为3；20~$30m^2$(含 $30m^2$)赋值为2；$20m^2$ 及以下赋值为1
	居住条件	户外道路：乡镇道路赋值为5；村主干道赋值为4；村道支道(能通行小型农用车)赋值为3；村间小道(能通行摩托车)赋值为2；山路、陡坡路(仅能供畜力运输工具通行)赋值为1 卫生设备：水冲式厕所赋值为2；旱厕赋值为1；无厕所赋值为0

续表

资本变量		指标含义
社会资本	政治资本	家庭成员中是否有乡村干部：如果有，赋值为1；没有，赋值为0
	联系成本	通信费：户主月均电话消费（元）
	就业资本	寻找外出务工机会可求助的亲友数量（人）

2.4 相关理论基础

2.4.1 可持续生计理论

（1）理论内涵

可持续生计追求用稳定的生计消除贫困，这种贫困不仅包括传统意义的收入多寡，更讲求一种消除贫困的能力，它可以改善个人或家庭长远生活状况。可持续生计理论最早见于20世纪80年代末世界环境与发展委员会（WCEI）的报告。可持续生计理论倡导工作者换位思考，从农户日常生产生活的角度去理解和研究贫困问题并找到能充分利用本地资源、适应本地情况、契合当地人意愿的方法缓解贫困局面。

可持续生计理论为解决长远生计问题提供理论支持，其方法不仅能够多方面对不同原因引起的贫困进行诠释，而且可以从操作层面对消除贫困和生计建设提供指导、给予解决。可持续生计理论的核心原则主要包括以下三个方面。第一，以人为中心。即始终将农户作为发展的核心，顺应农户对发展的期待并结合当下农户生活的实际情况，分析其在所拥有的物质基础上发挥资源禀赋和优势、解决当下贫困问题获得长远发展的能力。第二，自由参与性原则。解决贫困的方法不应该脱离农户想法，应尊重当地人的观点和意愿而不仅仅依靠外来者带入大量资源来解决本地问题。第三，可持续性和动态性。农户生计策略应该依据农户拥有的生计资本变化与时俱进，在以某一生计策略为主要策略时辅之以其他生计策略实现农户生计可持续。可持续生计策略能够及时适应这些变化，并随着变化而进行调整。

通过各国政府与相关组织持续关注和参与，在可持续生计研究中产生了两种有代表性的分析方法，包括英国国际发展署提出的可持续生计分析框架、联合国开发计划署提出的可持续生计分析框架。2000 年，英国国际发展署在相关组织研究基础上提出了可持续生计分析框架，该框架由 5 个部分组成，分别是脆弱性背景、生计资本、结构与制度转变、生计策略、生计结果。其中，生计资本包含自然资本、人力资本、社会资本、物质资本、金融资本 5 种资本。

（2）可持续生计分析框架

可持续生计分析框架为人们提供了一种研究生计的工具。英国国际发展署在农村可持续生计咨询委员会和其他研究机构对生计研究的基础上，提出了可持续生计分析框架。可持续生计分析框架是思维逻辑工具，是生计途径各部分之间相互作用、相互影响的思维传导方式，因此可持续生计分析框架有助于学者对具体贫困问题的各个方面进行分析，便于对扶贫效果进行评价（见图 2-1）。

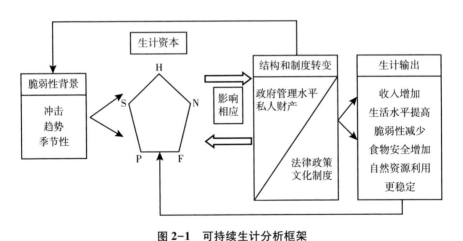

图 2-1　可持续生计分析框架

注：生计策略无一般性框架结构，未在图中显示。

可持续生计分析框架中的传导方向，只代表各部分之间存在的错综复杂的关系，不代表上一层对下一层的因果影响。简言之，该框架就是将农户放在脆弱性环境中，研究他们的生计方式或者谋生选择。因此，框架中的每一个部分既可以作为诱因也可以作为农户使用的要素。例如，脆弱性背景中以天灾为背景的冲击部分，会破坏农户的自然资本，但同样作为脆弱性背景中的趋势和季节性因素，会给农户提供种植生产的信息，以增加收入。同样的，结构和制度转变对生计资本也有正负两方面的影响，对自然资源的保护政策会减少农户可使用的自然资本，但是对基础设施的建设则有可能拓宽生态脆弱区的交通路径，缓解地缘阻断的劣势等。

2.4.2　贫困陷阱理论

"贫困陷阱"的实质是贫困的循环往复，其通常是指处于贫困中的个人（或家庭）由于生计基础条件较差，一开始就处于较为贫困的状态，但随着其他生计条件和资本并没有发生太大的改变，生活处于贫困状态后再难以摆脱这类困苦的状态，甚至会出现新的贫困类型，从而进入贫困的恶性循环。对于掉入"贫困陷阱"的群体而言，想要摆脱"贫困陷阱"异常困难。在深入研究深陷"贫困陷阱"的基本原理后，结论如下：在贫困的前提下，想要接受良好教育十分困难，人力资本引进受限，物质资本投入稀缺，获取资本的机会减少，活动区域以及自由受到约束，游离于主流社会之外且逐步边缘化，由于贫困，群体当中的个体精神、情绪状态受到影响，进而一蹶不振。

（1）贫困陷阱理论的主要观点

贫困陷阱理论提出后，引起了学者们的注意，许多学者对该现象和原理进行阐述和解释，其中最具代表性的是拉格纳·纳克斯（Ragnar Nurkse）的"贫困恶性循环"理论、纳尔逊（R. R. Nelson）的"低水平均衡陷阱"理论以及缪尔达尔（Gunnar Myrdal）的"循环积累因果关系"理论。

首先是纳克斯"贫困恶性循环"理论①。纳克斯于1953年提出该理论，

---

① 顾天翔. 产业扶贫的减贫实现：理论、现实与经验证据［D］. 长春：吉林大学，2019；黄滢晓，汪慧玲. 金融资源配置扭曲与贫困关系研究［J］. 贵州社会科学，2007（12）：83-86.

其研究的视角是资本供求。一方面，从资本供给角度来看，在经济发展较差的国家，国民的资本累积是逐渐减少的，这是因为在既定的低收入水平下，居民只能将其收入运用于生活需要的消费，基本不会出现金融资本的额外投资。在资本累积减少的情况下，企业生产规模难以扩大、生产效率低下，导致产出水平低下，进而使得居民资本水平依旧处于低水平状态。另一方面，从资本需求角度来看，居民人均收入水平决定着消费水平，且二者变动方向一致，即低收入决定着低消费，在低消费水平之下，市场处于低需求状态。收入近乎全部用于生活所需时，是没有人能关注到市场投资和变化的，在市场经济中没有需求的刺激，企业也会从不景气的市场中撤出，以减少投资、缩小生产规模、降低产出来降低自身的经济风险，继而工人收入也会减少，甚至失业。由于市场经济的循环跌落，经济落后的国家容易深陷"贫困恶性循环陷阱"，以至于越来越贫穷。

其次是纳尔逊于 1956 年提出的"低水平均衡陷阱"理论①。该理论是对"贫困恶性循环"理论的延伸，加入人口增长因素并分析该因素对贫困的影响，结果表明：经济发展落后的国家伴随人口的迅速增长，导致人均收入长期处于较低水平，同样由于微薄的收入，难以对整个社会发展和市场经济投资，即使国家经济发展得到极大的进步，但人口基数的庞大导致难以显现社会经济的提高水平，从而表现出经济的微弱增长，低水平的收入使国民长期处于"低水平均衡陷阱"。在这个陷阱之中，经济增长会被人口增长所抵消，表现出经济与人口之间的博弈关系，只有当经济增长速度高于人口增长速度，人均收入水平才能重新达到高均衡水平状态，经济才能得到显著恢复，才有助于摆脱长期的"低水平均衡陷阱"。

最后是缪尔达尔于 1957 年提出的"循环积累因果关系"理论②。缪尔达尔运用扩散效应、回流效应对经济发达与不发达地区之间相互影响的循环累积关系进行了分析。回流效应是不发达地区为了获取高额的收入报酬，选

① 高波. 发展经济学［M］. 南京：南京大学出版社，2017.
② 邓小海. 旅游精准扶贫研究［D］. 昆明：云南大学，2015.

择资本和劳动力向发达地区的流动，从而导致不发达地区由于资本的缺失变得更不发达，而发达地区因为资本的流入而更为富有。然而，这一差距的拉大是短期的，即回流效应的作用效果是有限的，这是因为当发达地区发展到一个新阶段，人口数量增加、劳动力供给量大于需求量、资源有限且稀缺将导致生产成本急剧增加，外部收益减少，进而经济发展优势受到影响，呈现减弱趋势。相比之下，周边不发达地区可能仍保持原有的生产条件和薪资报酬，在发展过程中，为了在周边地区形成规模经济，劳动力和资本出现向不发达地区迁移的现象，从而出现扩散效应。并且按照发展的趋势和进程分析，往往回流效应的作用远大于扩散效应。这一现象与当前我国东、西部发展差异相似，由于初始禀赋存在差异，东部地区具有绝对优势，经济发展迅速，劳动、资本、技术向东部集聚，在回流效应作用下，东部地区越发达，西部地区发展越缓慢，贫困问题出现的概率提高。

（2）贫困陷阱产生机制

导致发展中国家陷入持续性贫困陷阱的因素是什么？国内外专家学者尝试从不同的角度探讨贫困陷阱的形成机制。从新增长理论和新制度经济学的流行，到计量经济学和统计应用的不断发展，都推动着贫困陷阱理论相关研究的进步。随着时间推移，众多学者主要从以下三个方面开展对贫困陷阱机制的研究，分别是门槛效应、制度失灵和邻里效应。

门槛效应，也可以称为临界点机制。贫困陷阱中的门槛效应是对资本最低发挥效果的资本量的界定，不同资本具有不同的临界值，且不同临界值还受到环境、人文等外界因素的影响，在所有资本达到临界值时，容易形成良好的多重均衡的效果。若未达到临界值，当一个国家或个人难以从市场中获取投资时，则此国或此人更易陷入贫困陷阱，与资本富裕国家或个人相比，后者更易获得投资，正因如此，世界呈现两极化：穷国与富国、穷人与富人。

在一定程度上，门槛效应对国家贫困问题的根源给出了解释，但其重心在于人力、资本、技术等生产要素的投入，并认为一个经济体贫困的原因是生产要素投入小于临界值，只要加大补助力度（如加大教育及医疗保障力度），贫困陷阱终会摆脱，然而，此种做法对国家综合实力有着很高的要求，因此有着一定的局限性。经济学家们认为发展的过程错综复杂，为了国家的可持续发展，需要在掌握生产基础和机会的同时，为未来创造更为前沿的技术和新的机会。同规模经济类似，门槛效应也需达到某一临界点，才能保持经济持续增长，即某一国家或地区要想实现经济腾飞，其物质资本、人力资本等生产要素必须达到一个临界值。若此类生产要素超过这一临界值，则表现为经济腾飞；若此类生产要素低于这一临界值，则表现为经济停滞。当生产要素的累计值大于或等于这一临界值，经济就开始迅速增长。抛开达到临界值的途径不论，达到临界值之后，依旧有许多限制经济迅速发展的因素。由此可得出，达到某一临界值仅是跳出贫困陷阱的必要条件之一，但未必能使该国或该地区跳出贫困陷阱。

或许正是察觉到门槛效应贫困理论的局限性，经济学家开始从制度层面出发，寻找陷入贫困陷阱的原因，即制度失灵。对于拥有相同资源禀赋的两个国家或区域来说，经济发展会受到不同制度决策的影响，从而出现贫富差异。对于这种情况来说，经济发展已经不明显受制于资源、环境、人文等因素，而主要受到习俗、制度、法律、规范等因素影响。对于经济发展落后的国家来说，没有科学合理的法律制度和市场规范的引导，是限制其整体发展的关键因素。

在关于制度失灵的研究论著中，以墨菲（Murphy）、施莱弗（Shleifer）和维什尼（Vishny）的论著为代表。借助建立多种制度模型，去论证贫困陷阱也遵循"帕累托法则"这一经济理论，此外，他们认为贫困国家深陷贫困、富裕国家繁荣富强的本质就是"帕累托占优"的均衡（Pareto-superior Equilibrium）理论的作用[①]。处于次帕累托均衡的国家、地区，往往会陷入贫困陷阱，最终造成发达国家和不发达国家两极分化越来越严重，从而出现"马太效应"。日本著名经济学者青木昌彦提出，所谓制度就是人们历经多次博弈之后所形成的共同信念，在制度互补这一特性的作用下，人们乐于接

---

① 赵亚奎. 贫困陷阱的生成机制：一个文献综述［J］. 东岳论丛，2009，30（5）：10-15.

受多种制度安排，这就形成多重均衡①。在学者诺思（North）看来，制度仅是从不同层面对生活进行约束，这类约束分为两类，一类为正式约束，如法律、法规、政策以及产权；一类为非正式约束，如风俗文化、行为准则等②。无理、无效的制度制约着发展，反之则会促进发展。学者阿西莫格鲁（Acemoglu）认为制度起到的作用是为经济长期稳定发展保驾护航，这是不同国家经济发展存在差异的根本原因③。在阿扎里亚迪斯（Azariadis）和斯塔舒斯基（Stachurski）看来，作为博弈规则的制度，不再具有带来均衡的性质。制度对路径形成的依赖，使遗留的不良制度会随着时间的流逝进一步加重市场失灵程度，使得贫困延续④。众多不发达国家企图用制度对人们行为进行约束，以期达到预想中的高水平状态困难重重，除有效制度稀缺之外，非正式制度的要求也已经难以实现。若制度向无效化方向发展，将严重制约国家发展，腐败、寻租等问题将会频频出现，导致国家停滞不前，甚至后退，出现贫国越贫现象。

与上文两种理论始发点有所差异，邻里效应贫困理论对小范围长期贫困现象进行解释。从近年的研究来看，大多数学者将研究重心放在对加尔布雷斯思想的模型化上。主要原因在于，该模型研究核心是同一社区不同社员的行动会对本身产生外部性，而此类外部性反过来对主体决定造成影响，如最为常见的父母在孩子的教育方面的选择问题。

将根据邻里效应所进行的研究分为两类。其一，影响表现在纵向上，具体表现为某一家族不同代际的选择，其初始点为父母收入水平会影响父母对子女教育的投资，投资越多子女受教育水平往往越高，受教育水平越高往往

---

① 王大江. 以青木昌彦比较制度分析的视角研究中国政府与企业关系 [D]. 上海：复旦大学，2008.

② 刘和旺，颜鹏飞. 论诺思制度变迁理论的演变 [J]. 当代经济研究，2005（12）：21-24+72.

③ 唐睿，唐世平. 西式民主与经济增长的关系——对阿西莫格鲁"西式民主优势论"的反思 [J]. 经济社会体制比较，2022（6）：164-175.

④ Easterly W. The Elusive Quest for Growth. [M]. Cambridge：M. I. T. Press，2001；郭熙保，习明明. 发展经济学研究的最新进展 [J]. 山东大学学报（哲学社会科学版），2010（3）：1-10.

表明子女未来收入的水平也会相对较高。此类现象在生活中较为常见，就拿全国范围内大多数薪资微薄的农民工来说，受收入水平限制，子女教育资金投入的不足，导致了其子女整体受教育水平略低于城市工薪市民子女，这可能对其子女未来薪资水平造成一定程度的影响。从上述现象可以看出，父母薪资水平似乎存在代际效应，对子女受教育程度和未来收入都存在一定的影响。

其二，影响表现在横向上，一般表现为学习氛围较差的社区学校、年龄相仿的孩子在教育方面的选择，将会在一定程度上对一个孩子教育抉择产生潜在的影响。贝纳布（Benabou）和杜尔劳夫（Durlauf）分别于 1993 年和 1996 年对此现象进行深入分析①。当由于不同原因而出现经济隔离（Economic Segregation）时，群体间表现出的经济差异就会在相当长的时间内延续下去，最开始的贫困群体在强大的外部刺激之下进一步陷入贫困陷阱，难以摆脱。根据学者杜尔劳夫的研究分析，虽然当前对群体效应对贫困是否有影响的定量研究匮乏，但从当前表现出来的现象可以明显看出：群体效应会在很大程度上造成贫困②。同时他认为，站在群体视角研究贫困陷阱理论的政策意义重大。若群体效应真的对个体的发展（尤指产出或经济表现）产生决定性影响，则可通过分析不同群体之间是如何在再分配政策之下相互影响的而取得更优的结果。"积极行动"（Affirmative Action）、"慈善学校捐赠"等，作为美国影响力重大的政策或措施，在此方面有着非常好的表率作用。鉴于此类政策或措施在未来可能产生较多变数，因此，杜尔劳夫认为，若想这类计划施行效果良好，必须结合促进群体间机会平等的政策③。

（3）贫困陷阱类型

当代贫困陷阱理论与传统物质资本稀缺、投资力度较弱而形成的贫困陷阱理论相比，有着巨大的差异。当代贫困陷阱理论关注面更为广泛，包括人

---

① 赵亚奎．贫困陷阱的生成机制：一个文献综述［J］．东岳论丛，2009，30（5）：10-15.

② 周禹彤．教育扶贫的价值贡献［D］．北京：对外经济贸易大学，2017.

③ Steven Durlauf. A Theory of Persistent Income Inequality［J］. Journal of Economic Growth, 1996（1）.

口增长速度，物资资本是否充足，自然条件，地理、文化、政治环境产生的影响等，本部分将对贫困陷阱理论加以详细论述。

①环境—贫困陷阱

近年来对经济发展的考量，不单是以经济指标的提升来衡量，越来越多的衡量方式中涉及环境状况的评估，如绿色 GDP。若经济的增长是以牺牲环境、社会公平、收入平等为代价，则现时的增长将会给未来经济增长带来严重阻碍，使得减贫效果甚微。自然环境的恶化将会在日后的发展过程中持续发挥副作用，穷人增加收入的途径将更加艰难，收入将更加微薄。环境恶化滞后效应会随时间流逝而消失在人们的视野当中，站在公平视角来看，牺牲掉自然环境、社会公平、收入平等而换取的经济发展产生的不利影响往往会不同程度地"降落"在贫困群体当中。环境贫困概念从不同视角出发解释有着不同含义，从静态角度来诠释，环境恶化、公共服务不足并不是环境贫困，但恶化、不足通过某些因素间接影响经济发展，使得整个社会更加贫困、更加不平等。

自 1980 年开始，中国政府在经济发展中逐渐注重"环境治理"。回望我国一路的坎坷发展，多数不发达地区依旧冒着在未来损失大于收益的风险，走着"先发展、后治理"的老路。产生这种现象的主要原因在于：不发达地区经济增长的结构单一，在这些地区发展初期，经济增长往往选择以污染环境为代价，对于企业工厂来说，以污染环境为代价能明显降低生产成本，获得较大的经济收益，因此，在该发展阶段，对环境的破坏是逐渐积累的过程。但当经济增长到一定程度时，当地政府、人民开始注重环境因素，而此时经济则与环境质量同步向着更佳的趋势发展。

生产条件较差和经济基础薄弱的地区，需要具有优势的产业来大幅度带动当地的发展，尤其是通过工业化或开放该地区资源来实现。这源于促进经济发展的主观及客观条件不佳，工业企业引进和资源开采发掘门槛极低（几乎没有），因此，这些地区与其他地区相比，发展经济所消耗的环境资源更多，污染也更为严重。随着环境污染加剧以及资源无节制地开发，人类健康的损害以及资源消耗殆尽带来的经济成本也会进一步增加。

在社会经济发展过程中节约的生产成本，并没有消失，而是直接转化为环境破坏，成为经济社会健康发展的重大阻力。在短期内，部分地区难以考虑长远计划，而是选择大肆掠夺资源的手段换取一时的利益成果，掠夺和侵占的累积负面效应和负面效应的长时间隐藏，可能会导致危险迸发时的难以控制。因此采取此种激进方式在一定程度上是不可取的，可能会带来更大的环境及社会成本，从而加快个人和国家深陷"环境贫困陷阱"的速度，具体表现为"经济发展—环境破坏—经济再发展—环境再度破坏"的恶性循环。此外，有一些环境贫困陷阱不是环境破坏导致的，而是由于政府公共政策的制定跟不上事件发展速度。

诸如当前中国正在火热实施的主体功能区、生态补偿政策。生态功能区往往具有以下特点：区内经济落后、公共服务水平低、环保基础差。在现有的重点生态功能区，转移支付制度涉及的"生态"因素占比较小，远不能满足基本公共服务的需求，无法形成成效明显的生态保护机制，也容易因生态保护而深陷贫困。与经济基本状况处于中等水平的地区和国家相比，还有一类地区和国家，其民众选择更为极端的工作方式，他们所选择的职业以健康为代价，他们知情或许不知情，在知情的情况下，代表他们对金钱的迫切需求，在不知情的情况下，代表国家的经济条件落后，难以给予他们应有的社会保障。他们生活的自然环境或许没有受到严重的影响，但是他们的身体健康受到严重的危害，为了后期的治疗，前期努力积累的财富可能也会因此消失，从而出现返贫的现象。但是，随着疾病的逐步恶化和经济基础的逐渐消失，他们逐渐接近前文提到的"环境贫困陷阱"。但若采取适当的政策干预，就会减少因环境恶化所致疾病而陷入"环境贫困陷阱"的可能性。

偏远、贫瘠、缺水山区中的人群容易陷入贫困。如何在山区选择脱贫道路与实现五个总体发展目标有关。贫困和落后是山区人口难以抗拒和摆脱的条件。主要原因是封闭的经济环境、脆弱的生态系统和落后闭塞的社会系统共同构成贫困陷阱。这种贫困陷阱是一个复合循环系统，在三个系统（自然系统、经济系统、社会系统）之间存在三种循环（惯性、恶性、因果）

相互作用。有两个主要因素构成了山区的贫困陷阱。第一个因素是贫困农户的生活区域，生活在山区的农户，往往居住环境山大沟深不便于农业种植和对外联系，从而形成社会环境的欠缺。第二种因素则是贫困山区中的扶贫作用。在贫困山区中，恶劣的自然环境造成农户农业种植受到限制，一方面缺乏良好的种植条件，另一方面不便于形成集体产业，不利于扩大当地农业规模。没有良好的产业基础，又难以对外推广，开放山区农业市场，使得山区经济得不到扩张和发展；缺乏良好的社会网络，使得农户们在出山困难的同时，较少接触新的知识，从而思想受到禁锢，找不到更好的农业发展方式，因此掉入贫困陷阱。扶贫和贫困是集中连片特困地区另一种恶性循环方式，若扶贫仅仅是给予贫困农户金钱资助和支持，让农户得到一时的脱贫和生计压力的缓解，那么这样的做法不仅持续时间较短，而且贫困户会出现"惰性"，更加缺乏自主脱贫发展的意识。

在基本生存需求未能得到满足的情况下，人类为了生存，为了实现粮食自给自足，造成生态贫困；相反的是，生态贫困造成的粮食低产迫使人们加大了对自然系统的索求力度，并通过扩大种植面积来满足粮食需求，上述过程就发生于经济系统和自然系统之间。缺乏新产业的开发和其他生计方式的选择，使得依靠自然环境的农业经济处于当地发展的重要位置，同时不考虑自然环境的实际情况，会导致发展困难；相反的是，在经济贫困之下，人力资本形成相对物质资本形成更加困难。在知识匮乏的环境下，人类以恶劣的行为态度对待大自然，反过来大自然也会对人类的行为态度进行有力回击，使人们处处碰壁。行为的惯性模式将造成经济和社会出现恶性状况，而经济和社会的恶性状况又会造成生计行为的严重惯性，也就是说持续的粗放型经济并没有给予社会、自然可持续发展途径。

三个系统之间的恶性循环，加快了山区贫困农户掉入贫困陷阱的速度。该陷阱具有以下4个特征。第一，系统之间互动性加强。自然系统、经济系统和社会系统三者之间相互作用。惯性、恶性和因果三种循环都在循环系统中得到强化，伴随而来的是灾害的增多和加重。系统功能的相关性、反复循环的复杂性使得山区以强大的动力和惯性保持着贫困状态。第二，系统的封闭独立性。贫困山区有着显著区别于非贫困区的闭合经济特征、不先进的社会特征以及资源使用方式。这些外界因素的特征看似是一种生活方式的体现，实质却是贫困山区落后的种种表现。贫困山区与外界的交流缺失造成市场经济的孤立、区域社会发展过程中的极端化和差异化以及生态环境的退化。第三，系统弊端之间相互联系。此处的系统仍是前面所探讨的经济、自然和社会系统。这三大系统之间相互作用，皆是从劣势出发借助弊端进行传递，抑制优势，传播弊端，加剧恶化，使贫困山区的居民难以摆脱贫困落后、灾难多发的境地。第四，资源分配和输出效率低下，同时出现"双高"（高流失、高损失）。在经济系统与自然系统中，种植业和畜牧业采取粗放型模式，并且技术水平和工具较为传统，相比于现代化前沿技术来说，容易造成环境污染和经济的浪费；在经济系统与社会系统之间，由于对于人力资本质量要求不高，因此普遍出现劳动力受教育水平低下以及不舍得花钱治病等情况，严重影响身体机能和健康水平，造成社会系统中可利用的人力资本逐渐减少，因教致贫返贫和因病致贫返贫现象限制了社会系统的发展；处于自然系统与社会系统之中，人们食物种植需求的迫切程度远大于生态植被种植，自然而然地导致了自然系统中的水土流失，这在实质上是农民生产积累的流失，加剧了生态贫困。长期以来，贫困山区财富流失、贫困累积，贫上加贫。

基于空间贫困理论的贫困陷阱将构成空间贫困陷阱。空间贫困理论从多维度对原有贫困理论进行分析和扩充，其中，空间环境衡量不同于对自然环境的衡量。空间贫困理论考虑了自然环境对贫困的影响，将空间概念纳入理论体系。初始地理资源不足将会对该地区农民的生产要素、人力资本和意识形态等造成负面影响，导致农民长期处于低收入水平，并深陷持续贫困，这就是空间贫困陷阱。

②与教育投入相关的贫困陷阱

对于贫困家庭而言，家庭生活的拮据导致对教育的支出匮乏，从而造成收入的低水平，但是在贫困状况下，贫困家庭在寄希望于知识改变命运的同时，仍然缺少足够资金来提高受教育程度，因此出现越穷越难读书，越不读书越穷的恶性循环。原因归结如下：贫困使得家庭收入减少，这进一步导致家庭中教育资金投入力度减弱，从而又一次造成家庭收入水平降低，因而形成了一个闭环回路。在这个闭环中，处于贫困中的家庭受劳动力人数、生活习惯、风俗等的影响，惰性趋势将在未来进一步加剧贫困状况。换句话说，对教育的重视程度、资金投入比重这些因素都会对家庭在未来陷入贫困恶性循环的程度产生影响。

家庭在教育方面投入资金，这直接影响到贫困人口，并增加了他们对人力资本的投资以及积累，教育投入和教育资金积累达到某一程度，将会对原来的贫困陷阱的恶性循环造成影响，使其脱离贫困。在这个循环系统中，处于贫困中的家庭在教育方面的投资为关键因素，贫困家庭是否可以摆脱贫困、使长久性脱贫成为现实，全都依靠家庭在教育方面的投资，而教育投资的一大特性就是需求作用在人上。家庭教育投资对微观个体的影响长久且深刻，它可以在加强处于贫困中的家庭及个人的"造血"功能之上，有效率地提高脱离贫困群体的长久性发展能力，最终达到长久性脱贫的目的。

处于贫困中的家庭在教育方面投资资本的匮乏或是有限，主要原因在于贫困家庭本身经济处于较低水平，无力支付子女上学费用，出现"因学习导致贫困""因教学导致贫困"等现象。解决贫困问题的核心是使处于贫困中的家庭富裕起来。秉承着"授人以渔"的理念，物质和资金的支持援助只能帮助贫困家庭暂时性缓解压力，而给予贫困家庭接受教育和技能培训的机会能够从根本上提供改善贫困生活的原动力。增强致富能力则表明经济来源渠道更加多样化、经济收入水平将进一步提高，这也就意味着贫困家庭脱离了贫困，开始过上富裕的生活。家庭经济条件富裕，子女上学的花销就不再是负担，也就不会使家庭陷入贫困。

③与农户家庭资产相关的贫困陷阱

改革开放以来，在广大的中国农村数以亿计贫困家庭摆脱了贫困问题。但是，贫困人口数量的减少，带来的却是相对贫困、贫困流动等情况凸显，作为衡量贫困标准的消费及收入等因素已经难以解释贫困的新特征①。贫困的结构性特征意味着如果目前资产处于极低水平，则脱贫机会微乎其微。贫困的偶发性是指拥有足够多资产的人们会不时陷入贫困，此类贫困事件发生的时间短暂，并不会长期造成不良影响。资产贫困理论的关键是资产积累路径中存在一个分界点，当资产小于这一分界点时将会收敛到较低的平衡点，并陷入贫困陷阱，当资产大于这一分界点时将会收敛到较高水平的平衡点，由此摆脱贫困。资产贫困型社会存在干预政策对社会发展进行引导，干预政策起到的作用主要是提高家庭资产水平，以达到基础资产要求的临界点，保证家庭生计达到非贫困标准。

资产贫困陷阱是一种自我强化机制，它阻碍生产技术的使用并导致贫困的持续。资产积累过程中的多重均衡由三个排除机制导致。一是市场不完善，交易成本较高。同发达国家相比，不发达国家的农村地区市场经济不完善，导致其更容易受到负面冲击。在信用和保险市场不完善的情况下，负面冲击对贫困人口的福利有着更为长久的负面影响。贫困家庭可能会选择对资产的重新分配，在弥补消费支出的同时，减少手中所持有的资产，但是生活拮据也同样会缩减看似没必要的支出，如健康保障和教育支出。由于信用体系的不完善、保险市场混乱，贫困家庭从事一些风险极低、回报极低的活动，长期挣扎在贫困陷阱当中；相反，相对富裕的家庭则可以从事一些回报较高的活动并从中获益，因此富裕家庭的福利水平也随之增加。二是不完备信息。由于所接受的教育或培训水平较低，因此贫困家庭无法发展多元化的社交网络，并且社交网络仅局限于血统关系和亲戚。农民很难获得完整的信息，采用基于更高技术的生存策略的成本已经增加。贫困人口无法完全了解自身行动的后果，对于其他人的行为结果了解得更少。信息路径的依赖性导致贫困人口信息进化受到阻碍。三是协调失灵。公共产品提供不足、产权制度缺失阻碍了贫困个体实施高回报活动。相关政策和社会保障策略的缺失，导致农户难以划分收益，并且对日常生产中的基

---

① 解垩. 农村家庭的资产与贫困陷阱 [J]. 中国人口科学，2014（6）：71-83+127-128.

础工具也难以全部掌握，造成生计困难等现象。但随着研究的深入，可以发现资产的累积能够有效帮助农户脱贫。家庭特征、地理资本等变量对家庭资产变动有显著影响，但当负面影响到来时，社区、社会资本则会承担一部分负面影响，特别是可及性的金融市场使资产积累速度缓慢下降作用十分凸显。

④与金融效应相关的区域性贫困陷阱

对于几乎没有储蓄的贫困农户来说，当金融资本受到影响时，他们陷入贫困陷阱，并以区域性的特色方式呈现。若无法通过金融手段采取措施，则他们又会陷入另一个陷阱，即金融贫困陷阱。从预期收入和当期收入水平的差异来看待贫困陷阱问题可以发现，只要预期收入远高于当期收入，那么脱离贫困陷阱不过是早晚的问题，但是，若预期小于当期，则贫困群体将无法摆脱贫困，且随着时间的推移越陷越深。贫困群体在储蓄为零、无法使用信贷手段的情形下，若自我控制能力较弱，则可能在未来永远无法脱离贫困，长期地陷入区域性贫困陷阱。

贫困农户面对的贫困陷阱也可能不是单一陷阱，而是多重因素相互交织的贫困循环。展开来讲就是：收入、农民贫困这两个重要问题并不是简单的一起事件，而是由许多事件组成的，其中包含经济方面的贫困、能力方面的贫困以及制度方面的贫困，这些事件具有一致性，并且导致贫困的因素之间也存在关联影响关系，具体表现为"资源、能力、制度贫困"三者的循环往复。将收入、消费等经济指标的内在意义进行多方面扩展，同时可能会涉及政治因素、社会发展因素以及人文因素等，以丰富原有指标内涵。将经济贫困向着能力贫困、权利贫困、制度贫困细化后的类型延展，将对初始资源缺乏的研究拓展至对制度不公平、文化因素约束导致的贫困的研究。通过研究可以发现，农民家庭贫困的影响显现相互关联的多个方面的特征，是许多事件的整体表现。尤其是解决吃穿用度方面问题后，绝对贫困人口数量的下降，在表现出贫困问题得以解决的同时，又增加了对其他生活方面的需求，从而相对贫困人口数量增加，新的贫困问题越来越凸显，贫困的范围变小但涉及的贫困的深度却增加了，呈现"小而尖"的特征。标准与多种多样脱贫诉求共同存在的大背景之下，精准扶贫呈现了一定的弊端，即关注点单一，未能关注导致贫困的其他相关因素。

导致农户贫困的因素多种多样，如生产要素匮乏、资源条件恶劣、主体行为能力欠缺，资金问题、技术问题和制度问题，以及偏远山区社保体系不完善、进入市场困难等。上述因素之间相互联系，共同作用于贫困主体。农民生产要素匮乏影响其行为能力，而制度的不完善、不健全又阻碍农民摆脱贫困。家庭收入的减少又加重了生产要素的匮乏程度，从而导致贫困程度进一步加深。无论是收入水平、生产要素，还是制度基础，这些条件的恶化都在加深着农民的贫困程度，导致结果发生成倍的变化，从而使农民深陷贫困陷阱。

国内外众多学者关于农户陷入的贫困陷阱类型的研究，涉及领域主要包括环境领域、教育领域、资产领域等，其他领域研究较少。当前，随着中国农村扶贫工作的深入，对农村贫困的认识更加全面，有学者开始关注能力贫困、文化贫困以及金融贫困等问题，即当人们基本的消费需求得到满足后，更希望精神层面也能获得满足。

2.4.3 农户行为理论

农户是农村社会的主要构成部分，解决农村贫困问题的关键就是解决农户的贫困问题。通过研究农户生产生活中的一些行为规律，发现由于居住方式、文化水平等因素影响，农户经济行为有趋同性、个体性、短期性等特点。此外，农户往往对土地具有很强的依赖性。有研究者认为农户普遍拥有小农意识，虽然也会在利益驱使下追求利润最大化，但实施起来比较困难，大多数农户在安排生产活动时往往又以追求稳定为目标，很难遵循边际收益大于边际成本的原则。

对于农户行为理论的研究分为以下几个派别。一是以美国经济学家舒尔茨为代表的理性小农学派。其主张农户是理性人，他们寻求利润最大化，追求以最小的投入获得最大的收益。和企业家相比他们表现得毫不逊色，同样具有进取精神并且能将资源适度运用①。

二是以俄国农学家恰亚诺夫（Chayanov）为代表的组织与生产学派。其主张与理性小农学派相反，认为农户某些行为违背了理性人假设②。农户劳动的目的无关利润最大化，而是在寻找一个"收入正效用"与"劳动负效用"的平衡点，以满足家庭需要。随着农户收入增加，"收入正效用"与"劳动负效用"一个增加一个减少直到两者趋于平衡。只要劳动产生的收益达不到家庭需要，无论如何农户都会继续劳动。而一旦达到这个平衡点，即劳动产生的边际收益满足家庭需要，他们便对劳动失去热情。

后来美国经济学家斯科特（Scott）认为农户追求的并不是收入最大化，而是一种生存保障③。在风险规避和收益之间，农户往往更倾向于选择前者。尽管高风险可能带来高收益，但对于这种不确定性较强的生产活动，农户宁可选择收益偏低的安全生产行为。

三是以黄宗智为代表的历史社会学派。他认为农户既不是单纯的生计生产者也不是纯粹的最大利益追求者，并且单纯依靠农业收入难以维持家庭的需要，必须辅以其他非农收入，即小农家庭的收入应该是农业收入与非农收入的总和。农户可以通过其他副业转移农村剩余劳动力从而增收④。

---

① 侯建昀，霍学喜. 农户市场行为研究述评——从古典经济学、新古典经济学到新制度经济学的嬗变［J］. 华中农业大学学报（社会科学版），2015（3）：8-14.
② 恰亚诺夫. 农民经济组织［M］. 萧正洪，译. 北京：中央编译出版社，1996：15.
③ 詹姆斯·C. 斯科特. 农民的道义经济学：东南亚的反叛与生存［M］. 程立显，刘建，译. 南京：译林出版社，2013：16-41.
④ 黄宗智. 华北的小农经济与社会变迁［M］. 北京：中华书局，1986；翁贞林. 农户理论与应用研究进展与述评［J］. 农业经济问题，2008（8）：93-100.

第3章 返贫风险与风险规避研究

3.1 返贫风险与规避

3.1.1 相关概念

（1）农户是农村社会的主要构成部分，解决农村贫困问题的关键就是解决农户的贫困问题[①]

随着社会经济的快速发展，当前，我国农村地区的生态环境问题日益突出，生态恶化的现状亟待改变。在我国农村地区，农户作为农村社会的基本单位，一方面，生态脆弱与环境恶化直接影响着农户的生存与发展；另一方面，农户的生产生活对农村地区的生态环境产生直接影响。在我国农村地区，农户处于人口、经济与资源环境矛盾的核心位置，农户生计策略与生计活动的动态变化决定着其对当地生态环境的干预方式与干预强度，并对生态环境有着深远影响[②]。

另外，为了对农户进行更加深入的研究，有学者对脱贫户进行类型划分。根据生计策略分为传统务农型脱贫户（务农收入占家庭收入比重≥60%）、务工型脱贫户（务工收入占家庭收入比重≥60%）、补贴型脱贫户（转移收入及各类补贴收入占家庭收入比重≥60%）、农工互补型脱贫户（务农与务工收入分别占家庭收入的30%~60%）以及综合型脱贫户[③]。

---

① 耿亚新，刘栩含，饶品样. 农户生计资本和区域异质性对生计策略的影响研究——基于中国家庭追踪调查数据的实证分析［J］. 林业经济，2021，43（5）：17-31.

② 杨伦，刘某承，闵庆文，等. 农户生计策略转型及对环境的影响研究综述［J］. 生态学报，2019，39（21）：8172-8182.

③ 赵雪雁，刘江华，王伟军，等. 贫困山区脱贫农户的生计可持续性及生计干预——以陇南山区为例［J］. 地理科学进展，2020，39（6）：982-995.

（2）返贫与返贫风险

返贫是指某些地区或某些阶层的贫困人口在脱贫之后又重新陷入了贫困的现象，表现为生活在贫困标准之上的非贫困人口重新陷入贫困。

返贫风险则是指已顺利摆脱贫困状况的人口，出于各种原因再次面临生活拮据、难以维系的困境，各方面的生存指标可能再度处于贫困的可能性和发展性[①]。返贫现象的存在，部分地抵消了人们为减轻贫困所做的努力，从而延缓了人类摆脱贫困的进程。从全世界来看，返贫是一个世界性的普遍现象，许多国家包括一些发达国家也客观存在脱贫人口的返贫问题，在我国，脱贫人口的返贫是巩固扶贫成果的最大威胁因素。我国脱贫攻坚任务完成应基于扶贫工作的质量，要在继续发力落实精准扶贫、精准脱贫政策的同时，严把脱贫和返贫进出关口，因人因地施策，提升资源配置效率，注重脱贫人口的后期发展扶持。

3.1.2 返贫风险类型

风险的存在是必然的，是不以人的意志为转移的。基于"三农"与大自然之间的特殊联系，在我国大力发展工业时期，工业发展对环境所造成的创伤，使得环境恶化、污染加剧，自然风险呈现直线上升趋势，加之国家在"农业、农村、农民"方面投入的财力以及物力的不足以及农民自身的问题，种种因素导致农民的抗风险能力变得异常薄弱。当前，农民返贫风险及其对策研究对于解决农村农业受限等问题，提高农户生计水平，进而影响农业生产提供了理论依据和实践依据。返贫和致贫因素具有相关性和相似性，主要包括环境方面、健康方面、金融方面以及社会关系方面的风险类型。

（1）自然风险

自然风险是指因自然界中难以准确预测的自然灾害发生而出现的风险，

---

① 闫雪. 乡村振兴背景下脱贫群众返贫风险及其防控机制研究——以云南省 T 镇为例［D］. 昆明：云南财经大学. 2021.

例如海啸淹没沿海城市、干旱事件的出现、植物受到害虫的侵袭、禽类动物出现瘟疫等对农业生产造成影响的灾害。我国是一个农业大国，在我国大多数区域中，农业是一个由天气变化而决定的产业，同时独特的地理位置决定了我国是一个高自然灾害发生区，灾害包括台风、冰雹等自然气象灾害，蝗虫灾害等生物类灾害，风暴潮、赤潮等海洋性灾害以及大面积的突发森林火灾等，这些灾害都会对农业生产造成一定程度的损害。例如，2018年台风"山竹"登陆广东沿岸，远在千里之外的华东地区天空云量逐渐增多，江浙沪多地猛烈降雨。江浙海宁出现了一小时81.1毫米的强降水，而江苏常熟站累计降水量超过290毫米，达到特大暴雨级别，一些地方因为猛烈暴雨遭遇了严重城市内涝①。据中国气象台统计，"山竹"的登陆造成五省区的1200间房屋倒塌，农作物受灾面积上万公顷，其中绝收3300公顷，直接经济损失达52亿元。

除了自然原因，造成自然风险的另一个原因是人类活动。随着生产力的发展，人类规避自然风险的能力得到增强，生活水平已经得到大幅提升，生活舒适导致人类防范自然风险的意识减弱，技术受到越来越多依赖和信任，人们对自身未知的无法肯定的风险越来越无视，导致完全不计后果的开发与建设，肆意改造自然的活动频发。自然风险在很大程度上是人类的意识观念不强所导致的，在利益的刺激下生态环境遭到破坏，自然灾害发生频率、强度增加。

（2）健康风险

健康风险是指由劳动力本身身体素质较差引起的疾病。2013年统计数据表明，农村因病致贫、因病返贫贫困户占建档立卡贫困户总数的42.4%。同时，疾病和残疾也是我国城市居民贫困的主要原因之一②。大量事实证

---

① 山竹影响了半个中国！除了亲自影响华南外，它还派倒槽影响江浙沪［EB/OL］.（2018-09-17）. https://baijiahao.baidu.com/s?id=1611820760481211003&wfr=spider&for=pc.
② 张粉霞.特大城市贫困家庭困难维度解构与救助策略建构——基于多维贫困理论视角［J］.华东理工大学学报（社会科学版），2022，37（3）：118-136.

明，城乡贫困主要是与疾病相关的贫困或因疾病导致的二次返贫①。尽管我国已在 2020 年实现全面小康，但因病返贫的现象仍将存在很长一段时间，定点扶贫项目还需继续高度重视并积极面对因病返贫的问题。因此不仅要巩固扶贫目标，研究它具有的重要社会意义，也要判断导致再次贫困的根源，发掘生计可持续发展的有效机制。

　　根据马斯洛需求层次理论，在吃穿住等温饱问题还没有得到解决的情况下，人们对健康、养生等其他层次的需求非常低，尽管中医对养生保健的理论和方法非常精通，但它已经受西医的严重影响，越来越边缘化了。近代以来，人们希望通过西医解决健康问题，健康保健意识、理念几乎被淡忘，加上得病人群的接受教育年限较短、健康知识匮乏，缺乏科学的生活方式，导致病情由小拖大、由轻拖重，因此出现"因病致贫"也就不足为奇了。疾病导致二次贫困的根源如下：第一，居民健康教育未能与整个社会的发展同步；第二，公民基本健康素养较低，健康意识薄弱；第三，公民"防未病、已病防变"的思想淡薄。

　　居民健康教育未能与整个社会的发展同步。改革开放 40 多年来，我国社会经济、文化等各个领域出现了空前的发展态势，国家富强，人民幸福安康，然而，由于居民的健康教育没能与整个社会的快速发展同步，群众对自身健康的关注程度严重不足，普遍存在把自己的健康寄希望于医院和医生，而医学绝非万能的基本科学知识。许多研究发现，我国农村健康教育和社区卫生服务虽然已经起步，但仍处于初级健康教育阶段，远远无法满足我国人民对健康教育的需求，健康教育难以紧跟时代发展的步伐。相比于国外，我国当前的健康教育还有很大差距，亟须在个人、政府层面得到高度重视。

　　公民基本健康素养较低，健康意识薄弱。健康素养是人基本素养的构成要素。提高健康素养水平是提高公民健康素质的前提条件。健康素养是指居民在得到相关健康信息，并对相关医疗保障信息和健康服务有所了解后，做

---

① 卜芳. 中国农村财政的减贫效应研究——基于农村微观调查分析［D］. 武汉：武汉大学，2019.

出的保证健康的选择。2016 年，国家卫计委等部委发布的《关于加强健康促进与教育的指导意见》提到，到 2020 年，我国居民健康素养水平达到 20%。该意见的发布说明我国公民的健康素养普遍较低，居民的健康商数严重偏低，造成这种现象的原因很多，但是最根本原因有两个，一是成年人受教育程度较低，二是我国中学生的基础教育中涉及健康教育的内容较少，没有成套的体系规范，无法将健康教育落实到具体行动中，使得公民基本健康素养处于较低水平。缺乏完善的健康知识，不了解科学的健康行为，没有形成良好的生活方式，忽略定期的健康检查等，都是公民健康素养偏低的表现。个人在生病之后，需要花费大量的财力、物资去救治，有时导致治疗过度，更严重者违背科学规律。因此，在我国出现这样一种现象："年轻健康换金钱，年老金钱换时间。"

公民"防未病、已病防变"的思想淡薄。《黄帝内经》中有句名言"圣人不治已病治未病"。"治未病"是古代医家对疾病提出的预防学术思想。"治未病"主要包括未病先防和疾病防变两个方面。未病先防是未雨绸缪，在没有生病之前，先行动起来，用实际行动来预防疾病的发生，其目的在于提高对疾病的重视程度，防患于未然，提前预防疾病侵袭。"不治已病治未病"的思想是中国古代医学最先进的观念，然而这一正确的超前科学理念受到诸多因素影响未能真正深入民心。加之近百年来受到近现代西医及时、快捷治疗效果的影响，中医不断受到质疑和排斥，中医文化中极具先见之明的防病思想没有得到最大限度宣传与普及，普通公民基本没有形成及早预防疾病或者患病后积极预防病情发展的思想文化观念，落后的健康防病意识及保健预防思想为某些大病的发生埋下了祸根，因病致贫和因病返贫也就成为可能。

（3）社会风险

社会风险是社会之中存在的不安定因素引起的，例如，威胁社会安全的社会冲突、影响社会秩序的行为等。因此，在极端情况下，社会风险存在转换为社会危机的可能。而农民的社会风险则尤指农民这一阶层，由于现行社会制度的缺失而遭遇的风险，例如农民的失业风险、工伤风险、重大疾病风险等。

失业风险是客观因素和主观因素共同导致的失去工作的风险。根据《社会保障词典》，失业风险指劳动者工作时可能遇到的失去职业的风险，是随着生产的社会化而产生的一种社会风险。长期以来，"以地换就业，养老时有家"的传统观念深入人心，使得人们广泛认为农民这一集体在本质上不会出现失业问题。但事实上，近年来，随着城镇化进程的不断加快，农村耕地面积减少，农民也逐渐放弃了原有的土地资本，并且乡镇企业对于当地劳动力的吸纳能力有限，因此部分农民失去生计途径，农民面临的失地、失业风险也日益严重。据统计，1986年以来我国乡镇企业吸纳劳动力能力不断下滑。改革开放以来，劳动力的转移形成一种常态，在农村失去生计途径的农户选择转向城市寻求更多的就业机会，但是更多的就业机会往往是提供给受教育程度较高的人口的，因此，部分农村劳动力因为寻求不到合适的工作机会，处于再度失业状态，还有部分劳动力参与乡村的工业和其他非农业工作，相对来说生计困难得到缓解。

工伤风险是指农户选择到城市中寻求更多工作机会时，由于工作意外而造成的人身安全风险。在农户面对失地、失业的情况后，他们将生计希望寄托于具有更多工作机会的城市，但是他们曾经的工作经验仅限于传统劳作方式，或者简单的生产流水线，相较于专业职位和专业人才，他们具有的工作经验都是生活经验，缺乏严谨的专业知识。因此，向他们伸出"援手"的机会，往往以苦力为主，并且在早期体力劳动工作中，不具备完善的社会保障和安全保障，造成安全事故频发、农民工人身安全得不到保障等问题。而在农民所能从事的工作中，"易发生事故"的建筑业占比很大。依据国家统计局发布的《2018年农民工监测调查报告》，2018年，农民工总量为28836万人，从事建筑业的农民工占比为18.6%，约5363万人[1]。

疾病风险则是指贫困农户对于健康问题疏于管理，造成大病及恶性疾病。疾病风险也严重影响农户的生计途径，使农户可选择的生计方式受到限

---

① 2018年农民工监测调查报告［EB/OL］. (2019-04-30). http：//www.gov.cn/xinwen/2019-04/30/content_ 5387773. htm.

制。为缓解疾病对农户的影响，21 世纪以来，国家加快农村合作医疗体系和农村医疗卫生事业的改革步伐。2018 年，参加全国基本医疗保险的人数达 134459 万人，参保率稳定在 95% 以上，基本实现人员全覆盖。但目前农村合作医疗制度报销比例仍相对较小，且报销金额起点高，例如感冒、发烧等常见病、小病，报销金额较少、报销手续复杂、程序麻烦。此外，由于大病在医院花销较大，但报销比例低、报销范围受限，因此农民不能完全摆脱疾病风险。

养老风险是指养老保障不完善，以及没有子女的照顾等情况。依照我国风俗文化等，农村的养老模式仍然是传统的家庭养老模式，即子女赡养老人，农民老年后生活有诸多不便，因此需要子女的悉心照顾。一方面，该模式可以保证老年人和子女拥有同样的物质支持，从空间的角度保证老年人的生活照料和精神慰藉的时效性、延续性；另一方面，优良的传统美德可以得到精神延续，增强家庭的和睦性，提升社会幸福感和社会稳定程度，保障老年人的生活质量。这种家庭养老模式曾受到国际社会的高度赞扬。然而，随着大众独立自主意识的提高，以及小家庭化的生活方式流行，子女在组建各自小家庭时与父母分开居住的情况经常出现。这一变化趋势削弱了家庭在照顾老人方面的地位和作用，降低了家庭的赡养能力。此外，中国许多地区的农村家庭形成了"4-2-1"的结构现状。两个独生子女家庭的结合，使得独生子女夫妇面对两家四位老人和一个孩子的生活现状，在老年人精力较好的时期，家庭生活没有任何负担，一旦老年人遭遇重大疾病，现在的子女需要承担过去子女几倍的时间、金钱和精神压力。与此同时，我国已经进入老龄化社会，并且大部分老年人居住在农村，很多农民最担心的是年龄大和疾病多这两个问题，随着家庭养老能力的逐渐弱化，许多年龄过大的农民无法依靠家庭得到养老保障。因此，我国养老保险制度的完善，对规避和分散养老风险有着重大意义。

安全风险是指农村交通安全、消防安全问题十分突出。在许多省份，特别是经济不发达的省份，农村道路几乎处于"无人看管"状态，无牌照和无证大型、小型车辆在公路上行驶现象普遍，给农村交通安全带来了巨大的隐患。

（4）经济风险

农户的经济风险主要包括农产品市场中不可预测的价格变化、农户购买不正规渠道物资等造成的经济损失。对农户来说，其面对的经济风险包括金融风险、市场风险、技术风险、教育投资风险等。

金融风险主要是指存款利率和农产品价格波动等因素造成的金融问题。在所有风险因素当中，金融风险是与农户生活状态有着密切关系的变量，主要包含农产品价格上下频繁波动、农户购买到假冒伪劣产品的普遍性和资金短缺。而且，需要贷款的农户分布分散，风险和交易成本很高，因此当地信贷机构不愿向农户提供贷款。农户对生产经营活动的投资意愿经常受到贷款的限制（在金额上和申请条件设置上）。

市场风险是指在农产品市场中，农产品供求价格与成本价格不相符造成的农户损失。由于我国市场基础设施建设滞后、信息不完善，往往出现供给需求信息传递不及时、农产品无人问津的现象。当农户拥有较多农产品却无人购买时，农户就在市场当中面临着风险，生计就难以得到保障。一直以来，市场当中风险不断，当农户就生产的农产品进入市场开始流通之时，风险就相伴而生。由此可以进一步设想，当农户生产的农产品刚进入市场开始流通，在没有任何经济流入的情况下，风险却先一步到来，因此农户的生产积极性就会受到打击，市场当中农产品的供给数量将发生一定的改变。市场变化莫测，农户只是市场的参与者，其本身缺乏市场开拓精神与能力，而现实的客观条件使农户必须负担一定的经济风险。

技术风险是指技术革新变化给不同主体带来的风险。我国经历了小农经济时期自给自足的农业生产方式，这类生产方式不要求掌握高级技术，因此技术风险并不明显。但随着时代的进步，我国农业的生产方式已经发生翻天覆地的变化，农业市场对于技术的需求越来越迫切，对技术的要求也越来越严格，市场流通产品当中的技术含量也越来越高，这就说明伴随而来的技术风险也越来越大。通过上述分析，可得出结论：技术风险随着产品技术含量的增加而增加，产品技术含量越高，技术风险就越大。此外，若要推广农业技术，农户就需要利用一些技术或手段扩大传播范围，但就我国目前的现实情况进行分析，农户这一群体的受教育水平较低，经常难以掌握技术而导致在农产品生产、推广过程中失败。

教育投资风险主要是指当前并不能预计被投资主体的未来走向，或者被投资主体是否会受到外界不确定因素的负面影响，而改变原有预期走向。因此，以人为投资主体的教育投资存在着许多未知的可能，从而形成投资风险。家长们把教育消费视作一种投资，在存有"知识改变命运""知识是敲门砖"的想法的同时，他们向子女教育投入大量资金，他们认为现在的投入在将来会有回报，现在对高等教育投入越多，未来回报就会越丰厚。但事实上，随着社会的进步发展，国家越来越注重国民素质培养和教育水平的提高，本科毕业生也不再稀缺，甚至成为一种普遍受教育程度。与此同时，劳动力市场竞争日渐激烈，没有工作保障的大学生完全需要依靠自身能力为自己的未来争取一席之地。这意味着，高等教育投资不再是一份保障，而一名大学生毕业后立即面临着失业风险，或者有着一份与教育投资不相匹配的收入。很多农民为了供子女升学、培养一名大学生，自己节衣缩食、勒紧裤腰带，希望摆脱贫困，但最终连花费在孩子教育上的支出都无法收回。社会上并不存在百分之百无风险的投资，家长在进行教育投资之前同样要有详尽的调查，了解专业前景、就业趋势等，以提前规避教育投资风险。

（5）信息风险

我国东西部之间、城乡之间、乡村与乡村之间存在着经济发展不平衡问题，部分乡村经济发达、交通便利、通信快捷、获取信息渠道多样，因此农户对市场信息了解相对较多，但部分乡村封闭、交通阻塞、通信不佳，获取信息的渠道单一，使得农户对市场缺少了解，造成了很多不佳的结果。信息风险是指农业生产的基础设施建设、配置不足，导致农户无法了解较多的市场信息，农户因此受到损失的风险。风险信息包含农作物种子质量、饲料加工和供给量、农用机械服务等信息，这些信息在一定程度上可以帮助农户做出较为合理的决策，更有利于农户长期的生产、劳作、经营，从而使农户以更大的积极性参与劳动，以此提高收入水平。

农户掌握的市场信息和交易信息不完善，使得农业生产、农产品销售受到经济波动的影响，这主要表现在以下几个方面。第一，对一般的农户造成的影响。地理条件（地处山区交通不便）的特点，影响了农户将自己生产的农产品运往市场售卖，加之信息了解得不充分、不及时，商贩一般将收购价格压到最低，这给出售余粮的农户造成了严重的经济损失，削弱了农户的生产积极性。第二，对种植经济类农作物农户的影响。对于这类农户来说，情况更为糟糕。农户销售农作物的主要渠道就是出售给上门收购的商贩，此时农作物收购价格不是市场平均价格，而是基本由商贩定价，一般低于市场平均价格，农户出于地理条件、家庭需要的无奈，只能被动出售农产品。当农户拒绝与商贩达成合作，则经济类农作物无法及时出售，农户损失更大。在当代，大部分农户达成一致共识，他们认为种植经济类农作物的风险更大，因此生产积极性也大大降低，导致经济类农作物种植减少。第三，对养殖户造成的影响。现如今我国存在这样一种特殊的现象，就是养殖户的盲目跟风，当市场上牲畜价格持续走高时，养殖户大量购进牲畜，牲畜养殖数量增加；当市场上牲畜价格突然下降时，养殖户会大量抛售牲畜，无法平稳穿越周期。信息的缺失不仅给种植户造成了影响，也给养殖户生产造成了严重的危害。

由于政策性农户风险承担机制尚未成型，我国种植户、养殖户面临着更大的风险，已经成为风险的承担者。因此，应提前辨析农户面临的主要生产风险类型，并且让农户提前掌握应对风险的主要策略以迅速做出合理的选择，为缓解农户生计风险提供有力的保障。

3.1.3　风险控制路径

扶贫是一项涉及经济、政治、社会、文化、生态的系统工程，防范返贫风险，需要坚持系统思维、准确把握造成返贫风险的内外部主要因素。我们不仅要针对具体原因对症下药，还要以总体性视角做好风险控制工作，将返

111

贫风险消灭在萌芽状态，不让小风险演化为大风险、个别风险演化为综合风险、少数风险演化为规模性风险。

第一，应该准确把握精准扶贫战略与相关政策体系的要求，落实扶贫工作重点和难点。返贫风险防范是精准扶贫、精准脱贫工作的重要组成部分，除了应对不同类型的返贫风险，还应妥善处理扶贫开发与区域发展、扶贫开发中政府与市场、开发式扶贫与开放式扶贫等关系，实现扶贫路径由"大水漫灌"向"精准滴灌"转变、扶贫资源由"多头分散"向"统筹集中"转变、扶贫模式由"偏重输血"向"注重造血"转变、扶贫方略由"社保兜底"向"扶智增收"转变、扶贫力量由"政府主导"向"多元协同"转变①。探索基于多维贫困视角研究精准扶贫理论的科学方法体系。

第二，精准对接扶贫成果，强化扶贫模式，不断实现优化和创新。习近平总书记指出，"我们不能一边宣布全面建成了小康社会，另一边还有几千万人口的生活水平处在扶贫标准线以下，这既影响人民群众对全面建成小康社会的满意度，也影响国际社会对我国全面建成小康社会的认可度"②。我们要重视脱贫人口发展的内生动力增进，防范脱贫人口"因灾返贫""因环境保护返贫"等。习近平总书记多次强调内生动力对脱贫攻坚的重要意义，他指出，要着力激发贫困群众发展生产、脱贫致富的主动性，着力培育贫困群众自力更生的意识和观念，引导广大群众依靠勤劳双手和顽强意志实现脱贫致富③。

第三，因地因人制宜，依据地区特色资源创新扶贫模式。中国各地区社会经济条件差异较大，在脱贫攻坚中，各地区创新实现各种扶贫方式，如产业扶贫、旅游扶贫、教育扶贫、电商扶贫、保险扶贫、东西协作扶贫等。对

---

① 郑瑞强，曹国庆. 脱贫人口返贫：影响因素、作用机制与风险控制 [J]. 农林经济管理学报，2016，15 (6)：619-624.

② 让全体中国人民迈入全面小康——以习近平同志为总书记的党中央关心扶贫工作纪实 [N]. 人民日报，2015-11-27 (3).

③ 习近平春节前夕赴河北张家口看望慰问基层干部群众 [N]. 人民日报，2017-01-25 (1).

于相对贫困治理，也要因地因人制宜，创新采用多元化扶贫方式，特别是要利用好互联网和大数据等工具。"互联网+""大数据+"等作为新的经济形态为目前的区域经济发展带来了巨大的刺激和全新的思考。这要求完善物流等电子商务基础设施，支持电子商务平台与农村新型经济合作组织、农业种养基地等合作。此外，在扶贫责任不减、扶贫质量不降的前提下，要延续并优化互联网、大数据管理技术，完善相对贫困人口信息库和数据系统，采用"大数据+""互联网+"技术，实现数据对接。

3.2 国内外研究综述

近年来，在扶贫工作取得阶段性胜利后，脱贫户的返贫问题日益凸显，并且一直蚕食脱贫攻坚成果，扰动稳定脱贫局面，成为阻碍彻底脱贫目标实现的顽疾。因此在处理贫困问题、开展精准扶贫工作后，为进一步巩固脱贫成果，抑制返贫发生、识别返贫风险、避免贫困户掉入贫困陷阱等，都是我国亟须预防和应对的返贫问题。2020 年，我国已经如期消除了绝对贫困，但生态脆弱区农户发展与自然生态保护之间依然存在着突出的矛盾，因此生态脆弱区曾经的深度贫困户依然是扶贫工作后期的重点关注对象，集中连片特困区中的生态脆弱区脱贫户则是扶贫工作的重中之重。如何保障生态脆弱区脱贫户稳定持续脱贫，辨析、规避、应对返贫风险，是巩固脱贫攻坚成果、取得脱贫攻坚最终胜利需要重点关注的关键问题之一。近年来，可持续生计分析框架被广泛应用于农户返贫风险、生计资本优化、生计策略等主题的研究中，并取得了大量的优秀成果，积累了丰富的研究经验。本书将从返贫风险与生计资本、生计响应与风险类型、生计策略与风险规避等方面，回顾、梳理 2008～2019 年重要的研究成果并生成关键词图谱及关键词表（见图 3-1、表 3-1），以期为在返贫风险防控、生计风险规避与生计策略优化等方面开展深入研究的研究者提供参考。

返贫风险应对策略：基于西北生态脆弱区脱贫农户的调查

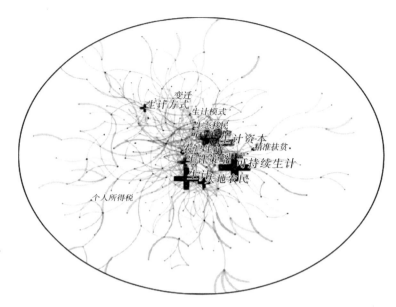

图 3-1　2008~2019 年生计研究关键词图谱

资料来源：由作者利用 Citespace 软件绘制。

表 3-1　2008~2019 年生计研究突出关键词

关键词	引用指数	开始年份	结束年份
改革	3.167	2009	2012
就业	4.4569	2009	2014
发展	2.7703	2009	2012
侗族	5.2758	2009	2013
被征地农民	6.1375	2010	2014
旗人	4.1572	2010	2012
八旗生计	6.0123	2010	2012
文化变迁	5.1582	2010	2013
政策建议	3.0355	2011	2013
土地管理	2.6011	2011	2013
社会保障	4.2164	2012	2014
水库移民	3.2443	2012	2015
适应策略	2.7598	2014	2016
生计风险	3.7198	2015	2017

关键词	引用指数	开始年份	结束年份
自然保护区	2.6866	2016	2019
土地流转	5.0869	2016	2019
可持续生计框架	4.177	2016	2019
影响因素	4.0162	2016	2019
移民	3.1934	2016	2019

资料来源：由作者利用 Citespace 软件整理。

3.2.1　返贫风险与生计资本的相关研究

农户是否返贫，很大程度上取决于他们应对风险的能力，即体现在返贫风险与生计资本之间的关系上。李月玲和何增平认为返贫是由多重因素共同造成的，如人力资本缺失造成个体性返贫风险，家庭整体经济基础和文化程度等资本的缺乏可能会造成家庭返贫，地区经济发展疲乏和社会保障的不完善等会造成政策性返贫，自然灾害、生态破坏等会造成环境性返贫，并且认为对于返贫风险的事前预防比事后干预更加有效[1]。陈超群和罗芬在可持续生计资本研究的基础上，对乡村旅游地居民的返贫风险进行评估，发现乡村旅游地居民在具有较高返贫风险的同时，还存在风险的空间差异[2]。苏芳等通过可持续生计分析框架和多元 Logistic 模型对黑河流域的张掖市农户应对风险的生计策略进行分析，发现人力资本和金融资本对风险应对策略具有显著的影响，而自然资本表现最不显著，物质资本和社会资本则处于中间水平，因此从提高生计资本以提高抗风险能力的角度出发，可以通过提高农户的受教育程度和整体收入水平来有效提高农户的抵御风险能力[3]。

---

[1]　李月玲，何增平. 多维视角下深度贫困地区返贫风险——以定西市深度贫困地区为例 [J]. 天水行政学院学报，2018，19（3）：112-115.

[2]　陈超群，罗芬. 乡村旅游地脱贫居民返贫风险综合模糊评判研究——基于可持续生计资本的视角 [J]. 中南林业科技大学学报（社会科学版），2018，12（5）：100-104+112.

[3]　苏芳，马南南，宋妮妮，等. 不同帮扶措施执行效果的差异分析——基于可持续生计分析框架 [J]. 中国软科学，2020（1）：59-71.

从自然资本与返贫风险之间的关系来看，自然资本受到冲击总是与贫困相生相伴，且呈正相关关系。换言之，自然资本遭到损害会导致贫困的发生，受到外部冲击越严重，贫困发生率便越高。自然灾害严重影响生态脆弱区农户的生产生活，从而导致过于依赖农牧业的一部分农户处在贫困线上，还有一部分农户在脱贫后出现返贫现象，这使得我国脱贫攻坚的任务十分艰巨。返贫多体现出脱贫地区的经济脆弱性，然而，实质在于脱贫地区的生态环境较差难以持续发展，以及在较差的生态条件下难以建设完善的基础设施来发展地区经济。陈全功和李忠斌在对少数民族地区的农户持续性贫困原因的研究中提到，自然环境基础条件恶劣是造成持续性贫困的普遍原因之一[1]。庄天慧等学者对少数民族国家扶贫重点县的调查研究发现，村级自然条件限制区域发展，是返贫的最主要因素[2]。土地资本是农户赖以生存的自然资本，与土地资本相关的农户返贫问题主要集中体现在农村集体土地征用以及土地质量下降等方面，而土地资源的缺失严重影响农户的生活质量，促使农户收入降低、生活成本增加、农业产出下降等。此外，农户本就受到生计缺失的威胁，同时没有良好的补偿政策和补偿机制，使得农户在当前不良的发展条件下，难以迅速解决生计困境，更难以对未来提前制订好生产和发展规划，从而出现"难脱贫、易返贫"的现象。对于山区少数民族乡村返贫农户来说，他们返贫是因为社会风险与个人风险相结合，社会风险包括自然环境差、经济发展落后、社会政策具有局限性，个人风险则包括自身素质较差、"失地"以及其他"特殊诱因"，如"因病""因学""因婚"等。其中，对于山区少数民族转型农户来说，"失地"返贫主要是因为需要适应没有土地的生活方式。自然资本的不可控性是农户遭遇环境风险的重要因素之一，自然灾害频发、抗灾能力差、灾害后救助不足是农户"因灾返贫"的因素。

---

① 陈全功，李忠斌．少数民族地区农户持续性贫困探究 [J]．中国农村观察，2009（5）：39-48+55+96.
② 庄天慧，张海霞，傅新红．少数民族地区村级发展环境对贫困人口返贫的影响分析——基于四川、贵州、重庆少数民族地区 67 个村的调查 [J]．农业技术经济，2011（2）：41-49.

从人力资本与返贫风险之间的关系来看，诱发返贫的原因与导致贫困的原因相比，其根源在于返贫群体的自身整体素质（含教育和健康等方面）较差，从而造成稳定脱贫后劲不足。人口的急速增长导致人口分布不均衡，超过地区的生态承载力，造成产业结构难以转型、社会保障制度不完善、人口总体教育水平偏低等问题。因此，人力资本的发展不足造成收入水平过低、整体生计水平较差，最终就会表现为贫困人口的经济脆弱性。综上，通过增加对人力资本的投资，提高贫困人口的自我发展能力可以给返贫人口提供稳定脱贫的原动力，以增加学习机会、提高工作能力的方式提高人力资本的质量是农村脱贫地区持续稳定脱贫的关键。和立道等学者认为农村解决返贫问题需要从劳动力本身入手，除了为劳动力提供较高的培训费用之外，还需要为他们修建良好的基础设施，如道路、桥梁等，以便在居住环境无法负担当地居民生活时可以向其他地区迁移，同时通过内部因素和外部因素提高人力资本质量，以有效预防贫困风险的冲击①。除了从教育和工作两个方面来提高人力资本质量外，还可以从健康角度提高人力资本的质量，通常包括对健康的支出和完善社会保障体系两个方面。只要对贫困农户的人力资本给予上述支持手段中的任意一种，就能够有效减缓农户家庭的贫困，只不过四种支持手段的减贫效果各有差异。从人力资本的四个方面来看，健康的重要性远高于其他三个方面，这是因为劳动力作为人力资本本身，其创造价值的能力是基于健康体魄的，健康是增强人力资本其他方面的前提。随后，张永丽和陈建仲通过研究不同的样本对象，发现健康的人力资本会对工作能力和收入等方面产生积极影响，其中，健康水平显著影响农民工外出务工的收入②。黎洁和邰秀军研究表示，贫困人口主要集中在偏远农村，这些地区严重缺乏卫生知识，导致贫困人口普遍存在不良的生活方式，并且因为经济条件和生活条件过于艰苦，贫困人口受教育程度普遍偏低，所以因愚致病、因病

---

① 和立道，王英杰，路春城．人力资本公共投资视角下的农村减贫与返贫预防［J］．财政研究，2018（5）：15-24．
② 张永丽，陈建仲．基于农户生计脆弱性视角的防返贫应对策略［J］．华南农业大学学报（社会科学版），2022，21（5）：86-99．

返贫问题严重①。

社会资本与返贫风险之间关系的研究如下。胡江霞和文传浩通过对社会资本的考察发现，只要通过加强社交网络来提高社会资本，如礼金支出等方式，就可以降低家庭贫困程度，对家庭而言，家庭社会资本的提高能够有效抑制返贫风险，并且提高家庭成员的受教育水平能够改善家庭原本的贫困状况，但是社会资本对于贫富有明显的选择差异，即社会资本有利于富人的资本提升②。李赞则从普遍的社会资本累积方面，即传统婚嫁习俗方面对返贫问题进行分析，他认为婚嫁彩礼的承担主体是男性，因此农村男方家庭会由于礼金的不合理且大幅上涨而出现返贫现象③。之所以会出现"因婚返贫"，主要在于农户希望寻求其他可能的机会来获取财富，村民因素质差异，认为嫁女儿要有面子、不能吃亏等；政府对农户的规劝措施仅停留于表面，高价彩礼问题并没有得到实质的解决。陈琳在对贵州农村婚姻的研究中发现，部分夫妻存在"隐形离婚"现象，这种"貌合神离"的状态没有做到家庭财产的分割、关系的断离以及个人义务的分配，由此导致夫妻在生活中的消费、赡养老人和抚养孩子的支出加剧了家庭负担，继而出现家庭的返贫风险④。

在金融风险方面，张国安在普遍的人口波动与环境影响返贫之外，提出了与农户相关的金融风险，分别是农产品市场的价格波动给农户的生产收入带来不稳定因素以及农户在金融市场的不合规借贷造成极大的金融风险⑤。杨清震和周晓燕认为少数民族地区的贫困主要是由于生态环境恶劣、配套基

① 黎洁，邰秀军．西部山区农户贫困脆弱性的影响因素：基于分层模型的实证研究［J］．当代经济科学，2009，31（5）：110-115+128.

② 胡江霞，文传浩．社会网络、风险识别能力与农村移民可持续生计——基于代际差异视角［J］.技术经济，2017，36（4）：110-116.

③ 李赞．如何跳出高彩礼致贫返贫的泥潭即对解决农村彩礼飞涨的对策建议［J］.农村经济与科技，2016，27（18）：218+222.

④ 陈琳．农村"隐性离婚"问题与返贫风险研究——基于贵州的调查与分析［J］.法制与社会，2018（17）：157-158.

⑤ 张国安．贵州少数民族地区返贫现象的调查与思考——以德江县松溪村、滚平村为例［J］.贵州民族研究，2000（4）：42-46.

础设施不完善、农业基础薄弱、人口增长速度与人力资本提高速度不匹配、资金供求矛盾突出以及经济发展水平较低等①。张春勋和赖景生认为西部地区的客观条件限制导致交易费用偏高，使得西部地区农村过于依赖传统农业的经济形式和经济制度，制约了当地的可持续发展②。综上，建立可持续发展机制是遏制返贫的重中之重。

3.2.2　返贫风险与生计响应的相关研究

农户作为农村地区最基本的社会经济单元，更容易暴露于经济、社会和自然等风险中，并且直接面对各类风险的冲击，风险的变化会导致农户生产生活方面也发生相应的变化，这种变化可能会导致一部分农户再次回到贫困的生活状况，一部分农户则为应对风险实施相应的适应性生计策略。

农户之所以直接出现返贫结果，是因为其生计具有脆弱性特征且无法承受风险带来的损失，因此农户面对风险的冲击时生计响应为返贫。汪磊和汪霞通过对贵州农村返贫问题的研究发现，当地农户因为遭受市场波动、自然灾害、信息不对称、劳动供给、教育健康和项目选择风险，分别引起了农户因作物价格波动收入不稳定、大范围农户被牵连，以及后期决策失误等不同原因造成的返贫状况③。姚建平等学者将甘肃靖远的两个实现大枣产业化的村庄作为研究对象，发现农业产业化扶贫方案使得农户在遭受自然灾害等风险之外，还暴露在市场风险中，使得农户脱贫后返贫现象更容易发生④。此外，刘玉森等发现脱贫农户会因为学费高昂、因学举

---

① 杨清震，周晓燕.民族地区的反贫困与经济可持续发展 [J].黑龙江民族丛刊，2001 (4)：22-29.

② 张春勋，赖景生.西部农村返贫的制度根源及市场化创新方向 [J].重庆工商大学学报（西部论坛），2006 (6)：11-14.

③ 汪磊，汪霞.基于风险分析的西南喀斯特山地省区农村返贫问题研究——以贵州为例 [J].贵州大学学报（社会科学版），2013，31 (3)：27-30+67.

④ 姚建平，王硕，刘晓东.农业产业化的农户返贫风险研究——基于甘肃省靖远县两村庄枣农的分析 [J].华北电力大学学报（社会科学版），2017 (1)：73-79.

债、教育经费投入不足、温饱线过低出现"因学返贫—因贫辍学"的恶性循环。我国西部农村，尤其是甘肃省农村，突出的问题是，由于固有的"读书立命"观念、教育费用高昂、我国教育经费投入不足等因素，容易出现"因教返贫"①。刘金新和薛伟芳认为出现集中连片特困地区脱贫后再返贫的情况，主要是因为过于依赖传统产业，造成农户产业结构单一、抗风险能力较差，即使在生计方式转变过程中能够提高家庭收入水平，但上涨幅度整体偏低，当面临教育支出和健康支出等刚性支出时，收入较低的上涨水平并不能有效解决家庭的生计困境②。完玛冷智在对青海农牧民返贫问题进行分析后，发现许多少数民族地区除了人口增长速度过快、人均收入过低、产业结构单一、经营规模较小之外，还存在抗灾能力弱、灾后重建难，经营管理不善、经济效益滑坡，农牧民的传统思想影响生产方式创新，投入与产出严重不符给农牧民的生产带来沉重负担等问题，使得农牧民容易发生脱贫再返贫的问题③。阿拉塔发现鄂尔多斯市因自然资本无法抵御暴雨袭击，部分农牧民失踪、死亡，农作物种植面积、牲畜数量锐减，基础设施遭受不同程度破坏，以致返贫④。对于古村落来说，当地的农户在生产生活过程中还要考虑对村落的保护。为了保护村落古物的完整、防止被破坏，国家对古村落制定了一系列严格的保护政策，这限制了当地农户的土地开发和农业种植。并且为了实施保护，古村落要尽量保留原始风貌，导致了当地经济发展较差。尽管国家为修缮和恢复古村落划拨了保护基金，但对于农户生计来说是杯水车薪并且治标不治本，造成为了保护古建筑、古村落的自然风貌，迫使当地农户生活贫困和返贫的局面。

面对返贫风险，部分地区的农户具有适应能力，他们能制订相应的生计

---

① 刘玉森，范黎光，于连坤，等．"因学返贫"的现状、原因及对策［J］．经济论坛，2002（14）：65-66.

② 刘金新，薛伟芳．精准扶贫中的突出矛盾及化解之道［J］．领导科学，2018（2）：62-64.

③ 完玛冷智．青海牧区双语教育发展问题研究报告［J］．西北民族研究，2012（1）：14-28.

④ 阿拉塔．鄂尔多斯市部分地区农牧民因灾返贫问题突出［J］．致富之友，2003（10）：49.

响应策略。陈风波等学者认为，长期处在各种各样风险环境中的农户会采取各种各样的适应性策略来应对各种风险①。农牧民的生计与气候、自然条件等环境因素息息相关，也就有了"靠天吃饭"这一说法，尤其是牧民以放牧为生，气候干旱造成的不良环境条件会给他们带来最为深刻的感知，并且对此极为敏感，他们会根据气候的变化采取多种应对方式，主要是以掌握的不同生计资本的组合策略来应对风险冲击。史俊宏在对各类资本对干旱风险影响的研究中发现，自然资本和金融资本对干旱风险的影响最为显著②。杨龙和汪三贵对贫困地区农户的生计脆弱性进行测度后发现，生计脆弱农户并不等同于贫困农户，换言之，生计脆弱性高的农户不一定生活水平处于贫困线以下，而脆弱性低的农户也不一定十分富裕③。学者们采用 IPCC 脆弱性概念加权指标和指数测算等方法对生计脆弱性进行测算评估，并经过进一步的研究表明，生计多样性能够在保障农户生产收入的同时提高农户抗风险能力。刘华民等在对鄂尔多斯市乌审旗农牧户家庭的调查研究中发现，当地农牧民由于水资源匮乏、技术落后、缺乏金融资本等因素影响，难以应对气候变化带来的风险，尤其是在长期抵御风险的过程中，农牧民投入了大量的物质、人力、金钱等资本，却未必能达到理想的收入水平④。刘伟等在对陕南移民搬迁农户生计适应能力和生计策略选择的研究中发现，掌握不同的生计资本决定了农户选择不同的生计策略，而提高物质、金融和社会资本均能够提高农户在异地生活的适应能力⑤。史俊宏和赵立娟认为，农户完成生态移民搬迁后失去原有自然资本和掌握的农牧耕作技术，新的生存环境将存在极

---

① 陈风波，陈传波，丁士军. 中国南方农户的干旱风险及其处理策略 [J]. 中国农村经济，2005（6）：61-67.
② 史俊宏. 干旱风险冲击下牧户适应性生计策略及其影响因素 [J]. 中国农业资源与区划，2015，36（7）：89-95.
③ 杨龙，汪三贵. 贫困地区农户脆弱性及其影响因素分析 [J]. 中国人口·资源与环境，2015，25（10）：150-156.
④ 刘华民，王立新，杨劼，等. 气候变化对农牧民生计影响及适应性研究——以鄂尔多斯市乌审旗为例 [J]. 资源科学，2012，34（2）：248-255.
⑤ 刘伟，徐洁，黎洁. 陕南易地扶贫搬迁农户生计脆弱性研究 [J]. 资源科学，2018，40（10）：2002-2014.

大的生计转型风险，因此，拥有多样化的生计资本能够很好地提前预防生计转型带来的风险，如成员较多的家庭可以依照成员的不同情况分配家庭活动中不同的角色，促进家庭生计模式的多样化，但需要注意的是，安置模式在很大程度上限制了生态移民生计策略的选择①。

3.2.3　风险管理与农户返贫风险的相关研究

风险管理是指农户作为最基本的经济单位，在事前对风险进行识别和辨析，并采取及时合理的应对方法（包括经济手段和技术手段），这是在保障安全最大化的条件下花费成本最小化的科学方法。保罗·B. 西格尔（Paul B. Siegel）发现脆弱性家庭会运用组合机制来应对风险的来临，首先通过资产的多种组合构成家庭财富，其次是根据往常的生活经验，总结出风险的特征，以便对风险进行预判和事前规避，最后则是需要具备风险管理的能力和资本基础②。实际上，发展中国家的许多农户对风险是熟悉的，并且他们把风险处置看作生产生活中的一个重要部分。

农户风险管理所采取的多元措施是基于不同生计背景的。贝斯（Bass）通过研究发现，大部分农户的生计决策会由农户的认知和可获得性决定，主要包括对风险的认知、对社会经济框架的认知、风险造成的损坏与收益的比较以及安全网络的可获得程度③。风险管理策略通常被分为事前管理策略和事后管理策略，事前与事后的划分，则是以人员、财产等资本受到风险冲击后是否发生损失为依据。基于这类划分方式，学者们又对风险管理重新界定，侧重于事前管理的策略被称为收入平滑策略，而侧重于事后管理的策略则被称为消费平滑策略。农户家庭风险管理策略是事前管理策略，更为提倡风险的预判和减缓，农户作为预判的主体需要将即将发生的风险类型、严重程度和风险发生后可能出现的结果等列入考虑范围。家庭风险管理只是整体

---

① 史俊宏，赵立娟. 生计转型背景下生态移民生计脆弱性及其可持续生计途径 [J]. 中国管理信息化，2012，15（15）：46-48.

② 王建红. 金融危机的信用机制研究 [D]. 北京：中央民族大学，2011.

③ 张曦. 连片特困地区参与式扶贫绩效评价 [D]. 湘潭：湘潭大学，2013.

风险管理中的一个部分。农户在应对不同程度的风险时，会采取不同等级的应对策略。陈传波基于这一原理，绘制农户风险处理策略阶梯图来形象刻画农户所遭遇的不同类型风险的等级，以及处理风险时选择的策略①。一般而言，农户会为了应对风险及其带来的后果依次通过降低消费、使用储蓄、借钱贷款、增加劳动时间、变卖资产、外出打工、堕落乞讨，最终可能走向犯罪来解决燃眉之急。不同资本禀赋的家庭所采取的策略及后果截然不同。采取风险管理策略能够有效降低短期家庭生计脆弱性，但从长期角度来看并不理想，家庭可能会为了解决长期风险而不断投入，造成家庭压力过大、生计脆弱性增强。当农户家庭采取了不完善的风险管理策略，常常会因无效应对而造成前期资产投入失败，家庭储蓄和资产的用途也往往更偏向于预防性。霍尔顿（Holden）和宾斯旺格（Binswanger）指出，富裕家庭可能会拥有更多的资产类型，例如金融资产的多样化会在分散金融风险的同时在某种程度上弥补由其他风险带来的损失；或者一些家庭可能由于有区别的劳动分配被排除在外，例如在撒哈拉沙漠，个体差异造成女性农民比男性农民投入的资本更少②。

丁士军和陈传波③以及徐锋④按照农户对风险的可预见性和预测到的风险冲击程度对农户家庭的经济风险进行划分。第一类是事前规划且具有必要性的消费支出导致的家庭经济负担，这类投资属于提前预估的一次性支付投资，它有可能在完成的瞬间，造成家庭的巨大财富损失，给贫困的家庭生活带来经济负担；第二类是意外事件导致的家庭经济困难，这类投资是意料之外的一次性投资，它的投资额度会随着意外的严重程度增加而增加；第三类是家庭生产经营过程中存在的风险，可能是物价波动、市场经济下滑等外界因素造成的家庭经济困难，这类困难具有可预测性，主要依照市场的走势和价格预判，但是在农户缺乏完善的市场信息时，他们能否预测到以及预测到

---

① 陈传波. 中国小农户的风险及风险管理研究 [D]. 武汉：华中农业大学，2004.

② 刘楠. 我国农业生产性服务业发展模式研究 [D]. 北京：北京科技大学，2017.

③ 丁士军，陈传波. 农户风险处理策略分析 [J]. 农业现代化研究，2001（6）：346-349.

④ 徐锋. 农户家庭经济风险的处理 [J]. 农业技术经济，2000（6）：14-18.

的结果是否合乎市场状况，都是未知的，因而产生经营风险；第四类是不包含在前三类中的其他类型。丁士军和陈传波对农户的管理策略给予肯定，小规模农户所采取的理性风险管理策略能够有效地在风险防范和处置过程中发挥作用，并且能够保障家庭经济的稳定①。郑瑞强和曹国庆利用"生计空间重塑"理论梳理风险因素致贫机理，并在此基础上提出脱贫人口后期发展扶持策略：实施精准扶贫，推进精准脱贫；依托区域特色资源，关注新型扶贫模式创新；健全脱贫人口返贫风险预警，完善脱贫人口后期扶持；严格精准扶贫考核，优化扶贫开发工作条件保障②。其中，风险的前期预防仍占据十分重要的地位，并且返贫的风险预警机制需要涵盖政策、自然和主体三个方面，在构建事前预警机制时将可能存在的风险因子消除，结合可持续稳定脱贫机制，将风险发生的可能性降到最低，同时保障脱贫效果，以有效防止脱贫后再返贫的现象发生。汪霞和汪磊侧重于风险的识别，在对贵州农村返贫风险的研究中，首先依照风险的可控性区分风险，也就是系统性风险和非系统性风险的划分，对于系统性风险只能采取优化组织模式、调整农产品结构等风险转移措施，对于非系统性风险采取风险分散等手段③。麻朝晖通过分析我国脱贫进程，提出在欠发达地区农村防返贫需要以提高社会救济作用、完善脱贫战略以及消灭精神贫困等措施作为补充④。制度在防返贫中没有发挥真正的作用，尤其是在缺乏制度创新和市场化机制的西部贫困农村地区。马小勇发现我国农村的风险规避机制处于空缺状态，并且在农户的传统认知中保守的经营行为可以降低风险的发生概率，但是往往传统的规避方式会造成农业生产经营的低效⑤。因此政府需要在现有条件下引导非正式制度安排健康发展，帮助农户引入现代企业风险规避方法，充分发挥商业保险和

---

① 丁士军，陈传波．农户风险处理策略分析［J］．农业现代化研究，2001（6）：346-349.
② 郑瑞强，曹国庆．脱贫人口返贫：影响因素、作用机制与风险控制［J］．农林经济管理学报，2016，15（6）：619-624.
③ 汪霞，汪磊．贵州连片特困地区贫困特征及扶贫开发对策分析［J］．贵州社会科学，2013（12）：92-95.
④ 麻朝晖．欠发达地区农村返贫现象探析［J］．商业经济与管理，2003，138（4）：43-45.
⑤ 马小勇．中国农户的风险规避行为分析——以陕西为例［J］．中国软科学，2006（2）：22-30.

正规信贷市场的作用，建立现代社会保障制度。焦国栋提出只改善某一方面的条件或者资本状况是难以实现稳定脱贫的，因此解决贫困问题的方法是全面性的，主要包括建设基础设施、实施开发扶贫战略、结合科学技术帮扶、探索具有针对性的方法、监督扶贫资金使用、建立完善监测机制、提高贫困户自身素质、将扶贫计划落实到生计工作中、建设完善的社会保障体系等[1]。王海滨则建议从提高农户的人力资本投资、扶贫机制普遍化以及国家层面制定扶贫策略三个方面来杜绝返贫现象的发生[2]。罗利丽则认为遏制返贫不是政府或个人单方面的工作，而是需要共同发力，因此主张政府、社会与贫困人口共同参与扶贫，做好农业产业化发展，以增强贫困人口自身能力建设[3]。何华征和盛德荣认为对于不同的返贫类型应采取不同的应对方式，例如，由于国家扶贫资助的停止而出现的断血式返贫，需要农户主动利用现有资源开发产业，形成自我供给，防止返贫；由于政府扶持贫困农户，农户出现不劳而获的狩猎式返贫，则需要从农户的心理思想方面进行引导，需要他们具有独立自主的意识等[4]。赵玺玉认为解决返贫问题需要对症下药，对"因灾返贫"农户来说，需要以自救为前提，主要采取国家和社会救助方式；对"因病返贫"农户来说，需要建立较高质量的医疗机构，以及适应农村发展要求的医疗保障制度；对"因教返贫"农户来说，在落实助学贷款和勤工俭学制度的同时，需要适时提供面向学生的直接资助和补助；对可能遭受市场风险的农户来说，由于市场风险属于不可管控风险，因此需要从农户自身出发，如提高农户的市场敏锐性，使其了解市场运行规律；对处在生态脆弱区的返贫农户来说，仍需以生态重建作为发展基础[5]。在对前期研究进行总结的基础上，赵玺玉和赵玉

① 焦国栋.解决我国农村返贫问题的对策思考 [J].理论前沿,2004 (18):33-34.
② 王海滨.新农村建设必须破解的难题:欠发达地区农民返贫 [J].特区经济,2007 (8):149-150.
③ 罗利丽.农村贫困人口反弹与可持续性发展机制的缺失 [J].贵州社会科学,2008 (12):76-79.
④ 何华征,盛德荣.论农村返贫模式及其阻断机制 [J].现代经济探讨,2017 (7):95-102.
⑤ 赵玺玉.新时期中国农村扶贫开发面临的挑战及其对策 [J].中国石油大学学报 (社会科学版),2008 (5):61-65.

娟还指出了增加扶贫政策与措施的重要性，并认为在原有政策基础上，依据返贫阶段提出相应对策，除了与时俱进地开展工作，还要关注农户自身发展与人地关系①。根据农户返贫的普遍状况，可将返贫原因归纳为三点：已脱贫主体（脱贫户）素质的不足、供体（外部发展环境）扶持的不稳定以及载体（可利用资源）循环的不充分。因此，解决返贫问题还需要从这三点出发。刘姝问认为地方政府需要设置返贫专项资金保障产业持续发展，制定返贫信贷制度，增强经济发展动力，加大社会保障力度等②。

自然灾害和自然风险对生态脆弱区农户影响巨大，一方面自然资源的急速减少导致农户的贫困发生率提高；另一方面外部风险对农户的不确定冲击，会造成对现有脱贫成果的破坏，使得一部分已经脱贫的农户重新返回贫困状况。王国敏通过分析我国农户在农业生产过程中可能面对的自然灾害的类型及特征，指出农村扶贫过程中灾害预防的重要性，并建议大力推广农业保险，在扶贫中坚持"教育扶贫"和"移民扶贫"相结合，脱贫的同时巩固脱贫成效，防止返贫③。防范"因灾返贫"需要注意灾前、灾中、灾后不同情况下的不同工作内容，灾前以预测防治为主，灾中在保障生命安全的前提下以物资抢救为主，灾后则以家园重建为主。张伟等对贫困地区农村居民的收入水平和收入结构进行分析，发现以农业经营性收入作为家庭主要收入来源的贫困地区农户受自然灾害的影响更大，"因灾致贫"和"因灾返贫"的可能性也更高，保费补贴力度较大、风险保障水平较高的农业保险能够有效提升贫困地区农户抵御自然灾害的能力，从而有效减少"因灾致贫"和"因灾返贫"情况的发生④。对于"失地返贫"农户，返贫风险防范需要从政策方面出发，孙敏和吴刚提出政府应进一步完善征地补偿政策，合理分配

---

① 赵玺玉，赵玉娟. 关于遏制农村贫困人口"反弹"问题的研究 [J]. 理论探讨，2005（4）：64-66.

② 刘姝问. 贫困地区全面脱贫后持续发展与返贫防控对策研究 [J]. 知识经济，2018（14）：20+22.

③ 王国敏. 农业自然灾害与农村贫困问题研究 [J]. 经济学家，2005（3）：55-61.

④ 张伟，黄颖，何小伟，等. 贫困地区农户因灾致贫与政策性农业保险精准扶贫 [J]. 农业经济问题，2020（12）：28-40.

土地出让后的增值收益；创新社会保障模式，提高失地农民社会保障水平；加大就业创业扶持力度，保障失地农民的长远发展权①。王郅强和王昊将治理"失地返贫"的措施细化为两点：第一，提升农户收入水平，采取"替代地补偿"政策拓宽农户收入渠道，并且向农户提供更多就业岗位；第二，做到信息的完全透明，从拆迁评估到补助金的发放都需要做到信息的完全公开，并且保障评估完善和资金流转安全，可以引入第三方监督机构，以防违规操作②。王璨认为只有加强基本农田建设，才能从根本上改变贫困地区生产生活条件，抵御自然灾害等造成的返贫风险③。

　　人力资本的缺失也是返贫风险重要的诱因之一，尤其是对于贫困地区的农户来说，人力资本的缺失体现在多个方面，如健康支出、教育支出、人口分布等，因此人力资本的弥补也需要考虑多个方面。刘玲琪通过对陕西省返贫人口的特征进行分析，发现应对返贫需要加大对返贫人口的资本投入力度、严格控制人口增长速度和人口分布状况、提高返贫人口自身素养、完善社会保障体系以及在贫困地区推动农业产业化等④。彭腾则将一切返贫问题归结于制度的缺失和不完善，他认为具有完善的社会保障体系，如医保、教育、养老保险、事业保障等，才能够从根源上消除农村贫困和返贫问题⑤。面对"因教返贫"状况，刘玉森等学者认为需要从以下几个方面采取措施：第一，增加各级财政对贫困农村教育经费投入，减少乱收费和不必要的收费；第二，建立专项基金以鼓励资助方的投资，以冲抵个人或企业的资助支出；第三，依托各种计划完善学习基础设施，改善办学条件；第四，制订教育发展计划，提高劳动力素质；第五，调整教育结构，完善面向不同受众群体的

---

① 孙敏，吴刚．失地农民返贫现象与破解对策——基于大连失地农民的调查与分析［J］．农业经济，2016（1）：42-44.
② 王郅强，王昊．征地拆迁户返贫现象的调查与反思——以 C 市为例［J］．天津行政学院学报，2014，16（1）：76-84.
③ 王璨．关于当前农村扶贫工作的几点建议［J］．特区经济，2007（4）：147-148.
④ 刘玲琪．陕西省返贫人口特征分析与对策思考［J］．人口学刊，2003（4）：20-24.
⑤ 彭腾．在制度完善中消除农村返贫困［J］．荆楚理工学院学报，2009，24（10）：66-70.

教育模式；第六，推广技术型人才①。王晓光从金融体系的角度寻求解决办法，认为教育村镇银行是长效之举②。杨翠萍认为在没有进行生态移民的西部区域，可以采取教育投资、互联网普及和心理健康教育等方式提升农户子女的个体素养，防止贫困的代际传递③。在"因病返贫"的治理方面，王新艺认为与农户身体健康状况相关的是当地的生活环境和医疗保障体系，因此防止"因病返贫"主要从两个方面着手，首先加强生态脆弱区的生态建设，创造良好的居住条件，其次建立完整的医疗保障体系解决看病难、看病贵等问题④。杜毅通过对重庆市贫困县的调研，提出破解返贫难题的方法主要是从医疗补偿和医疗服务入手，首先建立医疗保障基金，然后通过基金的发展带动农户医疗水平的提升，降低就诊费用，提高就诊人数；其次加强基层医疗卫生服务体系建设，完善医疗设备，促进医患关系改善，提高医疗服务满意度和患者的就诊积极性⑤。吴炳魁认为需要调整医保的支付政策，增加报销疾病的种类，提升报销比例，尤其是针对重大疾病报销部分，同时，取消普通门诊统筹制度，将节省的资金用于向大病、重病患者倾斜，是目前行之有效的一种"因病返贫"问题解决方法⑥。在解决"因病返贫"问题研究中，学者们不约而同地提出了完善医疗保障体系的建议，说明我国的医疗保障体系仍存在细化的空间。对于"因婚返贫"问题，目欣认为，政府作为思想观念的引导者，需要主动干预农户的落后思想，让农户改变原有的婚嫁陋习；加快培育乡村社会组织，重点规范村规民约；加快推动乡村减贫事业发展，切实保障村民生活。总体来说，解决返贫问题应列为政府

---

① 刘玉森，范黎光，于连坤，等."因学返贫"的现状、原因及对策［J］.经济论坛，2002（14）：65-66.

② 王晓光.高考状元县"因教返贫"现象调查［J］.人民论坛，2007（12）：24-26.

③ 杨翠萍.我国西部农村"因教返贫"现象透析［J］.中州学刊，2010（5）：265-266.

④ 王新艺.探析精准扶贫背景下防治因病致贫返贫的措施［J］.中国市场，2019（1）：95+100.

⑤ 杜毅.破解"因病致贫、因病返贫"与合作医疗可持续发展研究——以重庆市某贫困县为例［J］.经济研究导刊，2015（18）：77-79+105.

⑥ 吴炳魁.化解"因病致贫、因病返贫"风险的策略研究［J］.就业与保障，2017（9）：20-21.

日常工作中的一项，不应该仅用指标来度量返贫的发生与否，也不应该仅从制度或者人力资本方面着手解决返贫问题，而是要建立应对返贫风险的常规机制，将返贫遏制作为长期工作给予重点关注①。周茂春和邓鹏提出针对西部的治理途径，主要包括"以人为本"的治理核心、可持续发展的模式、转移生态脆弱区劳动力以及采用现代信息化治理模式②。

关于其他类型的返贫风险和风险管理的研究如下。针对少数民族地区农牧民返贫问题的治理需改善生产生活条件，加大农牧业综合开发力度、引导使用科技，提高第三产业在 GDP 中所占的比重，打破牧区与城乡之间的界限，充分发挥区位优势，合理利用少数民族地区的丰富资源。根据庄天慧等学者的研究结论，少数民族贫困地区需要以生态建设为基础建立经济发展模式，既要实现农民增收又要保护好少数民族地区生态环境；少数民族贫困地区需要发展适合当地的农业经济合作组织，开展相关教育，培养农户合作意识，以提高农业质量；少数民族贫困地区还需要改善医疗环境，加大社会救助力度，使农户在返贫后依然有足够的生活保障③。

3.2.4　贫困陷阱与风险规避的相关研究

从全球贫困问题来看，贫困对世界各国社会经济的影响程度不同，而发展中国家的贫困问题最为突出，在全世界为彻底解决贫困人口各方面的问题努力奋斗的同时，更需要关注的是由"贫困陷阱"所引发的持续性贫困，因此"贫困陷阱"成为当前学界的研究热点之一。改革开放以来，我国为了摆脱贫困落后的局面，一直将扶贫开发工作作为国家重点战略，而与扶贫成果息息相关的"贫困陷阱"也成为我国学界的研究重点。从研究的对象（区域）看，相较于城镇、城市甚至家庭来说，大部分的研究都选取西部地

---

① 闫欣. 吉林市 X 乡"因婚返贫"问题及政策建议 [D]. 长春：吉林大学，2018.
② 周茂春，邓鹏. 西部农村贫困陷阱反思及终结治理 [J]. 云南财经大学学报（社会科学版），2009，24（2）：97-100.
③ 庄天慧，张海霞，傅新红. 少数民族地区村级发展环境对贫困人口返贫的影响分析——基于四川、贵州、重庆少数民族地区 67 个村的调查 [J]. 农业技术经济，2011（2）：41-49.

区、少数民族地区、农村地区和山区为研究对象。从研究依据的理论看，有贫困陷阱理论、贫困代际传递理论、内生增长理论、新增长理论等。从研究内容看，主要集中于形成机理和突破策略。罗森斯坦-罗丹（Rosenstein-Rodan）是最早关注产业互补性和协调失灵的学者，他提出大推进理论，大推进理论认为经济欠发达国家为了避免经济停滞，在经济发展的初期需要获得一定的"动力"，也就是说在发展初期给予各个生产部门一个较高水平的投资，才能推动经济的高速发展[1]。墨菲（Murphy）等学者进一步深入研究了罗森斯坦-罗丹的大推进理论，并通过实证模型发现相比于单个部门，多个部门之间的协调运营更容易获得利润，但是多个部门协调运营也可能出现由于协调失灵而陷入贫困陷阱的情况[2]。

从自然资源与生态环境的角度来看，赵雪雁等认为农村贫困人口的生计状况与自然资源、生态系统息息相关，气候突变引起自然及生态环境的迅速变化，影响农村贫困人口的发展基础[3]。周力和郑旭媛基于贫困陷阱理论研究气候变化对农户资产的影响，从事前角度分析，贫困农户在了解气候急剧变化会给自己带来损失后，将选择更为保守的投资方式，从而减少高回报率的投资，但这种选择往往会影响正常资产积累，使农户陷入低水平均衡陷阱[4]；从事后角度分析，气候的迅速变化会直接造成贫困农户的财产损失，当农户的财产损失到达安全界限以下时，会无法满足自身生活供给并需要采取其他具有恶性循环的供给方式，此时农户就已经跌入了难以自拔的贫困陷阱。随后，周力和孙杰做了进一步的实证分析，发现在集中连片特困区极端天气或恶劣天气天数增加时，贫困农户会减少各类资产的投资，他们认为在天气持续恶劣的情况下，继续追加的抗风险投资是无效的，因为

[1] Rosenstein-Rodan P N. Capital Formation and Economic Development：Studies in the Economic Development of India［M］. London Cambridge：M. I. T. Press，1964.
[2] Francis Murphy Hamblin. A Comment on Peirce's "Tychism"［J］. Journal of Philosophy，1945，42（14）.
[3] 赵雪雁，刘江华，王伟军，等. 贫困山区脱贫农户的生计可持续性及生计干预——以陇南山区为例［J］. 地理科学进展，2020，39（6）：982-995.
[4] 周力，郑旭媛. 气候变化与中国农村贫困陷阱［J］. 财经研究，2014，40（1）：62-72.

无法预估的恶劣环境所带来的只有所有投资的损失，为此，农户必须采取手段及时止损，相反，天气好转、气温上升就能够保障农户投资的有效性，以促使农户对固定资产的投资；在集中连片特困区内，村落与村落之间也存在较大的贫困差异，就抗风险能力以及资产动态敏感性而言，集中连片特困区农户的抗风险能力要比集中连片特困区外的农户弱，但是资产动态敏感性更强①。因此，与贫困地区一致，也要针对集中连片特困区的具体情况加大信贷保险基金的支持力度，关注对人力资本的教育和健康投资，提高"片区内"农户的避险能力。关付新系统分析了山区贫困陷阱的构成，首先是山区的自然地理形成，山区一般地势崎岖，不便发展农业，生态本底较为脆弱；其次是山区的地理区位、不便开发建设的地理条件，会阻碍山区与外界的联系，从而缺乏新的社会系统的扩展和经济贸易的往来②。因此，摆脱山区贫困陷阱需要在经济系统中发展市场、在生态系统中保护环境、在社会系统中完善基础条件和发展制度，以构成和谐发展的闭环。何龙斌以陕西省、湖北省、四川省以及甘肃省的省际边缘区为研究对象，发现这些地区形成贫困陷阱的主要原因是：第一，省际边缘区与中心城市距离较远，受到地理空间的限制，导致区域经济出现分割的现象，边远地区的经济发展相对不足；第二，在经济发展不足的基础上，省际边缘区又无法改变其所处的环境，造成边缘化对其的影响再次加重，产生"边缘化—发展不足—进一步边缘化"的恶性循环，易形成贫困陷阱；第三，政府在对地区帮扶过程中，采用转移支付的手段，在帮助边缘地区的同时可能会造成对边缘地区的疏漏，导致省际边缘区没有根治贫困的方法，继而彻底掉入贫困陷阱③。因此，对于解决省际边缘区的脱贫又返贫问题，需要建立便利的交通设施，加强经济贸易网络建设，促进边缘地区的经济发展，发挥其在贸易中的作用，

---

① 周力，孙杰．气候变化与中国连片特困地区资产贫困陷阱 [J]．南京农业大学学报（社会科学版），2016，16（5）：55-64+155.

② 关付新．山区贫困陷阱的构造及其突破 [J]．青海师范大学学报（哲学社会科学版），2005（4）：21-25.

③ 何龙斌．省际边缘区"贫困陷阱"的形成与突破——以陕、鄂、川、甘省际边缘区为例 [J]．经济问题探索，2016（9）：58-64.

挖掘地区人口发展潜力，发展适合当地的产业经济，从根源上摆脱贫困陷阱。祁毓和卢洪友在研究独立个体或整个经济体陷入"环境贫困陷阱"的过程时，使用代际交叠模型做实证研究，并且在模型中考虑到财富异质性与预期寿命和环境相互影响，他们提出当经济增长与环境改善之间的关系出现拐点时，只有使用有效的环境政策，才能改变陷入贫困陷阱的现状①。张倩发现呼伦贝尔草原嘎查农牧民的气候适应能力对贫困程度具有决定性作用，而生计资本较为丰富的农牧户，更容易获得外界的良性支持，反之则容易由于环境和贫困的循环叠加掉入贫困陷阱，因此精英捕获和贫困陷阱会造成牧区的贫富差距，并逐步拉大差距②。董沥等以宁夏回族自治区海原县为例，提出破解贫困陷阱需要先进技术支持、投资人力资本、产业结构多元化、发挥当地特色产业优势、加大扶持力度、建立社会保障体系③。王亮亮和杨意蕾在对麻山贫困问题的研究中发现，麻山受到自然环境、物质资本、基础设施建设以及人口发展等因素的影响，出现不同类型的贫困陷阱，导致麻山地区贫困问题十分严重，并且学者依据贫困陷阱类型和麻山的实际状况，提出采取公私合作的 BOT 模式（Build Operate Transfer）对私人资本加以利用，完善基础设施建设；开拓麻山扶贫项目，推动区域金融经济的发展；培养当地特色资源，形成具有地域特点的产业链；发掘农户发展潜力，提高农户劳动能力④。

从政策制度与贫困陷阱之间的关系来看，赵亚奎发现社会中制度性贫困表现在两个方面：其一，富裕的社会更容易出现寻租和腐败，导致公共部门的资产流向私人部门，使存在次优帕累托均衡的国家容易掉入贫困陷

① 祁毓，卢洪友."环境贫困陷阱"发生机理与中国环境拐点［J］.中国人口·资源与环境，2015，25（10）：71-78.
② 张倩.贫困陷阱与精英捕获：气候变化影响下内蒙古牧区的贫富分化［J］.学海，2014（5）：132-142.
③ 董沥，兰慧灵，袁琴.少数民族贫困地区自我发展能力研究——以宁夏回族自治区海原县为例［J］.辽宁经济，2019（2）：28-29.
④ 王亮亮，杨意蕾.贫困陷阱与贫困循环研究——以贵州麻山地区代化镇为例［J］.中国农业资源与区划，2015，36（2）：94-101.

阱；其二，由亲情系统造成的徇私和互相"帮助"现象造成社会缺乏精英人才的合理安排和能力应用①。顾六宝和张雪雯则分析了资本存量对我国东西部发展的影响，以及资本存量的不足使西部在经济发展中易形成"贫困陷阱"，因此需要调节地区间的人均资本存量，进行体制改革，借助西部优势发展科技，建立现代信息交易平台，以整体提高资本存量，解决区域发展不均衡及"贫困陷阱"等阻碍发展的问题②。王俊喆等认为除了资本的影响，制度也是造成"贫困陷阱"的原因，资本欠缺使得贫困地区一直处于帕累托改进状态，而有效的制度保障能够促进贫困地区经济的稳定运行，因此要解决制度引起的"贫困陷阱"，改善不合理制度下资本未达到帕累托最优的状态，需要从制度方面改变政府资助和社会保障原则③。刘勇毅在新制度经济学派观点的基础之上，提出建立一个具有权威的政府，来解决产权制度不明确、经济制度效率低下导致的利益集团或个人的权利寻租行为以及强化市场型政府的缺失导致的持续贫困现象④。因此，发展中国家跳出"贫困陷阱"的关键在于提高制度执行的效率。

还有部分学者发现人力资本问题也是导致贫困陷阱的重要因素。崔俊富等学者认为人力资本不足会导致科学、技能、研究等需要人类劳动力投资的领域发展受阻，进而阻碍社会经济的稳定发展，陷入"不努力工作/学习—社会落后—越不工作/学习"的"贫困陷阱"，因此要增加人力资本投资，提高人力资本质量，促进社会经济持续稳定增长⑤。人力资本虽然能够有效提高社会经济的发展水平，但是对人力资本进行高等教育不具有普遍性，在投资决策中选择低教育投资，能够使人口本身拥有自主学习的意识，获得自

① 赵亚奎. 贫困陷阱的生成机制：一个文献综述 [J]. 东岳论丛，2009，30（5）：10-15.

② 顾六宝，张雪雯. "贫困陷阱"机制在西部经济增长中的现实性与应对策略分析 [J]. 开发研究，2006（6）：26-31.

③ 王俊喆，丁翔，沈文伟. 我国"贫困陷阱"现象的治理 [J]. 商业经济，2011（11）：20-21.

④ 刘勇毅. 发展中国家落入贫困陷阱的制度因素探析 [J]. 经济视角（下旬刊），2013（9）：107-110+157.

⑤ 崔俊富，刘瑞，苗建军. 人力资本与经济增长——兼论经济增长贫困陷阱 [J]. 江西财经大学学报，2009（5）：11-16.

我强化的能力，从主观角度自觉选择摆脱贫困陷阱。郭跃认为"贫困陷阱"的产生是由于贫困户不通过自身努力来提高生活水平，而是寄希望于社会救助和社会保障体系，希望借此改变自己的生活条件，尽管社会救助不可能让贫困户获得生活水平的彻底提升，但能够让不努力的贫困户获得"得过且过"的生活方式，因此，在对赋税手段进行修订的同时，要提高接受社会补助人口的强制学习和工作时间要求，从根本上改变他们对脱离贫困的态度和脱贫方式①。除了贫困户本身的教育和工作能力外，发展中国家的劳动市场体系不完善，也在很大程度上加剧了人力资本匮乏，造成人力资本习得的技能与市场难以匹配的结构性失业或周期性失业等。增山（Masuyama）认为发展中国家经济中的贫困陷阱类型较多，并且彼此之间存在一定的联系和因果循环关系，在处理贫困陷阱的过程中需要注意彼此之间的关联，以防止一个贫困陷阱的解决却带来其他贫困陷阱的恶化和深化②。吴方卫和张锦华发现工资与教育水平之间存在对等关系，个人受教育程度完全体现在工资水平上，较低的受教育水平对应较低的工资水平，这使得受教育水平较低的农户的工作容易被他人替代，由于较高的可替代性和较低的工资水平，农户难以形成雄厚的工资积累，因此容易面临低收入水平带来的贫困陷阱③。汪灵波认为高校贫困生在步入社会后，前期获得的国家或者学校的资助，会引发高校贫困生陷入"贫困陷阱"，这是因为资助体系不具有持续性、发展性、精确性及参与性，造成贫困生毕业后由于资金断流以及没有存款储蓄而掉入贫困陷阱，因此高校贫困生资助工作需要保证公平与效率，增强学生的自主意识，使其在毕业后有较强的工作能力，实现自我脱贫④。程丛喜和徐光木

---

① 郭跃. 试从公平与效率角度探讨"贫困陷阱"问题及其对策分析 [J]. 法制与社会, 2007 (11)：645-646.

② Masuyama M. Government Stability and Economic Changes [J]. The Annuals of Japanese Political Science Association, 2002, 53 (0).

③ 吴方卫, 张锦华. 中国农村教育发展的综合评价及其内生性解释 [J]. 农业技术经济, 2006 (3)：69-76.

④ 汪灵波. 高校贫困生资助工作的困境与转型——基于贫困陷阱视角的分析 [J]. 新余学院学报, 2016, 21 (4)：147-149.

认为农村贫困地区仍存在"读书改变命运""一定要留在城市工作"等传统
观念，导致贫困家庭把读书高考作为子女唯一的出路，并且不考虑家庭条件
和孩子的自身条件，不顾一切地为高考升学和城市就业投入大量资本，导致
本不富裕的贫困家庭雪上加霜，掉入贫困陷阱，因此解决因学返贫和高考致
贫的困境需要从思想观念转变开始，同时加强贫困地区教育设施建设，创造
良好的学习条件，引导学生树立积极主动的就业意识①。物质的贫乏造成农
户的生活条件恶劣，文化的贫瘠则造成农户的精神世界落后，陈前恒和方航
通过调研发现，部分贫困农户不参与集体活动和文化交流，出现思想落后、
思想禁锢等问题，没有办法紧跟社会发展的潮流，因此政府需要关注文化基
础设施的建设以及健康文化活动的组织，鼓励贫困农户主动学习和吸纳新的
知识②。邹薇和方迎风的研究表明，个体的发展不仅与其拥有的物质、金
融、自然等有形资本相关，还与其接触的社会网络、参与的社会群体的整体
水平相关，即存在发展过程中的群体效应，贫困地区人口的同质性会阻碍教
育、知识获取和生计方式等方面的选择，在经济发展水平较低的时期，群体
效应会导致贫困陷阱的产生，因此，在面对群体效应引致的贫困陷阱时，政
府需要采取具有普遍适应性的政策，使贫困群体一起脱贫，再以良性的群体
效应向外辐射③。叶初升等认为"贫困陷阱"的产生不在于资产门槛的界
定，而在于贫困人口的悲观心理，因为只有心理变化才会影响主体行为决策
和决策后产生的收入④。王弟海基于拉姆齐模型（Ramsey Model）提出，对
于已经陷入"贫困陷阱"的国家来说，只有建立较为艰难的长期资助体系，
才能够维持国家的运转⑤。

① 程丛喜，徐光木．农村贫困地区高考升学引致贫困陷阱的原因及对策［J］．武汉商业服务
学院学报，2012，26（5）：39-43.
② 陈前恒，方航．打破"文化贫困陷阱"的路径——基于贫困地区农村公共文化建设的调
研［J］.图书馆论坛，2017，37（6）：45-54.
③ 邹薇，方迎风．中国农村区域性贫困陷阱研究——基于"群体效应"的视角［J］．经济学
动态，2012（6）：3-15.
④ 叶初升，高考，刘亚飞．贫困陷阱：资产匮乏与悲观心理的正反馈［J］．上海财经大学学
报，2014，16（4）：44-53+85.
⑤ 王弟海．健康人力资本、经济增长和贫困陷阱［J］．经济研究，2012，47（6）：143-155.

家庭作为一个社会单元，其资本积累情况也与贫困状况息息相关。解垩以中国健康与养老追踪调查数据为研究样本，对动态资产积累路径进行研究，发现资产的积累能够有效帮助贫困农户脱贫；中国农村家庭资产并不存在多重均衡的贫困陷阱；家庭特征、地理资本等变量对家庭资产变动有显著影响；社会资本也能够有效抵御外部风险对贫困农户的冲击，并且农户能够通过金融市场的金融资产来分散风险，以减缓资产积累减少的速度①。史志乐和张琦认为贫困家庭经济基础较为薄弱，过重的教育支出又缺乏国家资助，容易导致家庭的教育负担加大。此外，贫困家庭常常因为人口年龄段分布不合理且较少的劳动力难以在供大于求的劳动力市场获得合适的工作等问题陷入"贫困陷阱"，此时需要制定专项扶贫计划和设置教育基金，给予贫困家庭更多优惠政策，从贫困人口发展动力出发，激励贫困户持续脱贫②。张琦和史志乐进一步从缺乏教育投资和贫困发生的角度研究了贫困的代际传递，换言之，在不改变家庭教育投资强度的情况下，贫困状态会祖祖辈辈一直传递，并且愈演愈烈，而有效阻断代际传递的方式，就是重视对子女的教育投入，或者掌握更为先进的技能，以改变低收入的状况，获得家庭资本积累，通过提高学习能力实现脱贫③。大部分学者对于贫困问题或者贫困陷阱的研究基于个体（农户个体）视角、家庭视角或者地区视角，缺乏对老年群体的分析。王瑜和汪三贵则弥补了这方面的研究缺陷，他们以农村老年人口为研究对象，发现子女数量会影响老年人的贫困心理认知，对于一个农村家庭来说，本来就会遭遇各种各样的外在风险影响生计，农村独居老人更会如此，除了经济风险和健康风险还会遭受心理风险，因此全社会要更加关注老年人的贫困风险和贫困现

---

① 解垩. 农村家庭的资产与贫困陷阱［J］. 中国人口科学, 2014（6）：71-83+127-128.
② 史志乐, 张琦. 教育何以使脱贫成为可能？——基于家庭贫困陷阱的分析［J］. 农村经济, 2018（10）：1-8.
③ 张琦, 史志乐. 我国贫困家庭的教育脱贫问题研究［J］. 甘肃社会科学, 2017（3）：201-206.

状①。张华泉和申云使用 2013 年的中国家庭收入调查项目（CHIP）数据，检验了影响初中、高中、大学学生升学的因素，影响因素主要包括户籍、父母的受教育水平等。他们的研究还表明，学生所在区域是否为城镇对高中和大学学生的升学有较大的影响，并且父母的受教育水平也影响子女的受教育水平②。张自强等以贵州省关岭县农户为例，发现农户的贫困问题并不是单一要素匮乏引起的，而是在制度缺乏、能力匮乏和要素贫乏共同作用下产生的，这些问题环环相扣，要素贫乏造成能力匮乏，能力匮乏造成制度缺乏，三者对农户家庭的贫困有着不同程度的影响③。

空间分布与贫困分布和贫困陷阱之间也存在密切联系。基于空间贫困理论，赵莹采用 TOPSIS 模型和障碍度模型对影响隆德县地理资本分布和空间贫困陷阱分布的因素进行分析，表明通过改善空间的区位劣势、大力发展市场经济、建设生产生活基础设施、呼吁贫困户在发展的同时保护好生态环境并且采取因地制宜的社会保障政策，能够有效缓解空间贫困陷阱，优化区域地理资本④。杨志恒等研究湖南湘西保靖县产业扶贫的影响因素，发现主要面对的是空间贫困陷阱，由于研究区域以山区为主，交通不便，山区、库区之间联系困难，也缺乏与外界沟通交流的机会，开展产业扶贫存在局限性，因此产业发展的主要方式应是小农经营，同时需要构建完善的物流体系以及金融扶持体系等，以此带动受制于山区恶劣环境的农户发展⑤。郑长德利用索洛—斯旺经济增长模型，将四川省集中连片特困地区的贫困陷阱分为空间先天特性造成的空间贫困陷阱、集中连片特困地区的经济文化发展落后造成

---

① 王瑜，汪三贵. 人口老龄化与农村老年贫困问题——兼论人口流动的影响 [J]. 中国农业大学学报（社会科学版），2014，31（1）：108-120.

② 张华泉，申云. 家庭负债与农户家庭贫困脆弱性——基于 CHIP2013 的经验证据 [J]. 西南民族大学学报（人文社科版），2019，40（9）：131-140.

③ 张自强，伍国勇，徐平. 贫困地区农户对扶贫效果评价的影响因素分析——以贵州关岭县为例 [J]. 贵州大学学报（社会科学版），2017，35（5）：70-74.

④ 赵莹. 基于地理资本的集中连片特困地区空间贫困陷阱研究 [D]. 银川：宁夏大学，2015.

⑤ 杨志恒，黄秋昊，李满春，等. 产业扶贫视角下村域空间贫困陷阱识别与策略分析——以湘西保靖县为例 [J]. 地理科学，2018，38（6）：885-894.

的地理第二性驱动贫困陷阱，以及贫困者在物质极度稀缺时降低了认知力和执行力而造成的行为贫困陷阱①。同时，郑长德提出了响应方案，面对第一种贫困陷阱时，需要从根本上改变生产环境，也就是说要么选择完善集中连片特困区的基础设施，要么选择生态移民；面对第二种贫困陷阱时，应以经济开发为主，可以尝试发展地区特色产业，增加道路交通投资等；面对第三种贫困陷阱时，则应以发展教育为主。李小云认为深度贫困地区的贫困成因在于，当地遭受的不是单一风险的影响，而是多要素多风险多贫困陷阱的交织重叠，因此深度贫困地区跳出"贫困陷阱"要结合贫困地区的实际状况，加强深度贫困地区道路、桥梁等基础设施的建设与完善，以加强与周边城市之间的联系，发展健全的市场经济，建立完善的市场经济体系，提高当地生活质量，引进专业型、技术型人才，协助当地社会经济的发展②。

除了以上"贫困陷阱"和返贫成因的研究，黄英君和胡国生从心理影响分析的角度出发，提出扶贫工作的投入与预期的扶贫成效之间没有出现响应关系，投入的成本要远高于收获的成果，他们基于心理账户理论说明个体的心理行为对决策产生的影响③。

通过前文对贫困陷阱内容的梳理发现，诱发贫困陷阱的因素多种多样，最为常见的就是自然资本和物质资本匮乏诱发贫困陷阱，其次自然资本和物质资本的欠缺导致个体开发能力和学习认知能力有所欠缺，继而导致贫困陷阱的出现，最终则会演变为心理压力等导致的贫困陷阱。

从目前学者们已经获得的研究成果和发表的文献来看，关于生态脆弱区贫困农户所面临的致贫返贫风险以及应对策略的研究成果非常丰富，但研究体系还需完善。一方面，脱贫摘帽工作使脱贫户获得较高的生计水平，并使他们的生计状况向好的方向发展，但是返贫风险的存在干扰和破坏了脱贫户

① 郑长德.贫困陷阱、发展援助与集中连片特困地区的减贫与发展［J］.西南民族大学学报（人文社科版），2017，38（1）：120-127.
② 李小云.冲破"贫困陷阱"：深度贫困地区的脱贫攻坚［J］.人民论坛·学术前沿，2018（14）：6-13.
③ 黄英君，胡国生.金融扶贫、行为心理与区域性贫困陷阱——精准识别视角下的扶贫机制设置［J］.西南民族大学学报（人文社科版），2017，38（2）：1-10.

稳定脱贫的状态，造成脱贫的不可持续。现有研究成果提出的贫困农户应对返贫风险的方法，无论是前期预防还是返贫治理，都欠缺可持续性方面的内容。另一方面，当前有关返贫风险的研究主要集中在"生计与风险"和"生计与贫困"两个割裂的"部分"，与农户生计脆弱性相结合的研究不足，而且缺少对于"风险防范、升级强化、脱贫深化"稳定发展的系统研究。此外，国内关于生计策略的研究主要集中在农户经济活动和优化教育选择方面，缺乏对农户消费模式、固定资本建设、婚丧嫁娶以及生育行为等方面的研究，由此可见，今后对生态脆弱区脱贫户的研究应该对上述的问题加以重视。

现有的研究成果进一步完善了可持续生计分析框架在解决贫困问题中的应用，使得可持续生计分析框架得到进一步的普及。但是到目前为止，造成贫困的因素、贫困的发展机理、稳定脱贫机制等关键问题都未得到有效解决。当前对于贫困特征的确定，主要采用的是单一的指标，但贫困实际上是生计事实，从可持续生计的视角审视贫困特征更为准确，能够在建立完善返贫致贫机制的同时，确定合理的脱贫模式。尤其是各类资本都较为薄弱的深度贫困地区，若仅依靠单一资本是难以构成可持续生计的，因此，为了获得良好的生计成果，需要各类资本之间的配置组合，以同时发挥作用，形成良好的生计策略。此外，深度贫困区脱贫与可持续发展的实现需要把弥补贫困户的"短板"生计资本作为核心，以提高整体资本积累，构建持续稳定脱贫的干预机制。农户面临的返贫风险与生计息息相关、相互交织，生计既是返贫风险的因，也是返贫风险的果，还可能是医治返贫的药。这是因为处于生态脆弱区的农户本身就具有生计脆弱性，他们大多由于生计资本匮乏而无法抵御外部风险，陷入脱贫又返贫的恶性循环，然而摆脱返贫困局需要解决生计资本匮乏问题并发展本就具有的高效能资本。

3.2.5　生计资本对生计策略影响的相关研究

生计资本对生计策略存在显著且紧密的影响。学术界大多在英国国际发展署创立的可持续生计分析框架基础上，对不同地区农户生计资本和生计策略进行实地调查，通过实证研究认为自然资本、人力资本、社会资本、金融资本和物质资本会在不同程度上影响农户生计策略的选择。学者们围绕生计资本与生计策略展开了热烈讨论并发表了自己的看法。例如阎建忠等[①]和王彦星等[②]研究认为，农户所拥有的生计资本影响生计策略的选择，并提出不同生计资本对生计策略选择的意义不同的观点。赵雪雁等认为人力资本是农户生计策略选择的基础，拥有较多的人力资本有利于提升农户的兼业化水平[③]。农户的生计资本状况是其进行生计策略选择的基础，农户所采取的生计策略取决于农户家庭的生计资本构成情况和总体状况。

农户生计目标是依据农户拥有的生计资本及相互组合情况选定合适的生计策略而实现的。生计策略类型因划分标准不同而有差别，主要可以分为按劳动力配置划分、按家庭生产经营结构划分、按家庭收入划分等。如吴海涛等通过实地调研提出要根据具体的环境情况划分生计策略，按照农户的生产活动把农户生计策略分为六种[④]；李慧玲等认为可将农户生计策略划分为农业型和多样化生计策略[⑤]；代富强等使用聚类分析法，把农户生计策略划分为四类[⑥]；杨世龙等提出按照农户收入占比把农户生计策略分为纯农型、农兼型和兼农型[⑦]；朱建军等将生计策略划分为农林种植型、家畜养殖型、外出务工型和非农自营型[⑧]；刘晨芳和赵微根据农户的具体工作类型将生计策

① 阎建忠，喻鸥，吴莹莹，等．青藏高原东部样带农牧民生计脆弱性评估［J］．地理科学，2011，31（7）：858-867.

② 王彦星，潘石玉，卢涛，等．生计资本对青藏高原东缘牧民生计活动的影响及区域差异［J］．资源科学，2014，36（10）：2157-2165.

③ 赵雪雁，李巍，杨培涛，等．生计资本对甘南高原农牧民生计活动的影响［J］．中国人口·资源与环境，2011，21（4）：111-118.

④ 吴海涛，王娟，丁士军．贫困山区少数民族农户生计模式动态演变——以滇西南为例［J］．中南民族大学学报（人文社会科学版），2015，35（1）：120-124.

⑤ 李慧玲，马海霞，杨睿．棉花主产区棉农生计资本对生计策略的影响分析——基于新疆玛纳斯县和阿瓦提县的调查数据［J］．干旱区资源与环境，2017，31（5）：57-63.

⑥ 代富强，吕志强，周启刚，等．农户生计策略选择及其影响因素的计量经济分析［J］．江苏农业科学，2015，43（4）：418-421.

⑦ 杨世龙，赵文娟，徐蕊，等．元江干热河谷地区农户生计策略选择机制分析——以新平县为例［J］．干旱区资源与环境，2016，30（7）：19-23.

⑧ 朱建军，胡继连，安康，等．农地转出户的生计策略选择研究——基于中国家庭追踪调查（CFPS）数据［J］．农业经济问题，2016，37（2）：49-58+111.

略分为专业型、二兼型和多兼型①。

一方面，生计资本为生计策略选择奠定基础，农户生计资本多样化促进农户生计策略的多样化。由于农户所拥有的生计资本各异，自然资本、人力资本、物质资本、社会资本、金融资本在农户生计策略中所呈现的影响力不同，所以农户之间生计策略体现多样性和差异性等特点。通常情况下，当农户拥有的耕地数量较多、质量较好且人员充足、身体健康时，自然资本和人力资本条件促使农户有较大可能性选择以农业为主的生计策略；当各种生计资本拥有情况相对均衡时，农业生产活动并不是他们唯一的生计方式，因此自然资本和人力资本对农户的影响逐渐下降，他们通过与其他生计资本结合的方式达到生计目的，此时农户有很大意愿选择兼业型生计策略；人力资本充裕但自然资本和物质资本匮乏的农户，农业收入在家庭总收入中的占比极小，所以此类农户对自然资本的要求最低，对人力资本、社会资本、金融资本的要求越来越高。此时，农户大多会选择非农型的生计策略。同时，生计资本缺乏会限制生计策略的选择。例如社会资本和金融资本缺乏的农户很难通过做生意等非农型的生计策略达到生计目的。

另一方面，五类生计资本随时间变化呈现动态变化特征，不同生计资本组合影响农户生计策略选择。若农户打算选择纯农型生计策略实现生计目的，进行农业生产活动并获取了农业收入，此时自然资本转化为金融资本；若农户选择使用一部分收入购买生产机器确保农需，此时金融资本转化为物质资本，农闲时农户还可以利用机器赚取其他收入。农户生计资本拥有情况会发生变化，此时农户的生计策略会从以农业为主向兼农型或农兼型转型，以适应生计资本变化。

生态脆弱区农户面临生计脆弱风险，使生态脆弱区农户在现有生计资本条件下由单一生计策略向多样化生计策略转型，是提高农户生计水平、降低生计脆弱性的关键。生态脆弱区的深度贫困户是脱贫攻坚的"坚中之坚"，

---

① 刘晨芳，赵微. 农地整治对农户生计策略的影响分析——基于 PSM-DID 方法的实证研究 [J]. 自然资源学报，2018，33（9）：1613-1626.

集中连片特困区中的生态脆弱区是脱贫攻坚前沿的前沿。如何保障生态脆弱区脱贫户稳定持续脱贫，辨析、规避、应对返贫风险，是巩固脱贫攻坚成果、取得脱贫攻坚最终胜利需要重点关注的问题之一。近年来可持续生计分析框架被广泛应用于农户返贫风险、生计资本优化、生计策略等主题的研究中，取得了大量的优秀成果、积累了丰富的研究经验。基于可持续生计分析框架，本书接下来的章节将选择典型生态脆弱区祁连山国家级自然保护区内的武威、金昌、张掖 3 市 8 县（区）开展研究工作，以农户返贫风险认知与应对策略的关系为着力点，尝试建立农户返贫风险认知与应对关系的分析框架，揭示影响农户返贫风险认知的关键因素，确定农户返贫风险认知在应对返贫策略选择中的作用，提出有效应对典型返贫风险的可持续生计策略，从而为农户抑制返贫、政府巩固扶贫成果、提升贫困地区可持续发展能力等提供全新的科学依据。

第4章　研究区社会经济发展状况与致贫原因分析

为了解决贫困问题，实现贫困户吃穿不愁以及义务教育、基本医疗和住房安全得到保障，人民生活水平得到整体提高的目标，我国全力以赴地解决了贫困人口的生计难题。作为精准扶贫、精准脱贫工作的短板，生态脆弱区稳定持续脱贫是今后一个时期巩固拓展脱贫攻坚成果的重点。在我国，生态脆弱区由于生态系统之间的过渡，环境较为恶劣，而处于生态脆弱区的脱贫人口在我国脱贫人口总数中占比巨大，80%以上的脱贫县和90%以上的脱贫人口都处于生态脆弱区。发挥生态功能区的屏障作用，需要以生态安全为前提，减少对自然资源的开发利用，这造成生态脆弱区农户的生产生活受到更为严苛的限制。然而，为了满足自身的生存需求，农户继续保持甚至强化粗放型的生计实践，对森林、水土、矿产、草原等自然资源进行掠夺性利用，进而演化成"环境脆弱—贫困—掠夺资源—环境退化—低水平发展"的生态经济社会复合系统的恶性循环，生态环境难以负担贫困农户的生计，从而阻碍了贫困农户的发展，因此出现了生态与生计之间的严重矛盾。

生态脆弱区社会经济与生态系统保护似乎并不能形成共同发展的趋势，而是常常处于此消彼长的状态，贫困农户的发展以牺牲自然资源为代价，自然资源的保护以放弃贫困农户的良好生计为代价，形成恶性的因果循环。这种所谓的"富饶的贫困"成为扶贫重点之一。因此，在大力提倡绿色高质量发展的今天，统筹协调合理生态保护和扶贫工作稳定持续开展成为亟须解决的问题。如何通过科学合理、易行有效的生计干预，实现生计实践由粗放低效向精细高效转型，促进社会经济发展、贫困农户生活质量提高与生态保护相协调，是生态脆弱区实现绿色、健康、持续发展的关键。

本书选择典型生态脆弱区祁连山国家级自然保护区内的武威、金昌、张掖3市下辖的8县（区）为研究区，该研究区包含我国祁连山冰川与水源涵养生态功能区的主体部分，生态系统服务功能多样，伴随当地人口从生态系统中不断获益，生态承载力显著下降，因此该生态脆弱区面临着全面脱贫与生态保护的双重挑战。研究区农户普遍采用"靠天吃饭"的模式，对自然资源存在较大的依赖性，在气候变化与人类活动交互胁迫下，天然林地、耕地等资源均出现不同程度退化，不仅使农户生计面临严峻挑战，更使生态系统服务严重受损。下面将对研究区 2008~2018 年社会经济发展和贫困状况进行梳理，并对致贫原因进行分析。

4.1 武威市贫困状况及原因分析

4.1.1 武威市概况

（1）武威市自然环境概况

甘肃省武威市，历史悠久，古称雍州、凉州。武威地处甘肃省中部、河西走廊东端，东与兰州市相连、南与祁连山相靠、西与金昌接壤、北与腾格里沙漠相接。武威市下辖古浪县、民勤县、天祝藏族自治县（以下简称"天祝县"）与凉州区，总面积达到3.23万平方千米，石羊河作为甘肃省河西走廊内流水系第三大河贯穿其中，形成武威绿洲。

武威市地形地貌较为复杂，整个地势南高北低、西高东低，作为黄土高原、青藏高原和蒙新高原的交汇地带，整体呈现由西南向东北倾斜下降地势，依次形成南部祁连山地、中部走廊平原和北部荒漠区，海拔 1020~4874 米①。南部祁连山地清冷，降水丰富，有利于林业和畜牧业的发展；中部走廊平原为主要的农业区，地势平坦、土壤肥沃；北部荒漠区，干旱乏雨，但

---

① 武威市人民政府．地理概况［EB/OL］．http：//www.ww.gansu.cn/zjww/zrdl/dlgk/65297.htm.

沙生植物、名贵药材种类丰富。武威市位于北纬 36°29′~39°27′，东经 101°49′~104°16′，属温带大陆性干旱气候，具有四季分明、冬季寒冷、夏季炎热的气候特征，年平均温差在 30℃ 左右。降水较少且整体分布不均，川区和山区的降雨量存在较大差异，干旱的气候导致雨水蒸发量过大，沙漠和荒漠化土地面积逐渐扩大，达到 3317.15 万亩，超过总面积的 65%。全市具有严重危害的风沙口 286 个，风沙线长 654 千米①。

武威市分属石羊河、黄河两大流域。石羊河流域在武威境内有大靖河、古浪河、黄羊河、杂木河、金塔河、西营河、东大河和西大河 8 条一级河流，118 条二级河流、3149 条三级河流以及 4641 条四级河流，流域总面积达到 4.16 万平方千米。黄河流域在武威境内全长达到 68 千米，主要由大通河、金强河、松山、新堡河和石门河构成，流域总面积达到 3620.22 平方千米②。

武威市矿产资源较丰富，以煤炭和非金属类矿产为主。目前已发现矿产 45 种、各类矿产地 292 处，矿产资源品种主要有煤炭、铁、钛、石膏、重晶石、普通萤石以及建筑用石料等，已明确储蓄量的矿产有 34 种，为煤、铁、锰、铜等③。

（2）武威市社会经济概况

①武威市人口状况

据 2019 年《武威统计年鉴》，2018 年武威市常住人口为 182.78 万人，城镇人口与乡村人口分别为 77.33 万人和 105.45 万人，占比分别为 42.31% 和 57.69%。常住人口相比于 2017 年，增加 0.25 万人，增长率为 0.14%。从 2008~2018 年武威市常住人口变动情况来看，除 2010 年由 191.83 万人减少到 181.66 万人，增长率为负值之外，2010 年后武威市常住人口数处于较为稳定的状态（见图 4-1）。

---

① 赵旭庆．武威市土地荒漠化现状及防治对策［J］．甘肃科技，2019，35（16）：11-13.
② 武威市人民政府．地理概况［EB/OL］．https：//www.gswuwei.gov.cn/art/2022/12/17/art_ 198_ 999505.html.
③ 武威市人民政府．资源优势 资源状况［EB/OL］．https：//www.gswuwei.gov.cn/art/2023/ 2/21/art_ 248_ 313799.html.

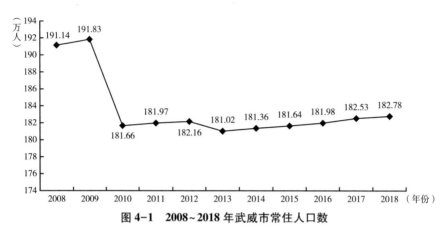

图4-1　2008~2018年武威市常住人口数

资料来源：2009~2019年《武威统计年鉴》。

从2008~2018年各县（区）的常住人口数波动情况来看，凉州区常住人口数基本维持在全市常住人口的55%左右，而其他县人口数量由多到少依次为古浪县、民勤县和天祝县（见图4-2）。2009~2010年，凉州区和古浪县人口数基本没有发生波动，而民勤县和天祝县的常住人口明显减少，主要是由于生态移民与务工潮大量人口外迁。因此，武威市在2009~2010年迁出的人口主要集中在民勤县和天祝县，部分人口选择在市内迁移，而大部分人口则选择迁出本市。

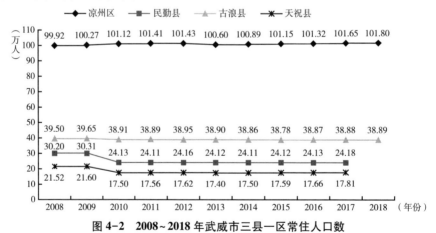

图4-2　2008~2018年武威市三县一区常住人口数

资料来源：2009~2019年《武威统计年鉴》。

②武威市地区生产总值

2018年武威市地区生产总值（GDP）达到了469.27亿元，较2017年上涨4.8%。三次产业增加值分别为第一产业120.53亿元，较2017年增长6.5%；第二产业131.72亿元，较2017年增长3%；第三产业217.01亿元，较2017年增长5.2%。以2018年武威市常住人口数计算，人均GDP达到了25691元，比2017年增加1572元。2018年三次产业结构为25.68：28.07：46.24，与2017年的25.65：29.10：45.25相比，第一和第三产业占比分别提高了0.03个和1.01个百分点。根据2008～2018年武威市GDP概况，除2017年GDP出现负增长外，其余年份都保持稳定的增长（见图4-3）。

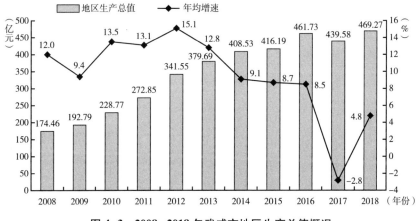

图4-3　2008～2018年武威市地区生产总值概况

资料来源：2009～2019年《武威统计年鉴》。

结合表4-1和图4-3可知，2008～2018年武威市各县（区）GDP变动趋势和全市的总体波动保持一致，均呈现稳定增长趋势，其中凉州区GDP最高，占武威市GDP的65%左右，且三次产业结构不断调整，2018年第一产业和第二产业占比较2008年分别下降3.5个和8.3个百分点，第三产业占比则明显提升，凉州区三次产业结构逐渐合理。天祝县GDP处于末位，略低于古浪县。

表 4-1　2009~2018 年武威市各县（区）地区生产总值概况

单位：亿元

年份	凉州区		民勤县		古浪县		天祝县	
	GDP	三次产业结构	GDP	三次产业结构	GDP	三次产业结构	GDP	三次产业结构
2009	127.98	25：39：35	27.71	44：24：31	20.68	29：41：29	16.86	17：45：37
2010	149.64	24：41：34	32.85	41：27：30	23.91	29：40：29	21.72	17：49：33
2011	176.18	22：42：34	39.28	39：30：30	28.41	27：42：29	28.98	14：55：30
2012	214.83	22：44：32	51.79	37：32：29	35.19	28：40：31	39.73	13：58：28
2013	237.29	21：44：34	59.05	35：33：30	39.08	29：37：33	45.77	12：59：28
2014	260.34	20：43：35	64.41	34：32：32	40.02	29：33：36	43.76	13：51：35
2015	261.16	21：37：40	69.56	34：31：34	40.85	30：28：40	44.65	14：46：39
2016	286.99	21：37：41	77.75	32：33：34	47.02	32：27：39	49.97	14：46：39
2017	275.79	22：31：46	75.19	35：25：38	47.35	33：23：42	45.47	—
2018	292.54	22：30：47	77.76	—	51.06	35：21：43	47.91	—

注：本表三次产业结构数据经四舍五入均取整数。

资料来源：2010~2019 年《武威统计年鉴》。

2018 年，武威市油料作物产量、瓜类产量、药材产量、鸡出栏数均出现下降，其中油料作物产量的下降幅度最大，较 2017 年下降了 13.57%，鸡出栏数下降幅度最小，较 2017 年减少了 1.63%。而粮食、水果、蔬菜等产量都有不同程度的增长。但总体来说，各类作物产量都较为平稳，没有出现高于 20% 的增长（见表 4-2）。

表 4-2　2018 年武威市主要农产品产量

产品名称	产量	比上年增长（%）
粮食(万吨)	109.80	7.60
油料(万吨)	8.93	-13.57
水果(万吨)	16.03	6.44
蔬菜(万吨)	252.35	7.79
瓜类(万吨)	37.14	-7.98
药材(万吨)	6.97	-5.35

续表

产品名称	产量	比上年增长(%)
牛出栏(万头)	26.10	0.79
羊出栏(万只)	242.48	2.55
猪出栏(万头)	149.15	4.55
鸡出栏(万只)	339.57	-1.63
肉类(万吨)	17.10	3.40

资料来源:《2018年武威市国民经济和社会发展统计公报》。

③武威市种植业发展状况

2018年武威市的耕地面积为380.87万亩,占全市土地面积的约8%;凉州区的耕地面积为145.47万亩,占武威市耕地面积的38.19%;民勤县耕地面积为89.37万亩,占该县土地面积的4%;古浪县耕地面积为112.93万亩,占该县土地面积的15%;天祝县耕地面积为33.1万亩,占该县土地面积的3%(见图4-4)①。

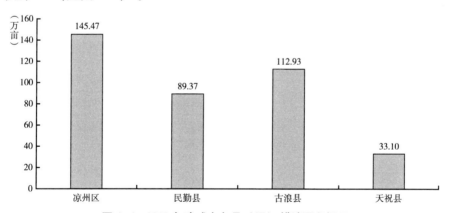

图4-4 2018年武威市各县(区)耕地面积概况

资料来源:《2018年武威市国民经济和社会发展统计公报》。

① (甘肃省)2018年武威市国民经济和社会发展统计公报[EB/OL].https://www.ahmhxc.com/tongjigongbao/15021_6.html.

2018 年武威市农作物播种面积为 397.67 万亩，较 2017 年增加 18.87 万亩，较 2009 年增加 8.80%，即 32.15 万亩。其中，粮食作物播种面积和经济作物播种面积分别为 246.40 万亩和 151.27 万亩，分别占总播种面积的 61.96% 和 38.04%。2018 年武威市粮食作物的播种面积较 2017 年增长 5.2%，经济作物播种面积则较 2017 年下降 1.98%。粮食作物播种面积 246.4 万亩中，夏粮播种面积为 77.5 万亩，较 2017 年增加 48.16%；秋粮播种面积为 168.9 万亩，较 2017 年下降 7.2%。2018 年凉州区农作物播种面积较上年增长 6.15%。在凉州区农作物播种面积中，粮食作物播种面积为 132.14 万亩，较 2017 年有显著增加，增长 8.17%，经济作物的播种面积为 46.41 万亩，较 2017 年有明显下降，减少 12.67%。2018 年古浪县农作物播种面积较上年增长 2.55%，达到 91.86 万亩（见表 4-3）。2018 年，古浪县的粮食产量呈现夏季减少、秋季增产的态势。2018 年武威市粮食产量总体呈现上涨趋势，与 2017 年相比，增加了 7.6%，总产量达到 109.80 万吨（见图 4-5）。其中，夏季收获 27.80 万吨，较 2017 年增长 39.68%，秋季收获 82 万吨，较 2017 年下降 2.1%。

表 4-3　2009~2018 年武威市农作物播种面积概况

单位：万亩

年份	全市	凉州区	民勤县	古浪县	天祝县
2009	365.52	168.82	74.52	91.29	30.89
2010	365.37	169.18	73.62	91.47	31.10
2011	367.85	170.41	72.71	93.24	31.49
2012	364.15	167.12	72.65	91.16	33.22
2013	366.72	166.87	74.89	91.30	33.66
2014	370.98	167.82	77.14	91.35	34.66
2015	377.78	167.21	83.77	90.96	35.84
2016	380.18	167.41	86.57	90.47	35.73
2017	378.80	168.21	91.86	89.58	29.15
2018	397.67	178.55	—	91.86	—

资料来源：2010~2019 年《武威统计年鉴》。

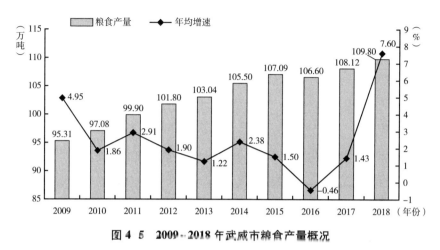

图4-5 2009～2018年武威市粮食产量概况

资料来源：2010～2019年《武威统计年鉴》。

④武威市畜牧业发展状况

根据《2018年武威市国民经济和社会发展统计公报》，武威市畜牧业也在不断壮大，2018年武威市新建和改扩建5个大型规模养殖场，截至2018年，累计建设141个；新建、改扩建规模养殖场21个，累计达到443个；新建、改扩建规模养殖小区5个，累计达到780个；新发展规模养殖户1700户，累计达到69370户。实现畜牧业增加值47.66亿元，增长11.75%。2018年肉类总产量达17.1万吨，增长3.4%。以凉州区的建设状况为例，2018年凉州区共建设规模养殖场7个，截至2018年，累计建设规模养殖场306个；实现畜牧业增加值30.63亿元，占农业增加值的46.31%；全年肉类总产量达11.87万吨，下降0.45%[①]。

4.1.2 武威市的贫困状况

随着扶贫工作的开展，政府首先对武威市下辖3县1区的贫困状况进行了界定。2001年评定贫困村镇2个，均在古浪县境内，分别是西靖镇和黑

---

① 凉州区农牧局对区政协八届二次会议第5号提案的答复［EB/OL］.（2018－08－29）. http：//www.gsliangzhou.gov.cn/art/2018/8/29/art_12264_834153.html.

松驿镇；评定深度贫困村 115 个，评定贫困村 322 个。天祝县自然基础较差，经济发展落后，属于国定"三区三州"深度贫困县和省定"两州一县"深度贫困县。古浪县是六盘山集中连片特困地区贫困县之一，也是甘肃省确定的 23 个深度贫困县之一，而凉州区、民勤县部分人口生活困难，是典型的插花型贫困县（区）。截至 2014 年，国家统计局甘肃调查总队、甘肃省扶贫办认定民勤县尚未减贫 1.78 万人，贫困发生率为 7.6%，2015 年贫困发生率降为 0.2%。① 武威市贫困村镇类型较为复杂，数量较大，且分布不均（见表 4-4）。

表 4-4 武威市建档立卡贫困村分布情况

县（区）	乡镇	贫困村
古浪县	新堡乡	新堡村、石井村、一座磨村、刘杨村、台子村、中泉村、农丰村、大板村、黄蟒塘村
	横梁乡	团庄村、酸茨沟村、朱家墩村、路家台村、上条村、石窑村、横梁村、下条村、尖山村、磨石沟村、小直沟村
	西靖镇	西靖村、感恩新村、阳光新村、七墩台村、高峰村、平原村、古山村
	古丰镇	古丰村、冰沟墩村、西山堡村、柳条河村、韭菜冲村、湖塘洼村、王府村
	黑松驿镇	黑松驿村、小坡村、萱麻河村、尚家台村、称沟台村、张家河村、磨河湾村、西庙沟村、地湾村、石咀儿村、西庄子村、芦草沟村、茶树台村、庙台子村、水沟村
	干城乡	下夹沟村、东大滩村、干城村、西岔村、下石圈村、大鱼村、青土坡村、金鱼村、中河村
	十八里堡乡	赵家庄村、曹家台村、东庙儿沟村、十八里堡村、黄泥岗村
	黄羊川镇	周家庄村、尚家沟村、小南冲村、张家墩村、石城村、马圈滩村、菜子口村、大南冲村、一棵树村、张家沟村、打拉水村、石门山村
	直滩镇	老城村、大岭村、新井村、井新村、上滩村、西中滩村、大沙沟村、东中滩村、建丰村、西分支村、直滩村、兴岭村、新城村、龙湾村、石坡村、龙泉村、新川村、十支村、东分支村
	大靖镇	褚家窝铺村、上湾村、北关村、大庄村、双城村、民丰村、白家窝铺村、西关村、峡口村、三台村、代家窝铺村、干新村

---

① 李丰华. 甘肃省民勤县贫困地区农村精准扶贫社会工作介入研究 [D]. 西安：陕西师范大学，2017.

续表

县（区）	乡镇	贫困村
古浪县	定宁镇	丰光村、星光村、晓光村
	裴家营镇	下川村、中川村
	民权镇	峡口村、土沟村、红旗村、金星村、山湾村、长岭村、民权村、杜庄村、团庄村、台子村、西川村、沙河沿村
凉州区	丰乐镇	泉沟村、寨子村、沙城村、乔家寺村、民生村
	古城镇	校尉村、河北村、五畦村、祁山村、六林村、头坝村、中河村
	谢河镇	李府寨村、叶家村、庙山村、石岗村
	九墩滩指挥部	沿河村、十墩村、黄花村、富民村
	张义镇	大庄村、河湾村、康庄村、张庄村、石头坝村、澄新村、堡子村、石咀村、上泉村、番城村
	金塔镇	日畦村、金山寺村、湾子村、金塔村、中心村
	新华镇	青咀村、穿城村、南营村、石关村
	西营镇	五沟湾村、二沟村、三沟湾村、碑岭村、营儿村、红星村、上六村
	松树镇	莲花山村、槐树村、冯良村
	黄羊镇	中腰村、峡沟村、三河村、杨家洼村、上庄村、天桥村、平沟村、杨房村
	康宁镇	山湾村、东湖村、龙泉村、西湾村、康宁村
	九墩镇	史家湖村
	五和镇	支寨村、候吉村、新沟村
	清源镇	发展村
	永丰镇	朵浪村、大路村、毛沟村
	柏树镇	桥儿村、小寨村、下五畦村
	金山镇	炭山村、小口子村
	怀安镇	芦家沟村、高寺村、三中村、怀安村
	河东镇	河东村
	发放镇	下沙子村
	长城镇	红水村
	韩佐镇	头畦村
	吴家井镇	四方墩村
	下双镇	涨泗村
民勤县	东湖镇	雨圣村、正新村、附余村、下润村、维结村、冬固村、东润村、上润村、阳和村、往致村、调元村
	红沙梁镇	建设村、花寨村、复指挥村、新沟村、高来旺村
	南湖镇	南井村、麻莲井村、甘草井村、夹岗井村
	西渠镇	玉成村、号顺村、首好村、爱恒村、三附村、北沟村、板湖村、大坝村、尚坐村、西金村、出鲜村、丰政村、火坎村
	收成镇	兴盛村、天成村、中兴村、珍宝村、泗湖村

续表

县(区)	乡镇	贫困村
天祝县	西大滩镇	马场村、白土台村、西沟村、东泉村
	朵什镇	南冲村、龙沟村、茶树沟村、寺掌村
	东坪乡	扎帐村
	东大滩乡	圈湾村、华郎村、边坡沟村、东大滩村
	安远镇	黑河滩村、野狐湾村、白塔村、南泥湾村、河底村
	天堂镇	菊花村、保干村、雪龙村、本康村、那威村、朱岔村、业土村、天堂村
	松山镇	松山村、芨芨滩村、鞍子山村、蕨麻村
	祁连镇	马场滩村、天山村
	打柴沟镇	下十八村、石板沟村、友谊村、安家河村、安门村、深沟村、石灰沟村、金强驿村、大湾村、下河东村、铁腰村、上河东村、多隆村
	抓喜秀龙乡	南泥沟村
	石门镇	岔岔亩村、石门村、马营坡村、大塘村、维芨滩村
	华藏寺镇	柏林村、阳山村、红明村、中庄村、韭菜沟村、野雉沟村、栗家庄村、南山村、周家窑村、岔口驿村
	哈溪镇	茶岗村、双龙村、团结村、友爱村
	大红沟镇	灰条沟村、东圈湾村、东怀村、西顶村
	赛什斯镇	土城村、先明峡村、东大寺村、阳亩村
	旦马乡	白羊圈村、横路村

资料来源：根据甘肃省精准扶贫信息整理。

国家贫困标准会随着购买力平价指数的波动而不断变化，导致贫困人口数也是动态变化且没有规律的（见表4-5）。2011年，根据贫困状况和治理目标的推进，国家贫困标准进一步提高，即农村人口年人均纯收入低于2300元为贫困，将原先徘徊在扶贫标准之外的生计困难人口纳入扶贫范畴，使得贫困人口数大幅上升。随着国家贫困标准的提高，扶贫面向更为广阔的贫困群体，使得扶贫成果有了显著的提升。2018年10月，经过甘肃省对凉州区、民勤县贫困程度的再次评定，认为它们已经达到了脱贫的要求，成功摘掉贫困县的"帽子"。截至2018年，武威市的扶贫工作取得了极好的成果。仅2018年武威市就减少贫困人口2.95万人，贫困发生率也由2017年的3.86%下降到1.81%。

表 4-5　2009~2014 年武威市贫困人口数变动情况

单位：万人

指标名称	武威市	凉州区	民勤县	古浪县	天祝县
2009 年贫困人口（标准 1196 元）	15.64	1.59	0.86	8.42	4.77
2010 年贫困人口（标准 1274 元）	12.15	0.59	0.50	7.31	3.75
2011 年贫困人口（标准 2300 元）	56.07	20.36	6.65	20.29	8.76
2013 年贫困人口（标准 2300 元）	35.47	11.39	4.22	14.23	5.63
2014 年贫困人口（标准 2800 元）	25.84	7.78	1.78	11.61	4.66

资料来源：2010~2015 年《武威统计年鉴》。

4.1.3　武威市贫困的原因

（1）自然条件恶劣

武威市属于温带大陆性干旱气候，地形地貌复杂，且干旱少雨，是典型的生态脆弱区。对于武威当地的农户尤其是贫困农户来说，恶劣的自然条件在很大程度上限制了他们的发展，他们难以掌握较为优良的自然资本。武威与腾格里沙漠和巴丹吉林沙漠接壤，石羊河流域在沙漠中形成了武威绿洲，武威下辖的民勤县地处两片沙漠的交界处，特殊的地理位置让小小的民勤成为防沙的天然屏障，成为沙漠之中的绿色明珠，阻挡了两片沙漠的融合，防止自然环境对人类的侵蚀。武威南靠祁连山脉，山脉中最为险峻的马牙雪山矗立在天祝县的西部。武威地形复杂，多种生态环境交错分布，不同生态区过渡与交会，使得武威成为典型生态脆弱区，面临着更为错综复杂的生态风险。武威绿洲既处于北方防沙带的中心位置，又是青藏高原的生态屏障，同时发挥着固沙防风、涵养水源等重要作用。在没有人为因素干扰的前提下，武威作为沙漠绿洲，也有广袤的草原和宽阔的湖泊，但由于社会经济的发展和人们生产生活的需要，人们在一无所知的情况下，选择以生态破坏为代价换取发展。当地水资源不断减少，人们对地表水无度索取后又无序开发地下水，原有植被退化等现象频发，土地荒漠化和盐碱化趋势加重，生态功能也不断丧失，气候和天气情况也逐渐恶化。尽管后期开发多项生态项目，以改善武威生态环境，但由于欠账过多，项目仍然需要实施下去，并且成果显露还需要时间。因此，根据当前的发展基础，武威的农业发展、农户的生活条件还是受到自然环境的限制，自然环境的前期破坏导致生产所需的自然资本受到严重破坏，即使贫困农户拥有极多的自然资本，也会由于资本质量较差，不得不考虑调整生计策略，所以生态脆弱区解决贫困问题要以生态安全为前提。

以天祝县为例，天祝县处于三大高原（青藏高原、黄土高原和内蒙古高原）的交会地带，地形以山地为主。天祝县的气候以乌鞘岭为分界点，两侧呈现不同的气候特征，一侧为大陆性高原季风气候，另一侧为大陆性半干旱气候，整体来说气候复杂多变，年均气温较低，容易发生干旱、霜冻、雨雪等自然灾害，生态系统较为脆弱。天祝县由于地形以山地为主，旱作农业为主要的农业发展方式，但人口较少，并且地形较为复杂，农业布局分散，以小农个体经营为主，难以形成产业化发展格局，造成农业抵御风险的能力不足。随着个体农牧业的不断发展，农牧民对草场和农地的开垦加剧，导致超出当地的环境承载力，并且高寒气候也加剧了破坏，使得农业经营效率低下，草场不断退化，农牧民不断失去营生手段，成为贫困人口中的一员。经济基础薄弱导致工业基础薄弱，技术欠缺、人才欠缺、劳动力欠缺，无法形成现代化工业体系，更无法形成支柱型产业。因此，自然生态环境的恶劣是天祝县经济收入较低的首要原因，并且较差的生活环境，给人们较低的发展预期，导致人们具有"逃离"当地的想法，进一步加剧了当地劳动力的流失。

（2）人力资本流失

人力资本流失主要源于以下几个因素。第一，农村人口想要离开农村的想法较为普遍，并且随着城镇化率的不断提高（见表4-6），城市不断扩大坚定了农户进城发展的想法，城市周边农村统筹规划，当地的农户也随着规划建设搬入城市周边，使得农村人口不断减少。随着原先从事农业的人口教育水平提高和见识增长，他们更加不愿意从事传统农业，希望寻求新的工作机会，同时劳动力的减少造成农业产值不断下降。第二，由于收入较少、生存环境较为恶劣，掌握一定技能的农户或者具有较为丰富金融资本的农户选择离开当地，寻求更为偏爱的生活方式和工作类型，在农村留守的人口以老年人和儿童为主，没有足够的精力经营农业。第三，农户家庭中正在读书或者大学毕业的子女，对农活和耕种技能了解不足，只能在长辈带领下在农田里帮忙，自主独立劳作能力较差；而且大多数农户认为"读书是改变命运的唯一方式"，认为读书比干农活等级更高，因此农业的继承传递也受到了阻碍，并且出现农民兼职化现象。越是贫困的地区，农村问题越是尖锐，越需要加以重视。

表4-6 2009~2018年武威市城镇化率

单位：%

年份	武威市	凉州区	民勤县	古浪县	天祝县
2009	34.11	41.56	25.57	25.50	27.30
2010	32.34	41.67	20.86	19.69	22.45
2011	28.86	34.45	19.99	17.96	33.17
2012	30.88	36.50	24.10	18.96	34.17
2013	32.34	38.11	25.65	20.26	35.27
2014	34.01	39.90	27.45	21.61	36.62
2015	35.92	41.84	30.18	23.23	37.75
2016	37.72	43.84	32.24	24.70	38.79
2017	39.72	45.84	34.33	26.65	—
2018	42.31	48.37	—	29.47	—

资料来源：2010~2019年《武威统计年鉴》。

（3）收入状况

武威市农村居民的主要收入来源为农业收入和牧业收入，2008~2018年农户人均消费支出几乎等于人均可支配收入。武威市大多数农村贫困家庭收入渠道单一且微薄，仅靠经营农牧业获得收入，而农牧业的产值受气候和自然灾害影响较大，农牧业抵御自然风险和市场风险的能力极差，给农户收入带来了不确定因素。例如，民勤县土地沙漠化、盐碱化较为严重，种子、化肥、农用工具价格较高，使得种植业的成本较高，降低了农户的收入水平。而在古浪县，较为落后的农业技术使得农业产量较低，受制于地形和环境因素也没有完成农业产业化，更没有具有代表性的特色农产品，造成当地农业收益较差。

（4）基础设施建设落后

基础设施建设落后，是研究区乃至全国农村普遍存在的问题。尽管多年来，武威市一直重视和大力完善农村基础设施建设，但是也存在区域发展不均衡的问题，部分偏远地区的基础设施仍无法满足农户的生产生活需要。农户对于交通运输的支出、教育文化和医疗保健的支出，仅次于食品支出和居住支出，这说明农村地区交通设施、教育设施、医疗设施不健全。为了获得相对较好的运输条件和教育医疗服务，农户不得不支出更多运输成本，以获得交易机会和学习机会。从城乡投资建设来看，武威市的城市基础设施建设和投资相比于农村来说更为完善和迅速，农村基础设施不完善，导致偏僻地区与外界的联系和贸易往来较少，难以实现真正的经济发展。

4.2　张掖市贫困状况及原因分析

4.2.1　张掖市概况

（1）张掖市自然环境概况

甘肃省张掖市是著名的历史文化名城，西汉时以"张国臂掖，以通西域"得名。因位置特殊，其成为古丝绸之路的重镇。张掖古时又称"甘州"，其中，"甘"字是甘肃省命名的由来。张掖东临武威与金昌两市，南靠青海省，西连酒泉、嘉峪关，北与内蒙古自治区接壤。张掖市是全国唯一的裕固族集中居住地，下辖临泽县、高台县、肃南裕固族自治县（以下简称"肃南县"）、民乐县、山丹县以及甘州区，总土地面积达到4.1万平方公里，居住着多个民族①。

---

① 地理监测云平台：张掖市土地利用数据［EB/OL］. http：//www.dsac.cn/DataProduct/Detail/20091604998302107.

张掖属于典型的生态脆弱区，气候环境较为复杂，分属温带大陆性干旱气候和高寒半干旱气候，年降水量远小于年蒸发量，整体气候呈现干旱少雨水特征。冬季寒冷气候相较于夏季炎热气候持续时间要长，且夏季昼夜温差较大，全年平均气温较低，大致在 6～8℃；年日照时数 3000～3600 小时，有丰富的光能资源。张掖南侧依靠祁连山，北侧与合黎山、龙首山相接，黑河流入张掖市境内，横穿整个城市，形成独特的荒漠绿洲。在张掖境内，会出现雪山、草原、沙漠、湖泊一同出现的景象，素有戈壁水乡、塞上江南的美誉。张掖昼夜温差较大，促进了农业发展，林茂粮丰、瓜果飘香。但同样是由于山脉环绕、干燥少雨、温差较大等地理气候特征，张掖也容易发生春寒、霜冻、沙尘等自然灾害。

张掖自然资源丰富，有巨大的发展潜力。张掖所在区位依山傍水，是古丝绸之路的重要节点，也在新亚欧大陆桥中具有重要地位。张掖还具有良好的湿地资源，全市 2 县（临泽县、高台县）1 区（甘州区）均处于湿地范围内。张掖耕地资源、地下水资源以及草场和森林资源等相对丰富，现有耕地 536.11 万亩，待垦荒地达到 300 万亩以上；境内河流共 26 条，年径流量可达 26 亿立方米以上；有草原 2600 多万亩、森林 580 多万亩，森林覆盖率达 9.2%①。"天下黑河富张掖"的说法由来已久，张掖得到黑河流域的哺育，且土壤肥沃，具有良好的农业发展基础，农产品种类丰富，具有代表性的是小米、玉米、胡麻等农作物。因此，张掖也被称为河西粮仓。张掖湿地吸引了不少野生动物在此生息繁衍，其中以鸟类为主，也不乏许多珍稀品种。此外，张掖的矿产资源也相当丰富，矿产储量较多，部分矿产的产量较大，如煤、钨、钼、铁等矿种。

（2）张掖市社会经济概况

①张掖市人口状况

根据 2018 年《张掖统计年鉴》，2018 年张掖市常住人口为 123.38 万

---

① 张掖统计年鉴 2021 ［EB/OL］．https：//www.zhangye.gov.cn/sjfb/xbtjnj/202303/t20230318_1008098.html.

人，其中农村人口占比52.45%，为64.71万人；城镇人口占比47.55%，为58.67万人。与2017年相比，张掖市常住人口增长0.37%，共增加0.45万人。从2009~2018年张掖市常住人口变化趋势来看，10年内，只有2010年出现常住人口数统计值大幅度下降，总人口数减少8.86万人，呈负增长态势。2010年后，张掖市常住人口数趋于平稳上升的状态（见图4-6）。

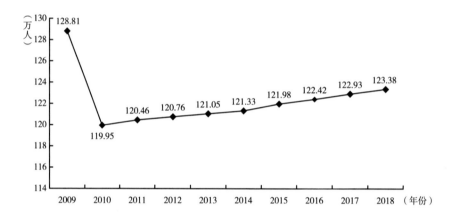

图4-6　2009~2018年张掖市常住人口数

注：张掖市历年统计年鉴均收录当年数据，如2009年《张掖统计年鉴》收录2009年张掖市国民经济和社会发展方面的数据。

资料来源：2009~2018年《张掖统计年鉴》。

张掖市的大多数人口集中在甘州区，甘州区人口长年占全市总人口的约40%。肃南县是裕固族在中国唯一集中居住的地区，因此肃南县居民以裕固族为主。民乐县、山丹县、高台县和临泽县的常住人口数则处于全市的中间水平且依次减少。各县常住人口数的变动与全市常住人口数的变动趋势一致，而甘州区的常住人口数几乎没有太大波动。2010年，民乐县、山丹县、高台县、临泽县和肃南县的常住人口数都有不同程度的减少，与此同时甘州区人口略有上涨，说明大部分人口迁出县域进入城区（见图4-7）。

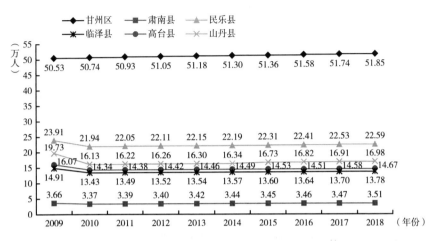

图4-7　2009~2018年张掖市各县区常住人口数

资料来源：2009~2018年《张掖统计年鉴》。

②张掖市地区生产总值

由2018年《张掖统计年鉴》数据可知，2018年张掖市GDP达到407.71亿元，较2017年增长5.8%（见图4-8），位列全省第8。其中，第一产业增加值为89.13亿元，同比增长6.3%；第二产业增加值为90.81亿元，同比增长3.0%；第三产业增加值为227.77亿元，同比增长7.3%。

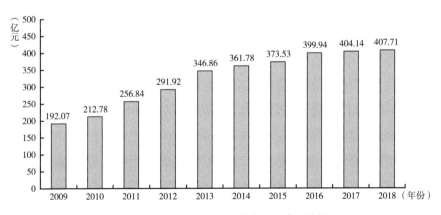

图4-8　2009~2018年张掖市地区生产总值概况

资料来源：2009~2018年《张掖统计年鉴》。

张掖市三次产业结构由 2017 年的 25.03：24.11：50.86 调整为 2018 年的 21.86：22.27：55.87。第一产业和第二产业占比呈下降态势，相应的，第三产业占比增加，提高了 5.01 个百分点，产业结构逐渐得到升级优化（见图 4-9）。2009~2018 年，张掖市 GDP 持续增加。随着社会发展，第三产业占比由 2009 年的 34.29% 逐步提高到 2018 年的 55.87%，提升了 21.58 个百分点，与此同时，第二产业和第一产业在生产总量中的份额不断减少，体现了产业结构的调整优化，并且第二产业的产值份额压缩程度明显大于第一产业，使第二、三产业产值逐步接近。

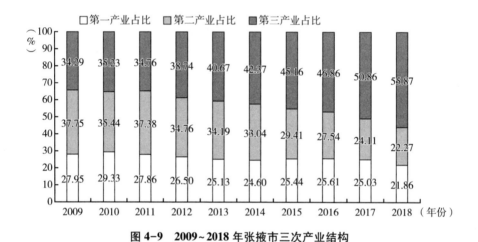

图 4-9　2009~2018 年张掖市三次产业结构

资料来源：2009~2018 年《张掖统计年鉴》。

从县（区）角度分析，2009~2018 年张掖市各县（区）GDP 变化趋势和全市总体基本保持一致，均呈现稳定增长趋势，但 2017~2018 年民乐县、临泽县、高台县 GDP 有轻微减少的情况出现。和常住人口分布状况大致相同，甘州区 GDP 在张掖市居首位，占全市 GDP 比重超过 40%，肃南县则处于末位，占比约为 5%~8%。张掖市各县（区）三次产业结构与全市三次产业结构保持相同的变化趋势，即第一、二产业占比不同程度地下降，第三产业的占比明显提高，说明各县（区）产业得到发展，产业构成逐步优化，产业结构逐步合理（见表 4-7）。

表4-7 2009~2018年张掖市各县(区)GDP概况

单位：亿元

年份	甘州区		肃南县		民乐县		临泽县		高台县		山丹县	
	GDP	三次产业结构	GDP	三次产业结构	GDP	三次产业结构	GDP	三次产业结构	GDP	三次产业结构	GDP	三次产业结构
2009	84.57	25：34：40	11.69	17：60：22	21.50	17：60：22	24.61	31：39：29	24.05	39：36：23	25.21	21：41：36
2010	93.46	26：32：41	14.54	16：63：20	24.93	16：63：20	26.81	32：36：30	26.74	42：32：25	27.46	23：38：38
2011	115.54	25：34：40	19.39	16：66：17	26.95	16：66：17	31.44	33：36：30	31.73	39：34：25	32.06	20：37：38
2012	123.82	26：29：43	23.40	13：68：17	33.00	13：68：17	36.69	32：36：30	37.61	37：37：24	34.85	22：35：41
2013	140.54	23：27：48	28.63	14：68：16	38.93	14：68：16	43.77	29：38：32	45.54	33：35：30	38.69	21：34：44
2014	148.16	22：25：51	30.14	14：63：21	44.09	14：63：21	47.42	26：35：38	50.39	31：33：35	41.83	20：32：47
2015	156.75	22：24：52	28.81	16：58：25	45.80	16：58：25	46.71	28：28：42	52.41	32：30：37	43.00	22：26：51
2016	168.77	22：23：54	28.68	16：54：28	50.07	16：54：28	50.14	30：25：44	54.34	31：29：38	47.76	24：24：50
2017	173.94	19：22：58	21.01	25：31：42	51.13	25：31：42	49.12	27：23：48	55.92	36：23：40	50.55	23：23：52
2018	181.40	17：20：61	26.40	27：28：44	49.06	27：28：44	48.36	25：18：53	50.22	25：25：49	52.29	20：24：55

资料来源：2009~2018年《张掖统计年鉴》。

163

③张掖市农业发展状况

根据张掖市统计局数据，2018 年张掖市农作物播种面积 437.80 万亩，与 2017 年相比，增加 4.35 万亩，增长 1.00%（见表 4-8）。其中，夏粮 110.04 万亩、秋粮 200.58 万亩。经济作物面积 117.55 万亩，与 2017 年相比，增长 11.94%。

表 4-8 2009~2018 年张掖市各县（区）农作物播种面积

单位：万亩

年份	张掖市	甘州区	肃南县	民乐县	临泽县	高台县	山丹县
2009	301.41	80.53	8.10	90.14	28.49	37.52	56.63
2010	312.11	83.82	9.34	90.48	29.69	40.58	58.20
2011	331.16	87.29	10.34	92.74	34.63	46.75	59.41
2012	394.86	92.74	10.53	91.87	41.10	52.05	60.51
2013	407.41	96.41	10.88	95.61	42.09	53.42	62.94
2014	412.42	96.96	11.97	96.03	42.68	54.77	63.94
2015	421.97	98.51	13.30	96.99	43.64	57.35	66.12
2016	430.00	100.50	15.46	97.03	43.62	58.94	68.29
2017	433.45	102.64	16.17	96.91	44.15	58.83	68.68
2018	437.80	110.48	15.28	105.00	46.90	53.30	62.07

注：本表不包含山丹军马场数据，且 2015~2017 年农业普查对相关数据进行了修正。
资料来源：2009~2018 年《张掖统计年鉴》。

2018 年张掖市粮食总产量较 2017 年有所增加，总产量达到 139.63 万吨（见图 4-10）。其中，夏粮总产量 41.25 万吨，同比增长 19.36%；秋粮总产量 98.38 万吨，同比下降 7.2%。从张掖市整体农业发展情况和农业产业结构来看，2009~2018 年张掖市根据自身环境和条件优势，大力种植优势作物，形成特色农业和特色产业，优化农业种植结构，提高农业生产质量。与 2009 年相比，2018 年粮食产量总体提高了 36.72 万吨，但值得关注的是，张掖市粮食产量增长率在不断下降，甚至在 2017 年出现负增长，这主要是由于环境变化自然灾害加剧，缩减了耕地面积。

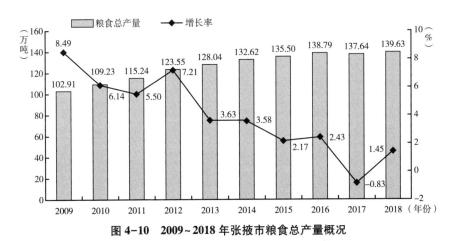

图 4-10 2009~2018 年张掖市粮食总产量概况

资料来源：2009~2018 年《张掖统计年鉴》。

4.2.2 张掖市的贫困状况

张掖市各县（区）经济发展不均衡，存在贫困问题较严重的乡镇，因此均被列为省级插花型贫困县（区），共有贫困村镇 65 个，截至 2014 年，张掖市贫困人口数为 3.49 万人。依据甘肃省精准扶贫信息，张掖市各县（区）建档立卡贫困村具体分布情况见表 4-9。

表 4-9 张掖市各县（区）建档立卡贫困村分布情况

县（区）	乡镇	贫困村
甘州区	碱滩镇	永定村
	沙井镇	嚓马墩村、东五村
	平山湖乡	红泉村
	花寨乡	余家城村、柏杨树村
	龙渠乡	白城村
	甘浚镇	东寺村
	安阳乡	金王庄村、贺家城村、五一村
	大满镇	李家墩村
高台县	骆驼城镇	新民村
	南华镇	永进村、明水村
	新坝镇	红沙河村、和平村、小泉村、东大村、霞光村、西庄子村、官沟村、东上村、元山子村、曙光村、新沟村、小坝村、楼庄村

165

县（区）	乡镇	贫困村
民乐县	民联镇	上翟寨村、郭湾村
	永固镇	姚寨村、八卦村、西村
	顺化镇	青松村
	南丰镇	渠湾村、玉带村、张连庄村、冰沟村、黑山村
	丰乐镇	易湾村、何庄村、武城村
	洪水镇	山城村、红石湾村
	新天镇	太平村
	六坝镇	新民村
	南古镇	马蹄村
山丹县	霍城镇	双湖村、西坡村
	老军乡	老军村、潘庄村
	大马营镇	磨湾村、圈沟村、中河村
	李桥乡	河湾村、上寨村
	陈户镇	寺沟村、范营村
	位奇镇	新开村、汪庄村
肃南县	马蹄乡	黄草沟村、大都麻村
	皇城镇	皇城村
	康乐镇	赛鼎村
	大河乡	西岔河村

资料来源：根据甘肃省精准扶贫信息整理。

4.2.3　张掖市的贫困原因

（1）自然条件

尽管张掖湿地覆盖面积较广、水源涵养量较高、土地资源质量较好，具有较好的自然基础，但是张掖面临着地理分布复杂的问题，张掖市的 5 县 1 区大多处于青藏高原和内蒙古高原交接地带，包括 29 个乡镇 306 个行政村。由于地处高原交汇区，大部分农户居住在祁连山浅山区，海拔在 2000 米以上，且气候寒冷干旱。受到浅山区地理条件的限制和气候条件的影响，农户只能选择种植传统作物，并且农业产出的数量和质量远未达到预期，导致农户收入也处于较低水平。特别是在国家倡导"退耕还林、封山禁牧"、"关井压田"、开展"四禁"等之后，为了保护生态的稳定与安全，政府不断收回耕地和草场，导致农户可利用土地资源锐减。农户在低产的情况下，收入也急速减少，并且生计方式改变速度较快，农户还未来得及采取合适的适应策略。由于地形复杂，气候多变，干旱、冰雹、霜冻、洪水、冰雪、风沙等自然灾害频繁发生，农户生产生活极不稳定。

随着张掖市采取一系列生态保护政策，农户的牲畜存栏量逐渐减少，尤其是关闭禁养区内的养殖场之后，家畜出栏量远高于存栏量，在出栏量提高的同时，存栏量直线减少。同时，国内出现非洲猪瘟疫情，致使生猪跨区调动受到一定程度的影响，多种因素叠加，畜牧业生产依然存在风险。因此，以农业为主要生计的农户，会由于不可控的自然因素减产。

（2）人力资本素质较低

由于受到各种外在基础设施条件的制约，农户没有良好教育配套设施，出现农户普遍受教育程度低，对于教育出现不在乎的态度。在主要劳动力中，将近三成属于文盲或半文盲，整体人力资本的质量偏低。此外，农户还存在思想观念落后、不了解市场经济规律以及劳动手段传统等问题。他们认为保守的营生手段能够避免危机的发生。由于地处内陆和偏远山区，农户信息闭塞、思想观念较为陈旧，缺乏创业冒险精神，农牧方式传统，缺乏学习的动力，综合素质普遍不高，欠缺自主创新能力，无法拓展营生方式。

（3）工业化及城市化水平低

从现代化水平看，张掖地区工业化水平和城市化水平都要落后于全国的平均水平。一般来说，城市化的推进会使农村主要劳动力放弃农业向城市转移，以寻找更多发展机会。城市的良好开发建设与发展，是现代工业发展的良好基础。因此，对张掖地区来说，工业化和城市化水平较低限制了区域的发展，导致对劳动力的吸纳能力有限，仍有大部分农户在农村从事传统农业，如果不开发新的农业设施和耕种方法，农户将依然停留在微薄且单一的收入水平上，继而没有自我提升的想法，会再次影响农村的产业发展和农业现代化进程。

4.3 金昌市贫困状况及原因分析

4.3.1 金昌市概况

（1）金昌市自然环境概况

金昌市镍矿资源丰富，素有"中国镍都"之称，金昌市的城市建设也与丰富的镍矿息息相关。金昌作为古丝绸之路上的要塞，地处河西走廊东部，祁连山脉北麓，拥有与祁连山相似的风貌，并且金昌与阿拉善台地的南边相连接，形成了沙漠中的一片芳华——绿洲新城（金昌绿洲）。金昌市总体面积较小，仅辖1县（永昌县）1区（金川区），城市面积为9593平方公里[①]。

金昌市处于武威和张掖的中间地带，并且与青海省和内蒙古自治区相连，东侧、北侧和东南侧与武威市相连，南侧、西侧与张掖市下辖民乐县和山丹县交会，西南侧则与青海省门源回族自治县搭界，而西北侧与内蒙古自治区阿拉善右旗毗邻。金昌市整体地势南高北低，山地平川交错，戈壁绿洲相间。南部山地，均属祁连山系，东西长99公里。冷龙岭是金昌市内最高的山地，海拔超过4400米，并且拥有较多支脉，且多数支脉海拔超过2500米[②]。冷龙岭海拔较高，常年积雪，有天然森林和高山草甸分布山中，3/4的地表被植被覆盖，面积2857.45平方公里，地形崎岖陡峭，多"V"字形峡谷，一般阳坡陡峻，阴坡稍缓。冷龙岭中部以龙首山为主体，其中包含山岭及山间盆地，海拔在2000米左右[③]。中部地区的地势平整，土壤肥沃，金昌市的农作物种植集中于此。通常所说的金昌绿洲，即宁远堡和双湾，则

---

① 陆成武. 中国西部资源型城市工业发展研究［M］. 兰州：甘肃人民出版社，2002.

② 地貌［EB/OL］. http：//www. jcs. gov. cn/jcgs/jcgl/dzdm/art/2012/art_ c537cdfe897e4dfab6 d4b903857ad53f. html.

③ 高荣. 河西通史［M］. 天津：天津古籍出版社，2011.

处于金昌市的东北部，居祁连山、龙首山之间，绿洲区域呈狭长带状。荒漠平原分布于龙首山以北，属腾格里沙漠的西延部分。祁连山西南部及其分支冷龙岭，是金昌重要的水源保护区。

金昌整体地势，由东北向西南升高。金昌地区阳光充足，全年降水较少，且雨水分布不均，南多北少，雨水多集中在川区，山区较少。整体气候干旱，昼夜温差大，属典型的大陆性温带干旱气候。金昌四季各有特点，特色分明，冬寒夏暑，早晚温差较大。境内气温分布也有差异，呈北高南低的趋势。

金昌市地表水来源和累积主要依靠祁连山的山区降水和高山冰雪融化。高山冰雪融化主要包含东大河源头的冰川，东大河系石羊河支流，流经永昌县东部，其上游山区冰储量可达11.83亿立方米，在东大河上游修建水库，可以满足永昌县农户的用水需求。市境内地下水的形成和积累主要依赖山区沟谷的浅层地下水水流、雨水下渗和山前河流渠道。金昌市地下水分布较广，但是水量较小，主要分布在草原地区。金昌市地处干旱内陆，是典型的缺水城市，因此，水资源来源和补给对当地的农业生产、工业发展来说至关重要。

金昌地质地貌复杂，既有北部的阿拉善地台短块，又有南部的祁连山褶皱带，中间则以龙首山的深大断裂带为界。正是这些复杂的地质地貌的形成和演化，给孕育丰富的矿产资源提供了良好的环境条件基础。素有"中国镍都"之称的金昌以镍矿生产为主。金昌的镍矿储量全国第一，即使在世界上也位居第三，不仅如此，金昌市的铜矿和钴矿储量位居全国第三。其余矿产资源包括铁、锰铁等黑金属，白云岩、石英岩等非金属，煤、石油等燃料，黄金等贵金属以及稀土元素。

（2）金昌市社会经济概况

①金昌市人口状况

根据2018年《金昌统计年鉴》，2018年金昌市常住人口为46.86万人，其中城镇化率为70.47%，即城镇常住人口数达到33.02万人，农村人口占比则不足30%。全市常住人口中，一县一区人口数量基本均衡，永昌县人口数占总人口数的 50.11%，金川区则为 49.89%。从金昌市常住人口来看，2008~2018 年人口数基本维持在 46 万~47 万人，无明显波动（见图 4-11）。2008 年金川区常住人口数明显低于永昌县，约低出永昌县人口数 20.87%。2010~2018 年，1 县 1 区人口数逐步靠拢，逐步形成持平状态（见图 4-12）。

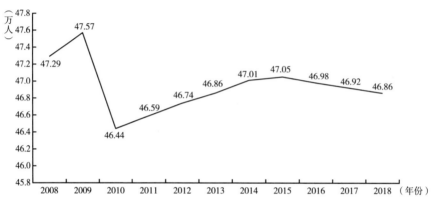

图 4-11 2008~2018 年金昌市常住人口数

注：历年《金昌统计年鉴》均反映当年的金昌市国民经济和社会发展情况。
资料来源：2008~2018 年《金昌统计年鉴》。

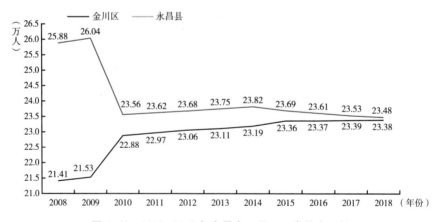

图 4-12 2008~2018 年金昌市一县一区常住人口数

资料来源：2008~2018 年《金昌统计年鉴》。

②社会经济发展状况

根据《2018 金昌市国民经济和社会发展统计公报》，2018 年金昌市城镇居民人均可支配收入达到 37480 元，较 2017 年增长 8.1%，其中永昌县居民人均可支配收入低于金川区，但永昌县的增长率略高于金川区。2018 年永昌县城镇居民人均可支配收入达到 28941 元，相比于 2017 年，增长了8.5%；金川区城镇居民人均可支配收入达到 41781 元，较上年增长 8%。以消费水平来看，2018 年，金昌市城镇居民人均消费支出达到 24500 元，其中用于购买食品的消费占 26.6%；农村居民人均消费支出为 10921 元，其中用于购买食品的消费占 28.9%。

从 2008~2018 年金昌市城镇居民人均可支配收入的变动情况来看，金昌市城镇居民收入水平总体呈现增长态势。2018 年金昌市城镇居民人均可支配收入是 2008 年的 2.4 倍，2008~2018 年中 2012 年增长率最高，达16.04%。在 2016 年后，增长率趋于稳定，每年维持 8.1% 的增速（见图 4-13）。从金昌市农村居民人均可支配收入水平来看，尽管农村居民人均可支配收入仅是城镇居民的 1/3~1/2，但是和城镇居民相同，都呈现稳定增长的趋势，没有出现负增长，并在 2012 年增长率达到峰值 17.52%，为全市的经济增长做出不小的贡献，而 2016~2018 年的增速降低到 10% 的水平之下，

图 4-13　2008~2018 年金昌市城镇居民人均可支配收入变动情况

资料来源：2008~2018 年《金昌统计年鉴》。

但仍保持小幅稳定增长（见图4-14）。由此可以看出，近年来，金昌市城乡居民的人均可支配收入趋于稳定增长。

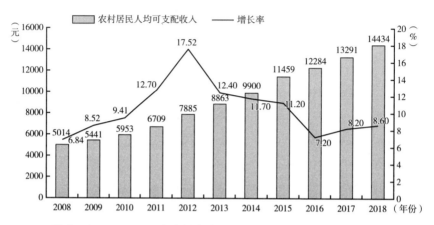

图4-14　2008~2018年金昌市农村居民人均可支配收入变动情况

资料来源：2008~2018年《金昌统计年鉴》。

③金昌市地区生产总值

2018年金昌市GDP为264.24亿元，相比于2017年，增长8.9%。其中，以农业为主的第一产业增加值19.09亿元，较2017年增长6.6%；以工业为主的第二产业增加值143.92亿元，增长10.5%；以服务业为主的第三产业增加值101.22亿元，增长6.8%。相比于2017年，2018年人均GDP略有上涨，达到56353元，较上年增长9%。三次产业结构中第一产业和第三产业占比降低，同时，第二产业份额增加，增长4.4个百分点，整体产业结构，由2017年的9.2∶50.3∶40.5调整为7.2∶54.5∶38.3。此外，2018年金昌市推行了"十大生态产业"，并实现了45.65亿元的产值，占当年金昌市GDP的17.28%。①

2008~2018年，金昌市GDP出现过5次负增长，分别为2008年、2009年、2014年、2015年和2016年。其中2014~2016年GDP急剧下降，金昌

---

① 金昌市统计局.2018年金昌统计年鉴.2019.

地区总体产量和经济收入均表现不佳。这种下降趋势到 2017 年才有所缓和，从负增长转变为正增长，到 2018 年增长率比 2016 年提升 0.25 个百分点，过去的不良表现彻底得到改善。从一二三产业构成来看，2008~2018 年，第二产业占比有明显的收缩态势，相应的，第一产业和第三产业的份额均表现出微小的提高（见图 4-15）。产业结构的变动表明产业内部的选择、提升和优化。但从三大产业的总体变化来看，以工业为主导的第二产业仍然是这个典型资源型城市发展的中流砥柱。

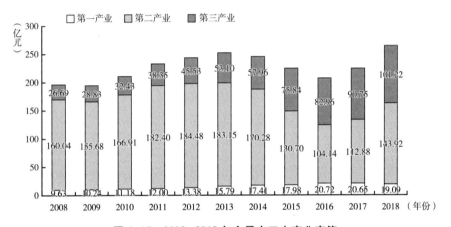

图 4-15 2008~2018 年金昌市三大产业产值

资料来源：2008~2018 年《金昌统计年鉴》。

④金昌市农业发展状况

金昌市的土地面积分布呈现金川区较少、永昌县较多的特征，金川区占 31.45%，永昌县则占 68.55%，但是土地面积的分布与耕地和农业产值分布不一定存在一致性。2018 年金昌市农作物播种面积为 123.27 万亩，仅占全市土地面积的 8.56%，相比于 2017 年，播种面积有所增加，共增加 0.74 万亩。其中，小麦播种面积 31.97 万亩，较上年减少 2.38 万亩；大麦播种面积 6.31 万亩，增加 1.88 万亩；玉米播种面积 40.08 万亩，减少 0.73 万亩；薯类播种面积 9.39 万亩，减少 1.08 万亩；油料播种面积 6.81 万亩，减少 1.25 万亩；药材播种面积 2.08 万亩，增加 0.45 万亩；蔬菜播种面积 15.78

万亩，增加 2.75 万亩；瓜果类播种面积 0.89 万亩，减少 0.04 万亩；其他作物播种面积 5.54 万亩，增加 0.21 万亩。

2018 年金昌粮食总产量较上年增长 3.40%，达到 43.18 万吨，与 2008 年相比，产量整体提高了 29.63%，并保持多年的正向增长（见表 4-10、图 4-16）。由于地理形成和人口分布，金昌市的粮食生产主要集中于金川区，并且金川区的粮食产量常年达到全市总产量的 80% 以上。从历年粮食产量来看，金昌市的粮食产量波动幅度较小，并且随着增长趋势的变化，粮食产量能稳定维持在下一个区间。到 2018 年，金昌市已建成较好的农业设施，建成畜禽规模养殖场 180 个、日光温室近 3000 座、食用菌棚 150 个以上，以及塑料大棚 768 个。2018 年金昌市畜禽总饲养量达到 244.38 万头（只），其中，羊饲养量最多，达到总量的 48.32%，其次为家禽，饲养量达到总量的 45.42%。畜禽出栏量为 97.13 万头（只），同饲养量相似，家禽出栏量最多，达到总量的 48.39%；其次为羊，达到总量的 44.87%，而猪出栏量和牛出栏量则分别只占 5.36% 和 1.29%。

表 4-10　2008~2018 年金昌市粮食产量

单位：万吨，%

年份	全市总产量	金川区		永昌县	
		产量	占比	产量	占比
2008	33.31	28.64	85.98	4.68	14.05
2009	34.45	29.22	84.82	5.23	15.18
2010	30.88	25.75	83.39	5.13	16.61
2011	33.02	27.53	83.37	5.48	16.60
2012	33.80	28.20	83.43	5.60	16.57
2013	35.26	29.59	83.92	5.67	16.08
2014	35.62	29.66	83.27	5.96	16.73
2015	39.22	33.20	84.65	6.01	15.32
2016	39.32	32.64	83.01	6.68	16.99
2017	41.76	32.24	77.20	9.51	22.77
2018	43.18	33.38	77.30	9.80	22.70

资料来源：2008~2018 年《金昌统计年鉴》。

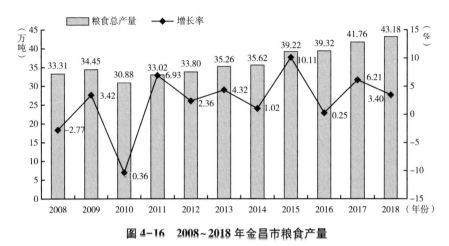

图 4-16 2008~2018 年金昌市粮食产量

资料来源：2008~2018 年《金昌统计年鉴》。

4.3.2 金昌市的贫困状况

金昌市的全部贫困人口都集中生活在永昌县内，其中大部分集中在祁连山浅山区一带。永昌县区域内经济发展存在地区间差异，且存在极度贫困的状况，属于省级插花型贫困县（区）。截至 2013 年，永昌县贫困发生率达到 4.7%，贫困人口数超过 9000 人。在甘肃省贫困评定的初期，金昌市有建档立卡贫困村 15 个（见表 4-11）。

表 4-11 2013 年金昌市永昌县建档立卡贫困村分布情况

乡镇	贫困村
新城子镇	马营沟村、邵家庄村、毛家庄村、西湾村
南坝乡	何家湾村、永安村
红山窑镇	毛卜喇村、山头庄村、红山窑村
六坝镇	九坝村、七坝村
焦家庄镇	焦家庄村、南沿沟村
城关镇	沙沟岔村
东寨镇	头坝村

资料来源：根据甘肃省精准扶贫信息整理。

随着全国扶贫开发工作的开展，永昌县也积极开展了"绣花式"扶贫，以具有针对性的扶贫方式，解决当地贫困农户的生产生活等各方面的问题。近年来，当地政府扶贫工作取得了显著成果，到 2018 年，贫困发生率下降到 0.4%，较 2013 年整体下降 4.3 个百分点，脱贫村达到 12 个，脱贫家庭达到 2091 户，贫困人口减少 8804 人。永昌县农村居民人均可支配收入显著提高，贫困人口人均可支配收入达到 7024 元，较 2013 年增长 11.2%。[①]

4.3.3　金昌市贫困的原因

（1）受地理位置限制

金昌地势南高北低，山地、平川、戈壁、绿洲互相交错，适宜耕种的绿洲集中在中部地区，但耕地面积较少，如永昌、清河等地。此外，金昌属于国家级缺水城市，因此，水资源储量对金昌的发展十分重要，受到地处干旱区的影响，金昌全年雨水较少，并且多集中在川区，气温分布不均，极大地加重了金昌水资源短缺的问题。

金昌地区的地形地貌复杂，各类地形相互交织，难以开展大面积的农业种植，难以形成具有当地特色的农业产业，缺乏实现长期持续健康发展的基础。农户只能依赖过往经验，依靠个体生产和农产品的自主选择，以自给自足的小农经济维生。产业规模也会直接影响生产成本与风险抵御能力，对于资源型缺水城市来说更是如此。以金昌为代表的资源型缺水城市的发展，往往是以消耗资源和破坏自然环境为代价的。在开发矿产资源的过程中，水资源被污染、土地资源被破坏、自然资源被无度开采，生态承载力的极限被突破，这对金昌的发展只起到了一时的推进作用。从长远来看，资源耗竭的同时生态环境的破坏也无法挽回，这将金昌地区尤其是永昌县的发展引向了"绝境"。

（2）自然环境恶劣

金昌市自然环境较为恶劣，生态经济得不到明显发展。金昌全境地形复

---

① 精准发力摘掉贫帽——永昌退出省列贫困县序列工作纪实［EB/OL］．http：//gansu. gscn. com. cn/system/2018/12/27/012092270. shtml.

杂，不同的地形散布，伴随不同的气候条件，造成较大的南北差异，南部气候潮湿、雨水充足，北部则气候干旱、常年少雨，境内气温北高南低。作为古丝绸之路的重镇和河西走廊的要塞，严峻复杂的自然环境和漠视矿产资源的循环利用将制约金昌生态产业的发展，进一步导致绿色高质量发展受限。

（3）缺乏旅游资源

金昌市旅游资源较为单一，难以形成规模效应。金昌缺乏旅游开发，原因如下。第一，金昌的城市建设发展主要基于矿产资源的开发，企业以矿产企业为主，缺乏对可利用的旅游资源的重视。第二，具有历史底蕴的旅游景点较少，一方面金昌的历史古迹以永昌骊靬古城为主，并延伸了其他与骊靬古城相关的文化公园和产业园；另一方面永昌古长城和八坝阻击战战斗遗址并没有发展相关产业链。第三，没有形成完善的红色旅游产业，并且多数景点是现代化景观。因此，旅游开发不全面、文物保护资金不足等是制约金昌地区旅游业发展的主要因素。

（4）经济结构单一

由于独特的地质演变和环境因素，金昌成为典型的资源型缺水城市。金昌缘矿兴企、因企设市，因此缺乏对其他产业的重视，导致产业发展不均衡且不合理，常年出现第二产业增加值居于首位、第一产业落于最后的情况，农业产值不足，威胁农户生存。但是以矿产盈利的企业也会因为矿产资源的缺乏衰竭而面临破产。矿产资源的开采会给企业带来不同的收益阶段，收益阶段主要有三个。第一个阶段由于开采工具的落后，难以准确确定矿产的地点，或者难以大量开发、批量处理矿产，造成开采成本过高、产量较低的问题，处于低收益状态。第二个阶段则是矿业的发展中期，在这个时期，生产条件会随着社会进步和技术水平的提高而提高，整体生产成本下降，全国对矿产资源需求较大，企业容易获得较高收益，员工则可以得到良好的福利。第三个阶段则是基于矿产资源的大力开发和资源的不可再生性发生的"矿竭城衰"，对金昌来说这是极其严重的打击，乃至全国也会因为矿产资源的极度减少而受到不可恢复的打击。因此，仅依靠第二产业无法形成良好的可持续发展格局，三大产业需要均衡发展。此外，延伸工业产业链能够有效发挥矿产资源的全部优势，形成良好的循环经济。

（5）人才匮乏且就业压力过大

金昌的地理区位处于劣势，各方面的发展条件较差，对于高端人才来说，金昌的工作机遇和薪资待遇不足以吸引他们留在当地发展，因此出现了严重的本地人才流失。人才往往受过良好的教育、掌握专业技能或者在企业内处于举足轻重的地位。对于外地人才来说，金昌相比于其他城市，尤其是沿海城市，并不能成为他们工作和定居的首要选择。综上，金昌在长期缺乏高端人才的同时，还得承担人才外流的风险。

此外，金昌市的支柱产业是典型的劳动密集型产业，当地居民依靠丰富的矿产资源工作和生活，大部分的人会选择在当地的龙头企业工作。但是面临资源的减少，单一产业结构的发展方式对当地居民生产生活产生了极大的负面影响，即产量下降限制企业增收，企业收入减少直接导致职工的薪资待遇下降，造成人才的进一步流失。

4.4 小结

是提高经济效率还是保护生态环境成为两难选择，甚至在严峻的情况下，需要有所取舍。人类需求的进一步满足可能会以牺牲自然资源为代价，使得人与自然之间的矛盾进一步加剧。脱贫攻坚和精准扶贫工作的基本完成，并不代表我国贫困问题的彻底解决。我国消除了绝对贫困，保障脱贫户吃得饱穿得暖，但是人类的需要不止于此，还需要解决相对贫困问题，实现对于生活其他方面的追求。为此，不能再完全依赖精准扶贫的模式来解决相对贫困，而是需要有新的治理模式应运而生。彻底摆脱贫困，将是生态脆弱区完成脱贫攻坚任务后迫切需要解决的问题，探讨可持续的稳定脱贫生计干预机制显得尤为重要。依托可持续生计分析框架的生计干预机制，在巩固精准扶贫成果、保障脱贫户稳定持续脱贫的同时，能够提升脱贫户自身发展能力，这将是相对贫困治理时期生态脆弱区返贫生计风险研究的重点与关键。

第5章 研究区贫困农户生计资本调查、核算与分析

5.1 研究工作所需数据采集

本书在收集、整理研究区社会经济发展数据的基础上，通过设计调查问卷、开展社会调查、召开小型座谈会等参与式农村评估（Participatory Rural Appraisal，PRA）工具，获取研究所需的数据及信息。2017年7月1日~9月1日对典型生态脆弱区祁连山国家级自然保护区内的武威、金昌、张掖3市下辖8县（区）开展集中调查，并于2019~2020年在研究区不定期开展相关研究主题调研工作，主要采用调查问卷和深度访谈形式开展工作。在正式访谈之前设计初步的访谈提纲和调查问卷对农户进行预调查，以了解研究区的基本情况和问卷中是否存在问题，为正式调查奠定基础。预调查分别在武威、金昌和张掖3市随机选择1个样本村，共调查100户，在此基础上对问卷中的问题进行修改和完善，形成正式调查问卷。笔者在预调查基础上不断修改和完善，并充分考虑人口的空间分布及社会经济发展的阶段特征，采取分层随机抽样的方法选取受访农户样本（各乡镇按1.5%的比例选取受访农户）。正式调查采取分层随机抽样方法选取受访农户，分别在武威市凉州区、古浪县、民勤县、天祝县，金昌市永昌县、金川区，张掖市肃南县、山丹县，共3市8县（区）选择样本户。最终共调查农户1100户，收回有效问卷1062份，问卷利用率达到96.5%。其中，武威市563份（凉州区143份、民勤县211份、古浪县108份、天祝县101份）、金昌市163份（永昌县95份、金川区68份）、张掖市336份（肃南县211份、山丹县125份）。

问卷的主要内容有：受访农户生计资本调查，根据英国国际发展署划分的资本类型进行调查，涵盖人力资本、自然资本、金融资本、物质资本与社会资本五种类型；受访农户生计活动/策略调查，生计活动主要包括畜牧/养殖业、种植业、家庭副业、打工、个体运输、经商、工资性工作、其他等类型，询问农户收入来源及生计活动开支情况；受访农户生计风险及感知调查，包括生态脆弱区农户主要面临的风险类型，即健康风险、环境风险、金融风险、社会风险和信息风险 5 种生计风险类型，询问农户风险感知程度并进行风险适应行动调查；风险应对策略调查，包括"扩大畜群规模""多样化收入来源"等 8 种事前风险应对策略及"资产转成现金""贷款"等 6 种事后风险应对策略。

由表 5-1 可知，本次调查涵盖了不同年龄阶段的农户，且受访农户男女占比分别为 48.7% 和 51.3%，基本相当。受访农户平均家庭规模为 3.68 人，其中人口为 3~4 人的家庭居多，占调查总数比例高达 67.7%。而从农户的受教育程度来看，研究区文盲及小学受教育程度的农户居多，比重达到总体受访者的 27.9%，大专及以上受教育程度的农户较少，仅占 18.6%。将调查所得的人口特征相关数据与 2018 年《武威统计年鉴》、2017 年《张掖统计年鉴》、2017 年《金昌统计年鉴》等相关统计资料对比，发现样本基本反映了该地区农户的情况，具有一定的代表性。

表 5-1 受访农户基本特征

调查项目	类别	频数	频率（%）
年龄	≤29 岁	420	43.2
	30~39 岁	212	21.8
	40~49 岁	220	22.6
	50~59 岁	84	8.6
	≥60 岁	36	3.7
性别	男	476	48.7
	女	502	51.3

续表

调查项目	类别	频数	频率(%)
家庭人口	≤2 人	80	9.2
	3~4 人	592	67.7
	5~6 人	180	20.6
	≥7 人	22	2.5
受教育程度	小学及以下	272	27.9
	初中	280	28.7
	高中或中专	242	24.8
	大专及以上	182	18.6

注：因为各调查项目的有效回答数并非均为1062，所以表中频率并不以频数÷1062×100%计算，余表同。

5.2　农户生计基本状况分析

5.2.1　样本农户生计状况总体分析

生计是当前我国经济发展新常态下，人民生活健康和谐的关键。随着新型城镇化的不断推进，城市、农村分布出现新格局，城市面积的不断扩大给农户的生产生活带来了新的机遇和挑战，摒弃落后劳作方式，学习掌握新型农业生产方式，在城市中寻求更多的机会，也为农户的生计策略选择开辟了新路径。城镇化的推进也给农户的生产生活带来冲击，土地面积锐减、劳动力流失，无一不对传统农业带来负面影响。因此，关注农村农业，了解农户生计所需，辨明遭受风险类型，确定生计资本、生计风险与生计策略之间的关系，有助于贫困地区农村建设、农业发展、农户健康等方面问题的解决。

农户生计问题，本质是农户对谋生方式寻求和选择的问题，是我国重点关注的民生问题之一。这是因为生计会受到不同类型外在因素的影响，包括气候、水土、人文、经济等因素，影响因素复杂多样。通过对受访者家庭主要从事的生计活动的统计发现，研究区28.48%的家庭从事单一生计活动；43.35%的家庭采用两种生计活动相结合的生计策略、占比最大；从事3种以上生计活动的家庭较少，占比仅为4.54%，说明研究区农户生计活动多样性不足。根据调查，以种植业为主要生计活动的农户占比最高，其次为打工，有556户家庭以打工作为主要生计方式，占总受访家庭数的55.88%，从事畜牧/养殖业的农户家庭占总受访家庭数的34.87%（见表5-2）。从农户家庭主要生计活动调查结果来看，生态脆弱区农户主要生计活动受到环境的影响而有所转变，只有较少的农户选择依赖单一生计活动维持生计，农户在从事种植业或畜牧业的同时会外出打工，以丰富家庭的生计活动，促进生计活动的多元化。

表5-2　农户家庭主要生计活动调查

方式	频数	频率(%)	方式	频数	频率(%)
畜牧/养殖业	348	34.87	打工	556	55.88
种植业	630	63.32	个体运输	50	5.03
采集	50	5.13	经商	110	10.15
家庭副业	120	11.96	工资性工作	88	8.84

由于不同类型农户的生计活动不同，因此为了确定农户典型的生计类型即特征，需将农户进行划分，形成不同的农户组群，分类则以非农收入占家庭总收入的比例为依据。将研究区农户划分为非农收入占家庭总收入的比例少于50%的纯农户、非农收入占家庭总收入的比例为50%~90%的一兼户和非农收入占家庭总收入的比例大于90%的二兼户，并对纯农户、一兼户及二兼户的基本特征进行描述统计（见表5-3）。

表5-3　不同组群的基本特征描述统计

单位：%，元

农户类型	年龄分布					受教育水平分布					2017年户均收入
	29岁以下	30~39岁	40~49岁	50~59岁	59岁以上	小学及以下	初中	高中或中专	大专	大学及以上	
纯农户	33.1	31.0	24.2	9.6	2.1	23.8	26.2	22.7	5.3	22.0	7469.4
一兼户	43.3	22.3	20.2	11.6	2.6	19.2	30.8	19.7	5.6	24.8	8747.4
二兼户	43.3	15.4	24.2	8.8	7.9	16.7	26.7	16.3	9.2	31.3	9740.6

根据农户类型划分结果，受访者中纯农户、一兼户及二兼户样本数量较为接近，纯农户样本数略高于一兼户及二兼户，占有效受访家庭数的37.3%，其中以农业生产为主要生计方式的农户占比最大；二兼户家庭数占有效受访家庭数的31.7%。受教育水平达到大学及以上的纯农户占比最小、二兼户占比最大，受教育水平为小学及以下的纯农户占比最大、二兼户占比最小，普遍而言，二兼户群体的受教育水平较高。从2017年户均收入看，二兼户户均收入为9740.6元、纯农户为7469.4元，纯农户户均收入比二兼户少2271.2元。

5.2.2　农户生计资本核算

（1）生计资本测算指标

可持续生计分析框架为农户生计研究提供了思路，但这个框架只是一个简化的示意图，它代表了农户生计与脆弱性背景、政策制度等之间的复杂关系，对于关系的研究以及各部分因子对生计状况影响程度的研究需要基于对农户生产生活方式各个方面因素的调查和统计，也就是说需要细化生计资本的内容，选取具有代表性的指标。而生计资本作为农户抵御风险、降低生计脆弱性的最主要保障具有综合性特征，因此细化的第一步就是按照英国国际发展署的划分方式，将资本分为自然资本、人力资本、物质资本、金融资本和社会资本。采用广泛使用的划分方式能够更为精准和全面地描述农户的生计（谋生）能力。

自然资本又可分为无形的公共资本（如大气、阳光、生物多样性等）和可以直接用于生产的有形物质（如土地、树木、水资源等），以及不同生态区和生态环境具有的生态服务。

人力资本代表着知识、技能、能力和健康状况，是人们追求不同的生计手段和相应生计目标的基础。由于人力资本涉及个人体质与技能（教育）的评估，因此对于农户来说会出现教育支出或者健康支出过多的返贫状况。

物质资本包括用以支持生产生活的有形物质（物质资料）和基础设施，它是一切生产活动的基础和载体。物质资本的磨损和损失对于农户来说会引起金融风险。

金融资本主要包括现金、可获得的贷款和个人借款等，但往往部分实物也能起到金钱的积累和交换作用。和物质资本一样，金融资本的流出或负债的增加导致的入不敷出现象，同样会引起金融风险。

社会资本是能够通过协调的行动来提高经济效率的网络、信任和规范。社会资本可能会作为应对风险的一种防范措施，但社会资本的缺失会造成社会地位的下降和人际关系网的缺失，从而带来更大的风险。据此建立农户生计资本评价指标体系，如表5-4所示。

表5-4 农户生计资本评价指标体系

资本	指标	设定值
人力资本	受访者年龄 HC_1	60~69岁=0.8,50~59岁=1,20~29岁=2,30~49岁=3
	受教育水平 HC_2	小学及以下=1,初中=2,高中或中专=3,大专=4,大学及以上=5
	健康状况 HC_3	经常有病(0),一般(1),良好(2),很好(3)
自然资本	牲畜个数 MC_1	个数
物质资本	家庭固定资产数量 NC_1	物品个数
	住房状况 NC_2	房间个数
	耕种面积 NC_3	亩

续表

资本	指标	设定值
金融资本	上年总收入 FC_1	收入
	上年总储蓄 FC_2	储蓄
	上年是否获得信贷 FC_3	是=1,否=0
	上年是否从银行贷款 FC_4	是=1,否=0
	上年是否向亲戚朋友借款 FC_5	是=1,否=0
	上年是否接受捐赠 FC_6	是=1,否=0
	上年是否接受政府补贴 FC_7	是=1,否=0
社会资本	村内可信任的人数 SC_1	几乎没有=1,不多几个=2,一半=3,大多数=4,几乎全部=5
	村外可信任的人数 SC_2	几乎没有=1,不多几个=2,一半=3,大多数=4,几乎全部=5
	家庭成员是否有村委成员 SC_3	是=1,否=0
	是否会提反对意见 SC_4	是=1,否=0
	村内是否有经济合作类组织 SC_5	是=1,否=0
	家庭成员是否参与经合类组织 SC_6	是=1,否=0
	获得帮助的渠道个数 SC_7	个数

①人力资本指标及测量

人力资本指标有3个。第一个指标和第三个指标刻画的是家庭整体劳动能力,即在家庭结构中各个年龄阶段和健康程度的家庭成员分布状况,以此统计家庭劳动力之和。将家庭成员按照年龄层次分为60~69岁、50~59岁、20~29岁、30~49岁,分别赋予0.8、1、2、3的属性值;将健康状况分为经常有病、一般、良好及很好,赋予0、1、2、3的属性值。第二个指标是家庭成年劳动力的受教育水平。将家庭成年劳动力受教育水平分为小学及以下、初中、高中或中专、大专、大学及以上5类,分别赋值1、2、3、4、5。

②自然资本和物质资本指标及测量

以家庭拥有的牲畜个数表示自然资本。物质资本指标有3个。第一个指

185

标表示家庭固定资产情况，包括生产性工具和耐用消费品，如小轿车、农用车、摩托车、电视、电脑、固定电话、手机、空调、冰箱、洗衣机、燃气灶、电饭煲、照相机、影碟机和热水器等。第二个指标表示家庭住房情况，以房间个数衡量。第三个指标用每户家庭所拥有耕地面积和每户家庭实际种植的耕地面积两个子指标来衡量，单位为亩。

③金融资本指标及测量

将农户家庭上年总收入、上年总储蓄、上年是否获得信贷（正规及非正规渠道）、上年是否从银行贷款、上年是否向亲戚朋友借款、上年是否接受捐赠以及上年是否接受政府补贴作为衡量金融资本的 7 个子指标。上述指标中，上年总收入、上年总储蓄分别以收入和储蓄金额赋值，其余指标为"是"则赋值 1，"否"则赋值 0。

④社会资本指标及测量

将农户在村内可信任的人数、村外可信任的人数、家庭成员是否有村委会成员、是否会提反对意见、村内是否有经济合作类组织、家庭成员是否参与经合类组织、获得帮助的渠道个数作为衡量社会资本的 7 个子指标。其中，将农户在村内外可信任人数划分为几乎没有、不多几个、一半、大多数、几乎全部 5 个等级，分别赋值 1、2、3、4、5；获得帮助的渠道个数以实际数量赋值；其余指标为"是"则赋值 1，"否"则赋值 0。

（2）农户生计资本测算方法

①评价方法

熵权法最早出现在信息论的基本原理中，它是在综合考虑各因素所提供信息量大小基础上客观测算各个指标权重的数学方法，优点是能够客观准确地反映各指标的信息量以及变异程度。熵权法的基本思路是根据指标变异性的大小来确定客观权重。一般来说，某个指标的信息熵越小，则表明指标值的变异程度越大，提供的信息量越多，在综合评价中所能起到的作用也越大，权重也就越大。相反，某个指标的信息熵越大，则表明指标值的变异程度越小，提供的信息量也越少，在综合评价中所起到的作用也越小，权重也就越小。在利用熵权法测度指标权重之前，首先要对各指标进行标准化处理。由于各个指标具有不同的量纲，指标之间不具有可比性，因此先采取极差法对原始数据标准化，假设给定了 j 个指标 b_{i1}，b_{i2}，$\cdots$，b_{ij}，对各指标数据标准化后的值为 X_{i1}，X_{i2}，$\cdots$，X_{ij}，具体指标标准化公式如下：

若第 j 个指标为正向指标，则 $X_{ij} = \dfrac{b_{ij} - \min(b_{ij})}{\max(b_{ij}) - \min(b_{ij})}$ (5.1)

若第 j 个指标为负向指标，则 $X_{ij} = 1 - \dfrac{b_{ij} - \min(b_{ij})}{\max(b_{ij}) - \min(b_{ij})}$ (5.2)

式中，X_{ij} 为第 i 年第 j 个指标的标准值；$\min(b_{ij})$ 为第 j 个指标的最小值；$\max(b_{ij})$ 为第 j 个指标的最大值，b_{ij} 为第 i 年第 j 个指标的原始值。

首先，根据原始数据的标准化值计算各指标的信息熵，计算公式为：

$$H_j = -\frac{1}{\ln n} \sum_{i=1}^{n} p_{ij} \ln p_{ij}$$ (5.3)

$$P_{ij} = X_{ij} \Big/ \sum_{i=1}^{n} X_{ij}$$ (5.4)

式中，$i = (1, 2, \cdots, n)$，$j = (1, 2, \cdots, m)$，H_i 为第 i 个指标的熵值，p_{ij} 为第 j 个指标中第 i 个评价对象的指标值比重，n 为研究年份。

其次，在获得熵值基础上求指标权重，计算公式为：

$$W_j = \frac{1 - H_j}{m - \sum_{j=1}^{m} H_j}$$ (5.5)

式中，$j = (1, 2, \cdots, m)$，W_j 为第 j 个指标的权重，m 为指标个数。

表 5-5 为生计资本评价指标的权重。通过熵权法获得各指标权重后，使用模糊综合评价法对农户生计资本综合指数进行测度和评价。模糊综合评价法是一种基于模糊数学的综合评价方法。该方法根据模糊数学的隶属度理论把原本的定性评价转化为定量评价，即用模糊数学对事物或对象的多方面和多因素的模糊性描述给出一个明确的具有评判维度的总体评价。它具有结果清晰、系统性强的特点，能较好地解决模糊的、难以量化的问题，适合各种非确定性问题的解决。

表 5-5　生计资本评价指标权重

指标	熵值	权重	指标	熵值	权重
受访者年龄 HC_1	0.990	0.003	上年是否向亲戚朋友借钱 FC_5	0.713	0.089
受教育水平 HC_2	0.979	0.007	上年是否接受捐赠 FC_6	0.795	0.064
健康状况 HC_3	0.990	0.003	上年是否接受政府补贴 FC_7	0.867	0.041
牲畜个数 MC_1	0.865	0.042	村内可信任的人数 SC_1	0.748	0.078
家庭固定资产数量 NC_1	0.981	0.006	村外可信任的人数 SC_2	0.851	0.046
住房状况 NC_2	0.962	0.012	家庭成员是否有村委会成员 SC_3	0.523	0.148
耕种面积 NC_3	0.855	0.045	是否会提反对意见 SC_4	0.372	0.195
上年总收入 FC_1	0.910	0.028	村内是否有经济合作类组织 SC_5	0.952	0.015
上年总储蓄 FC_2	0.809	0.059	家庭成员是否参与经合类组织 SC_6	0.983	0.005
上年是否获得信贷 FC_3	0.907	0.029	获得帮助的渠道个数 SC_7	0.982	0.006
上年是否从银行贷款 FC_4	0.737	0.081			

最后，计算农户的生计资本综合值，具体公式如下：

$$S_i = \sum_{j=1}^{m} W_j \times X_{ij} \qquad (5.6)$$

式中，S_i 为第 i 个农户的生计资本综合，W_j 为第 j 个指标的权重值，X_{ij} 为第 i 个评价对象第 j 个指标的标准值。

②生计资本综合值评价结果

依据夏普（Sharp）在非洲开展的生计资本量化研究，选择适用于测度中国生态脆弱区农户生计资本的指标体系，并完成相关问卷的设计，以了解生态脆弱区农户生计状况。随后参考李小云等的研究[①]为具体指标赋值。在生计资本测度过程中，首先采用极差标准化方法对各指标值进行标准化处理，然后通过熵权法计算各指标权重，最后通过模糊综合评价法得出农户生计资本综合值（见图 5-1）。

研究区农户生计资本综合值分布于 0.009~0.676，均值为 0.144，标准

---

① 李小云，董强，饶小龙，等. 农户脆弱性分析方法及其本土化应用［J］. 中国农村经济，2007（4）：32-39.

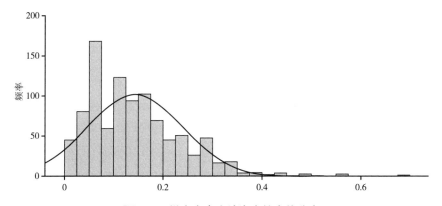

图 5-1　样本农户生计资本综合值分布

差为 0.095。峰值分布于 0.150~0.200，呈现正偏态分布。生计资本综合值分布于 0.009~0.100 的受访者有 359 位；生计资本综合值分布于 0.100~0.200 的受访者有 389 位，生计资本综合值分布于 0.000~0.200 的受访者人数占有效受访者总数的 76.95%，生计资本综合值分布于 0.200~0.300 的受访者有 166 位，生计资本综合值分布于 0.300~0.400 的受访者有 43 位，生计资本综合值大于 0.400 的受访者有 15 位，占有效受访者总数的 1.54%。

根据所选指标标准化处理和权重测算结果，计算得到各项生计资本的综合值，并对生计资本测算结果进行描述性统计（见表 5-6）。研究区农户最为丰富的生计资本是人力资本，均值为 0.0794，同时其标准差最大，为 0.0672，这表明人力资本是农户间差异最大的资本；均值最小的资本为金融资本，均值仅为 0.0022，表明金融资本是农户最为缺乏的生计资本，同时，其差异性也最小。在生态脆弱区农户的 5 种生计资本中，人力资本占生计资本的比重最大，约为生计资本的 40%~45%；相比之下，金融资本的占比最小，仅占生计资本的 5%~10%；而其他资本所占的比例，在 15% 左右。考虑到生态脆弱区生态本底条件较差、自然环境较复杂、各类资源较为匮乏等，在受到生态环境仍较为脆弱等外部因素限制的情况下，为进一步提高本地农户谋生能力和生计水平，可以采用充分发挥区域经济优势，提高农户社会资本、物质资本和金融资本水平，提高人力资本的质量等方式。

表 5-6　生计资本的描述性统计

资本类型	极小值	极大值	中位数	众数	均值	标准差
人力资本	0.0021	0.0129	0.0084	0.0111	0.0794	0.0672
物质资本	0.0000	0.0418	0.0012	0.0025	0.0087	0.0037
自然资本	0.0000	0.0485	0.0055	0.0057	0.0066	0.0049
金融资本	0.0000	0.3052	0.0716	0.0064	0.0022	0.0023
社会资本	0.0000	0.4261	0.0171	0.0072	0.0466	0.0583
生计资本	0.0090	0.6760	0.1280	0.0590	0.1435	0.0954

第6章　研究区农户返贫风险
与风险规避

21世纪以来，风险已无处不在，从经济学意义上讲，风险是指某种不确定事件或损失发生的可能性大小，同时风险也作为社会进步的显著标志。近年来我国对农村问题十分关注，并且投入了大量的资金和精力解决农村的贫困问题，但是随着治理程度的不断加深，贫困分布不均衡等不同类型的贫困问题也逐渐显现。解决农村问题，需要从农户面对的风险入手，辨析在农业生产过程中和农户生活环境中存在的风险类型，从而展开农户生计风险研究，以更为有效地解决农村贫困问题。开展农户返贫风险调查，总结农户所面临的主要返贫风险，特别是注意总结在自然环境变化、社会经济发展、人类价值观影响下的返贫风险新类型，是风险应对的基础。

6.1　农户面临的主要返贫风险及生计风险

如今，风险已经成为社会的一大特征，风险的存在已经成为人类社会的一种常态，也是学术圈最为关心的热点话题之一。根据2003年联合国国际减灾战略中对生计风险的定义，所谓的生计风险是人类和自然之间的相互作用，人掠夺自然环境，自然环境反向报复人类社会。贝克（Beckr）等认为风险无处不在，它以各种形态存在于日常生产生活中①。对于不发达国家的农户来说，最基础的生活常常因一些不确定的因素而受到冲击，这些不确定

---

① 贝克，邓正来，沈国麟. 风险社会与中国——与德国社会学家乌尔里希·贝克的对话 [J]. 社会学研究，2010，25（5）：208-231+246.

性以及风险的存在使得农户在生产过程中的每一环节都存在风险。例如患病、牲畜死亡、物价大幅度波动、极端天气等。从农户的视角分析，农户本身生产结构单一且收入结构非常简单，面对风险时，应对能力不足，正是这些农户本身存在的以及外界环境发生变化所引起的风险大大降低了农户家庭整体的福利水平，使得非贫困的人口陷入贫困，导致原先处于贫困状态的人口进一步陷入长久性贫困陷阱，难以摆脱困境。农户面临的返贫风险类型及受众特征见表6-1。

表6-1 农户面临的返贫风险类型及受众特征

风险类型	受众特征
作物生产风险	收入单一的小农户，缺少生产技术革新、土地较少的农户。
农业交易风险	专门做农作物出口的小农户，小农场主，需要买进口食物的农户。
食物价格风险	低收入者，食物完全依靠购买的家庭，包括需要少量购买食物的农户。
就业风险	挣工资的家庭和临时工（城市郊区务工，农户绝收后成为临时工）。
健康风险	全部的农户，特别是负担不起医疗费的农户。
人口风险	妇女，特别是未受教育的妇女，断奶儿童，老人

其中，就业风险、健康风险及人口风险与农户的人力资本相关，具体表现为对人力资本的投入，如受教育程度、健康状况、外出就业状况等。作物生产风险、农业交易风险及食物价格风险与农产品的生产、交易相关。

作物生产风险是指作物生长环节温度、土壤、水分等不确定性因素和人作为种植主体对于相关物质资料选择的偏差，导致作物的实际产量与预期产量之间存在偏差。作物的单位面积产量是作物生产过程中最为直观表现各因素影响结果的指标，因此，作物的单位面积产量是用于评价作物生产质量和风险影响的关键指标。

对农业产出影响最大且最为关键的因素是气候变动。从管理者视角出发，农业所遭受的灾害风险不只是自然灾害风险。农作物的亩产不仅受自然条件的影响，而且与农民在市场中挑选的种子质量有关，还与投入的种子数量以及人力、物力、财力有着密切关系。农业种植活动又受到农业技术推广（技术风险）、市场价格不稳定（市场风险）、国家政策（制度风险）的影响，由此可见，农业生产过程是一个多种因素互相影响的过程，是多方面因素综合影响、互相作用的过程。农业生产结果也是自然灾害、市场供求影响、技术水平发展等方面因素共同作用的结果。

基于农业交易风险的存在，农产品交易的范围受到限制。在农产品交易过程中、农产品预期收益中、农产品成本价格水平中，都存在因汇率变动而引起的外汇风险。在生产经营活动中发生的风险属于交易风险，因此，对于专门生产进出口农作物的农户来说，交易风险的冲击更大。

食物价格风险在农产品市场中特指农产品价格变动所带来的不确定性，具体有投入土地的物质资本的价格以及可以直接出售的农产品的价格波动所带来的风险等。导致农产品价格变动的外部因素有与其相关的互补品、替代品价格，其他同类型竞争者、生产者，产品的需求价格弹性等。这些因素的变动可能导致农产品价格发生明显波动。

农户的生计资本禀赋直接影响其应对生计风险的能力。通常来说，生计资本越贫乏，农户就越容易遭受生计风险。与此同时，农户所实施的应对策略与他们维持生计的初始资本积累和配置相关。但农户遭遇环境灾害的袭击、突发疾病等情况时，会通过调整生计策略来应对，以减缓贫困发生的速度。农户生计风险来自多个方面，如环境方面、健康方面、金融方面、社会方面、信息方面等。为了应对上述各方面的风险，需要制定风险应对策略，同时应该将农户所遇到的风险与他们息息相关的生计联系在一起进行研究。

健康风险是指将农户本身作为人力资本，将其健康状况作为人力资本质量的体现，大病会直接导致农户收入低下，使农户面对健康风险，从而引发生计能力下降。

环境风险主要指年降水量异常所引起的、突然受到侵蚀以及病虫害所导致的环境方面的风险，具体来讲则指恶劣极端天气（沙尘暴、台风等）、地质灾害（山体滑坡、地震）和水资源缺乏引发的土地沙漠化、盐碱化，地下水过度矿化，森林乱砍滥伐等问题。与此同时，病虫害会严重影响我国农产品产量，在农产品产量急剧减少的情况下，农户的收入水平也同样大幅度降低。因此，本书将病虫害作为衡量环境风险的重要变量之一。

金融风险主要是指存款利率和农产品价格波动等因素造成的金融问题。在所有风险因素中，金融风险是与农户生产生活有着密切关系的风险，主要包含农产品价格上下频繁波动、农户购买到假冒伪劣产品的普遍性和资金短缺。而且，需要贷款的农民居住分散，风险和交易成本很高，因此当地信贷机构不愿向农户提供贷款，农户对生产经营活动的投资意愿经常受到贷款的限制（限制体现在金额和申请条件方面）。与此同时，生态脆弱区的自然环境条件决定了农业可种植品种有限，加之当地农户缺少相应的技术以及种植观念淡薄，经常种植的农业产品经济收益较高，但不一定适合当地自然环境，当地农户缺少一定的经营指导以及当地经营战略的失误造成了经济上的损失。因此，本书将经营战略的失误当作衡量金融风险的变量之一。

社会风险主要指农户社会关系的缺失和社会地位的变化所导致的社会问题，主要包括现有的集体协会（农民获取技术支持最重要的渠道）的多少、农户的社会关系和有用性（指农户在生计遇到困难时能够从外界获取帮助的难易程度）和农户家庭成员的就业情况等变量。生态脆弱区环境恶劣，使得部分居民离开当地，寻求新的居所，与此同时，人员的迁移和流失造成社会网络、社交关系的薄弱。脆弱的社交关系使得农户之间联系较少，相互支持、支撑、帮扶等行为也会减少，提高当地农户的生计脆弱性。此外，社会安全也是衡量社会风险的重要变量之一。

信息风险是指农业生产中基础设施的配置情况和农户手中掌握的农业信息不全所导致的问题。农业信息涉及农业生产的方方面面（如农业生产所用种子的信息，农户牲畜养殖所需要的饲料的信息，以及农业产品市场中各类商品的需求、供给、优劣情况信息），掌握市场信息和交易信息能够帮助农户实现正确的作物选择和合理的价格制定，提高农产品出售的概率，减少农业生产活动中不必要的成本和资源浪费，并做出具有前瞻性的生计决策。

6.2 农户返贫风险安全性评估

6.2.1 返贫风险评估体系构建

本书将返贫风险分为健康风险、环境风险、金融风险、社会风险以及信息风险。这几类风险与农户生计资本存在的形式息息相关。在生态脆弱区开展农户返贫风险评估研究十分有意义，可以使农户提前做好预防措施以应对贫困和返贫问题，返贫风险评估为农户制定有效应对措施奠定了基础。返贫风险评估体系见表6-2。

表6-2 返贫风险评估体系

	风险变量	变量定义与描述	均值	标准差
健康风险	自身患病风险	是否经常患感冒等常见病(是=1,否=0)	0.49	0.500
		是否有残疾或家族遗传病史(是=1,否=0)	0.19	0.395
		是否有突发性重大疾病(是=1,否=0)	0.26	0.441
	外部环境引起的患病风险	是否患有牲畜瘟疫(是=1,否=0)	0.20	0.402
		是否患有痢疾等常见病(是=1,否=0)	0.22	0.416
		是否患有工业污染引起的疾病(是=1,否=0)	0.20	0.397
	医疗保障不足引起的患病风险	所在地区的医疗条件是否很不完善(是=1,否=0)	0.35	0.478
		是否有家庭成员未取得医疗保险(是=1,否=0)	0.26	0.440
环境风险	极端天气	冻害、暴雨、沙尘暴的发生频率(低=0,高=1)	0.45	0.498
	地质灾害	滑坡、泥石流、地震的发生频率(低=0,高=1)	0.34	0.475
	病虫害流行	病虫害的流行程度(低=0,高=1)	0.35	0.475
	荒漠化或盐碱化	土壤侵蚀状况(不严重=0,严重=1)	0.37	0.484
	地下水矿化	地下水矿化度(不严重=0,严重=1)	0.31	0.462
	植被损坏及森林破坏	植被破坏或森林破坏的程度(不严重=0,严重=1)	0.43	0.495
	水资源短缺	水资源稀缺度(低=0,高=1)	0.48	0.500

	风险变量	变量定义与描述	均值	标准差
金融风险	农产品价格波动	农产品价格波动的程度(小=0,大=1)	0.37	0.483
	假农资产品	购买假农资产品(假种子或者肥料)的概率(小=0,大=1)	0.38	0.485
	经营战略失误	农作物种类选择失误造成亏损(是=1,否=0)	0.38	0.486
	亏损程度	损失程度(很低=1,比较低=2,一般=3,较高=4,很高=5)	1.26	1.835
	借贷的数量限制	当地信用贷款是否有数量限制(是=1,否=0)	0.45	0.498
	融资有限	贷款的门槛设置(很低=1,比较低=2,一般=3,较高=4,很高=5)	2.14	1.171
社会风险	社会网络异质性	家庭成员中有乡村干部/私人企业家/国企职工(是=1,否=0)	0.10	0.280
	集体协会	所在区域是否有集体协会(是=1,否=0)	0.09	0.29
	社会关系网	与周围朋友或者邻里之间的关系(很差=1,比较差=2,一般=3,较好=4,很好=5)	3.22	1.521
	生计困难时获得帮助的机会	困难时期外界帮助的作用(没有作用=1,作用不大=2,作用一般=3,作用较大=4,作用很大=5)	3.21	1.559
	社会安全状况	社会治安状况(很差=1,比较差=2,一般=3,较好=4,很好=5)	2.99	1.471

6.2.2 返贫风险评估与分析

使用熵权法进行农户返贫风险评估，根据测算结果分析，研究区农户返贫风险值分布于 0.020~0.971，均值为 0.389，标准差为 0.200，峰值大致为 0.400。返贫风险值分布于 0.020~0.200 的受访者有 138 位，返贫风险值分布于 0.200~0.300 的受访者有 252 位，返贫风险值分布于 0.300~0.400 的受访者有 196 位，返贫风险值分布于 0.400~0.500 的受访者有 168 位，返贫风险值分布于 0.500~0.700 的受访者有 136 位，返贫风险值分布于 0.700~0.800 的受访者有 58 位，返贫风险值分布于 0.800~0.971 的受访者有 48 位，即返贫风险值大于 0.500 的受访者占有效受访人数的 24.22%。研究区农户的健康风险均值为 0.1117，环境风险均值为 0.1012，金融风险均值为 0.0707，社会风险均值为0.0336，信息风险均值为0.0723。返贫风险中健康风险的威胁最大，环境风险对农户的威胁次之，农户对社会风险的感知较弱。

通过对农户最担心的风险类型进行描述性统计，发现研究区农户最担心的返贫风险是健康风险的人数，占有效受访人数的29.75%；最担心环境风险的农户数占有效受访人数的26.83%，生活在生态脆弱区的农户几乎都经历过不同程度的环境事件，所以他们对于环境风险的担忧较重；仅有1.91%的农户最担心的返贫风险是社会风险，原因之一可能是人们对社会风险的了解较少，还有研究区农户倾向于靠自身规避风险，不关注或不重视社会网络的作用。

6.3 农户返贫风险规避与防范重点

农户们的生产生活经常因为一些难以确定的因素而受到阻碍、冲击。而正是这些难以确定因素的存在，使得农户在平常的辛勤劳作以及生活中面对来自各个层面的风险，例如身患疾病、天气恶劣、资金不足、经营战略的不完善等。上述这些风险的发生都会对个人、家庭、整个群体的福利水平造成一定的影响，导致贫困人口数量增加，并且贫困人口的贫困程度逐渐加深，使贫困人口生计更加困难。农户从事农业生产的每个过程都可能受到外部或内部风险的冲击，冲击结果还存在无法预测的可能。因此，将风险程度降至最低就在农户生产生活中占据了一定的地位。农户作为风险的处理者，其采取的应对策略、措施都是非常理性的。从大量学者的研究中可以看出，行之有效的风险应对措施、应对策略对农户日常生产生活有很重要的作用，可以将农户的生计脆弱性降到较低水平，有效增强其风险应对能力。农业已经有上万年的发展历史，因此农民这一身份也已经存在上万年之久，在历史长河中，农户已经积累了相当多的经验以及对策来应对内外部风险带来的影响。面对危害较重、发生频繁的生计风险，农户会依据自身经验以及风险的特性实施有效的应对措施。而采取的这些措施策略都是农户根据自己积累的经验得出的，目的就是应对内外部风险以维持日常生计。

6.3.1 农户返贫风险应对策略

农户的生计策略决定了其生产行为和消费行为，进而决定了其收入来源和消费状况。农户生计策略的选择不仅与其所从事职业有关，还与其所在行业、时间的规划息息相关。此外，外界自然环境对农户生计策略的选择十分重要，"靠天吃饭"的农户更容易注意到自然环境和气候的变化波动，尤其是自然灾害的来临完全影响了农户所选择的生计策略。这就要求农户在选择生计策略的时候将自然环境变化考虑在内，以便采取一定的措施抵抗风险。风险应对策略指个体、家庭或群体在遭遇自然灾害或经济遇到困难时所采用的方法。相关学者认为农户所采用的主要方法有：在社会网络中对风险进行通盘筹划，跨越时间段的收入转移，在生产经营过程中回避风险。与此同时，对我国西部区域农村的调研结果显示，农户对风险进行回避的主要策略包括：扩大畜群规模，收入来源多样化，提高村子风险应对能力，建立村内的"安全网"，增强与村外亲戚的联系，积极参与农牧技术技能培训，提高孩子受教育水平，举行宗教活动。

研究中应该关注农户在风险发生后所选择的策略，具体策略如下。一是资产转成现金。收入下降后农户通过出售资产来应付支出。资产表现为多种形式，可以是生活资料，例如粮食、珠宝等，也可以是生产资料，例如牲畜、农具和土地等。农户可以将这些资产出售以获得资金。二是贷款。贷款是重要的平滑消费手段。贷款使农户可以用将来的潜在收入来满足当前的消费支出。但是，农村信贷市场是不完善的，借贷利率远高于储蓄利率。发展中国家农村信贷市场不完善的主要原因是：债权人倾向于向风险回避程度高的客户贷款、为分散的农户提供信贷的交易成本高、借贷双方的信息不对称。一方面，正式的信贷机构欠发达；另一方面，小规模农户被认为是高风险的客户，结果农户利用借贷来平稳消费的机制受到较大的限制。三是减少消费。尽管农户采取了多种方式来维持生活的正常水平，但是收入的减少严重影响正常生活，由此农户不得不采取更为严厉的手段，来缩减家庭的开支。减少消费首先应减少非日常生活消费，若采取该措施之后还无法达到收入与支出的平衡，农户将减少日常生活消费，如将每日三餐改为早晚两餐，将干饭变为稀饭等。这使妇女和儿童成为最大的受影响者。四是孩子辍学。孩子辍学指孩子在应当受教育的年纪离开学校，提前进入社会寻找工作，导致受教育水平低下。五是社会保障及政府救济。社会保障的主体是一国政府，国家可以根据法律并借鉴国民收入再分配的相关研究，对我国国民收入进行再分配，确保公民在短期或者长期内因无劳动能力以及各种各样的原因而生活困难时，能够及时获得物质方面的帮助，保障最基本的生活。无论农户面对的是自然风险还是其他的风险，社会上的帮助与扶持及政府给予的救济都是抵抗风险的重要手段。六是外出务工。除了人力资本外，贫困地区其他资本匮乏。外在或内在风险发生时，暂时性外出务工成为一种很有必要的风险应对机制。家庭中个别成员外出务工，减少了家庭粮食消耗，对于解决家庭粮食不足问题具有一定的作用。

就典型生计风险而言，有8种事前风险应对策略，通过对受访者选择的风险应对策略进行总结发现，受访家庭中有664户将"提高孩子受教育水平"作为事前风险应对策略，表明研究区农户已认识到教育的重要性；有606户家庭将"收入来源多样化"作为事前风险应对策略，占受访家庭总数的60.9%。目前研究区农户的生计活动还是比较单一，但人们已经认识到单一的生计活动不利于抵御风险，已有45.1%的家庭认识到"建立村内'安全网'"的重要性，从宏观层面提高应对风险的能力。

根据问卷调查，总结出"资产转成现金""贷款""减少消费""孩子辍学""社会保障及政府救济""外出务工"6种事后风险应对策略。有66.6%的家庭将"外出务工"作为主要的事后风险应对策略，外出务工已成为贫困地区农户应对风险的主要生计活动之一；仅有130户家庭将"孩子辍学"作为事后风险应对策略；54.4%的家庭选择贷款以应对风险，减少消费也是抵御风险的主要策略之一（见表6-3）。向部分受访者询问其优先选择的一种事后风险应对策略，结果如下：选择"外出务工"的人数最多，占总受访人数的63.2%；选择"孩子辍学"的人数最少，占总受访人数的

4.6%；选择"社会保障及政府救济"的人数仅占总受访人数的 5.9%。这表明风险发生之后，人们还是倾向于自己抵抗风险，较少依赖外力。

表 6-3　生计风险应对策略

事前风险应对策略	频数	频率（%）	事后风险应对策略	频数	频率（%）
扩大畜群规模	396	39.8	资产转成现金	444	44.6
收入来源多样化	606	60.9	贷款	540	54.4
提高村子应对风险的能力	352	35.5	减少消费	530	53.4
建立村内"安全网"	450	45.1	孩子辍学	130	13.2
加强与村外亲戚的联系	540	54.2	社会保障及政府救济	410	41.1
参与农牧技术/技能培训	466	46.8	外出务工	664	66.6
提高孩子受教育水平	664	66.7			
举行宗教活动	184	18.6			

6.3.2　不同类型农户的返贫风险规避

近年来，众多国内外学者从多个角度出发对农户可能遇到的生计风险及风险应对策略进行研究，研究内容涵盖了"风险与脆弱性""可持续生计"等多个方面，具体如下。第一，与生计风险评估相关的研究。陈传波引入风险脆弱性框架，指出了农户可能遇到的各种各样的生计风险及其特点①。第二，有关生计风险应对策略的研究。在农户遇到的各种生计风险类型的基础之上，马苏德（Masud）等对农户风险偏好问题进行分析②。与此同时，国内也有许多学者进行了大量实证研究，得出风险应对的办法（策略）和生计资本之间有着紧密的关联，并且他们指出，存在一些风险应对办法（策略）既是农户回避生计风险的主要途径，也是农业生产效率

---

① 陈传波. 农户风险与脆弱性：一个分析框架及贫困地区的经验 ［J］. 农业经济问题，2005（8）：47-50.

② Masud Iqbal Md S, Salim M, Ray R. Vulnerability of Rural Livelihoods to Multiple Stressors：A Case Study from the Southwest Coastal Region of Bangladesh ［J］. Ocean and Coastal Management，2014（102）.

不高的主要原因。第三，特定背景下农户生计风险应对策略选择的差异性研究。吕亚荣和陈淑芬①、侯玲玲等②从"气候变化""旱灾""水资源匮乏"出发，指出因初始资本类型不同，农户在遇到生计风险时所实施的策略形式和后果显然不同。在黎洁等③、刘菊等④看来，相比于纯农户，兼业农户具备了更加完善的生计资本和多样性的生计活动，兼业农户成功降低了风险，在面临某一风险的侵害时，还能够从其他的生计途径获得补偿，获得了较高的抵抗风险能力，同时减少了对未知环境的依赖。

综上所述，现有研究总体仍处于初步探索阶段，现有研究成果暴露出以下几个方面的问题。第一，对生计风险的研究重点仍为"气候变化""水资源短缺""旱灾""土地资源缺失"等各类与环境问题相关的生计风险，缺乏对人文社会、经济发展因素的关注；相关的风险评估也仅停留于定性层面，缺少对生计风险的系统性、直观性定量研究。第二，尚未明确生计风险对农户生计策略选择的作用机制，特别是缺乏关于生计风险在农民应对策略形成中作用的研究。生计风险可以改变农户的资本所有权和资本结构。这意味着，生计风险通过改变家庭的初始资本而影响应对办法（策略）的选择，从而影响了整个家庭的福利水平。所以，十分有必要研究生计风险对农户风险应对策略选择的影响。若要提升农户抵抗生计风险的能力，应在定量评价农户返贫风险的基础上，探究农户返贫风险对风险应对策略选择的影响。

农户的（事后）风险应对策略主要有资产转成现金、贷款、减少消费、孩子辍学、社会保障及政府救济、外出务工等，农户对于风险应对策略有多

---

① 吕亚荣，陈淑芬. 农民对气候变化的认知及适应性行为分析［J］. 中国农村经济，2010 (7)：75-86.
② 侯玲玲，王金霞，黄季焜. 不同收入水平的农民对极端干旱事件的感知及其对适应措施采用的影响——基于全国9省农户大规模调查的实证分析［J］. 农业技术经济，2016 (11)：24-33.
③ 黎洁，李亚莉，邰秀军，等. 可持续生计分析框架下西部贫困退耕山区农户生计状况分析［J］. 中国农村观察，2009 (5)：29-38+96.
④ 刘菊，傅斌，王玉宽，等. 西部典型山区农户的生计状况分析——以四川省宝兴县为例［J］. 中国农业大学学报，2016，21 (12)：144-154.

个选择，每一个选择都是一个二元变量，并且策略的选择受到多方面因素的影响。因此，多元 Logistic 回归模型可以用于分析农户风险应对策略选择的影响因素。本书把农户风险应对策略即因变量的取值限定在 [0，1]，把"资产转成现金""贷款""减少消费""孩子辍学""社会保障及政府救济"和"外出务工"分别定义为一个二元变量，使用二元 Logistic 回归模型模拟风险发生后，不同类型风险对农户（事后）风险应对策略的影响，回归结果见表 6-4。

表 6-4 不同类型风险与事后风险应对策略二元回归结果

风险类型	资产转成现金	贷款	减少消费	孩子辍学	社会保障及政府救济	外出务工
常数	-0.494 (5.881)	-0.540 (18.778)	-0.463 (14.075)	-2.501 (12.363)	-1.123 (6.685)	0.137 (1.301)
健康风险	0.358** (4.437)	0.784*** (21.039)	0.776 (20.727)	1.023*** (14.175)	0.919*** (25.505)	0.788 (9.965)
环境风险	0.366** (4.410)	1.085*** (37.190)	0.960 (29.573)	0.507 (2.951)	1.265*** (4.347)	0.956*** (6.554)
金融风险	0.435** (4.220)	1.277 (33.224)	0.610*** (8.314)	0.620 (3.330)	0.796 (12.764)	0.774*** (11.865)
社会风险	0.599 (1.584)	1.079 (4.815)	1.493 (7.772)	1.471** (6.700)	0.804*** (2.749)	-0.911 (3.213)
信息风险	-0.382*** (6.973)	-0.993 (6.129)	-0.829 (3.754)	-0.791*** (10.048)	-1.022*** (4.691)	-0.794 (9.459)

注：*、** 和 *** 分别表示在 10%、5% 和 1% 的水平下显著，括号内为 Wald 统计量。

（1）健康风险、环境风险、金融风险及信息风险对"资产转成现金"策略具有重大影响。从回归结果可以看出，"资产转成现金"策略的信息风险模型是一个负面影响，农户在信息风险下不容易选择"资产转成现金"应对策略来抵御风险，这是因为较高的信息风险表示农户获取信息的渠道较少，可以利用的基础设施相对有限，农户对"资产转成现金"的风险抵御能力相对较弱；健康风险、环境风险、金融风险威胁着农户时，农户更倾向于选择"资产转成现金"应对策略，环境风险对农民风险应对策略选择有积极影响，面临较高环境风险的农民更有可能选择"资产转成现金"策略抵御生计风险。这是因为长久以来，研究区农户面临的最突出问题是水资源短缺造成的一系列环境问题。在脆弱的环境下，农民已经形成较强的主观能动性来抵抗环境风险。

（2）健康风险及环境风险使农户选择"贷款"这一风险应对策略的概率较高。健康风险和环境风险的农户更有可能选择"贷款"，以在短期内快速应对风险。由于"外出务工"的局限性，健康风险较高的农户更有可能选择"贷款"作为应对策略。金融风险对"减少消费"呈显著正向影响，即金融风险越高的农户越容易选择通过"减少消费"来应对风险，因此金融风险下农户把"减少消费"作为风险应对策略的概率更高。对于金融风险较高的农户而言，由于收入微薄、获取贷款的来源有限，农户必须选择"减少消费"策略恰当地降低生活水平以应对风险、维持生计。

（3）健康风险、社会风险和信息风险对"孩子辍学"这一风险应对策略有显著影响。信息风险下农户不愿意让孩子辍学以降低风险，信息风险对"孩子辍学"有负向影响，并且在1%的置信水平下十分显著。农户本身接受教育时间短、获取信息渠道较少导致信息闭塞，信息风险下农户更重视孩子的教育，当风险发生后，农户不愿意牺牲下一代受教育机会以减少生计支出；健康风险及社会风险对"孩子辍学"有正向影响，并且健康风险对"孩子辍学"的影响在1%的置信水平下显著，测度结果十分准确。家庭成员患病时，农户家庭需要支出费用用于治疗疾病，因此有可能难以支付孩子继续受教育的费用，并且农户家庭劳动力稀缺，孩子辍学之后可以立即成为家庭主要劳动力，从事农作物种植或者牲畜养殖等活动。因此，健康风险下农户更倾向于选择用孩子辍学应对风险。

（4）健康风险、环境风险、社会风险及信息风险下农户更倾向于选择"社会保障及政府救济"作为风险应对策略①。总体而言，金融风险对风险

---

① 周丹青.环境风险型群体性事件的发生逻辑及其治理路径［J］.法制与社会，2016（7）：194-195.

应对策略选择的影响最显著。环境风险、金融风险下，农户更喜欢选择"外出务工"策略。通过"外出务工"，农户既能获取到更多的信息，又能收获更多工作机会，还可以享受社会上更多的服务并且有更多的经济收入。所以，对于农户而言，他们更喜欢采取"外出务工"的策略，以在一定程度上解决信息不对称问题（信息风险）带来的影响。

　　除此以外，本书在研究中假设农户可能遇到的健康风险、环境风险、金融风险、社会风险、信息风险之间互不关联，但实际上，农户面临的各种风险往往是交织在一起的。因此，在进行农户返贫风险与风险应对策略研究时，应该重点研究多个风险交互导致的问题。

第7章　研究区农户生计资本与返贫风险分析

从可持续生计视角来看，农户生计资本禀赋（包括规模、结构和潜力）直接决定其应对、抵御和规避生计风险的能力，直接或间接影响农户通过调整、重构生计策略来处置、应对其所面临的各类生计风险。一般来说，家庭生计资本类型越丰富、资本存量越丰厚，可供选择的处理生计风险的策略也就越多。如果一个家庭缺乏生计资本，或者仅掌握单一的生计资本，并且缺乏良好的生计条件来抵御生计风险的侵袭，那么在抵御风险失败后，农户的生计只能处于崩溃的边缘。由此看来，生计资本是提高农户生计风险应对能力的前提和基础，并为探究农户生计风险提供了一个重要的视角。

7.1　研究区农户生计资本的抗风险能力分析

7.1.1　生计资本对返贫风险的影响分析

农户生产生活中生计风险的识别与应对，一直都是农村经济发展与社会建设进程中需要重点关注的核心问题，充盈而优质的生计资本决定了农户生计状况的同时，也是农户有效降低生计脆弱性、持续增强生计风险抵御力、快速提升生计恢复力的基础。生计资本已经成为分析、判定、处置农户生计风险的重要方法与基本视角：生计风险发生的强度与频率受到生计资本现实禀赋的直接影响，生计资本的结构性缺失和功能性弱化在诱发农户生计风险的同时，降低其风险抵御能力。

近年来，随着"三农"问题的突出，国家一直对"三农"问题保持着高度重视，并且逐渐推动了农村改革，吸引一大批优秀学者持续围绕农户生计水平的评估与监测、农户生计策略调整与优化等关键问题开展创新性研究，产出众多有高影响力的成果，充实国内基础研究的同时指导地方建设实践。在脱贫攻坚战中后期的多维贫困治理与返贫风险应对指导工作中，需要从贫困农户生计资本的视角，探讨生计资本与返贫风险之间的影响关系与作用机制，揭示农户生计实践中，生计资本对农户应对返贫风险的有效支撑作用，对农户生计风险抵御力的支撑与提升作用，尤其是对生态脆弱区农户在相对贫困治理时期的生计能力培养与提高有着更加积极的理论与实践意义。

为量化和分析农户生计资本在抵御返贫风险时的作用，本书构建计量模型对受访农户生计资本与返贫风险的关系进行回归分析，其中生计资本对返贫风险的回归分析结果见表7-1。

表7-1　生计资本对返贫风险的回归分析

资本类型	健康风险	环境风险	金融风险	社会风险	信息风险
常数	0.097 (5.987)	0.062 (5.962)	0.056 (10.123)	0.045 (36.767)	0.093 (16.252)
人力资本	-0.011 ** (-0.343)	0.040 (1.264)	0.048 (1.499)	-0.217 *** (-7.170)	-0.025 (-0.790)
物质资本	0.035 (1.096)	0.023 (0.737)	0.050 (1.590)	-0.028 (-0.920)	-0.044 (-1.426)
自然资本	-0.027 (-0.836)	0.050 (1.582)	0.010 (0.322)	-0.099 *** (-3.230)	-0.092 ** (-2.920)
金融资本	-0.098 *** (3.030)	-0.184 *** (5.790)	-0.082 ** (2.542)	-0.068 ** (-2.206)	-0.049 (-1.553)
社会资本	0.058 (1.813)	0.033 (1.043)	0.025 (0.773)	-0.161 *** (-5.254)	-0.168 *** (-5.307)

注：括号内为 t 统计量；*、** 和 *** 分别表示在10%、5%和1%的水平下显著。

第一，金融资本、自然资本、人力资本等对健康风险表现为负向作用且作用强度递减（参数绝对值），金融资本表现出对健康风险的负向影响作用最大且在1%的置信水平下显著，而人力资本对健康风险的负向影响最小且在5%的置信水平下显著，表明在应对健康风险时金融资本影响更显著、发挥的作用更大。农户因病返贫、因重病致深度贫困的确是现实中较为普遍存在的，而提高农户金融资本的有效强度是应对因病返贫的最直接有效的方式之一。健康是人力资本评估的重要指标，当农户拥有相对较好的身体状态时，他便拥有了相对较高的人力资本。与此同时，身体状况良好的农户生病、患重大疾病概率相对较低，也就是说其遭遇健康风险的概率较小。健康状况对于农户生计实践至关重要，健康状况决定了农户人力资本现状，也决定了人力资本预期：拥有较好健康状况的农户，对于健康状况的担心与投入（改善和保障健康）相对较低，而金融资本丰富的农户（表现为家庭收入相对较高）在健康风险应对方面的投入（可能会高，为了保持良好的健康状况；也可能会低，无需或是减缓投入），可以有效降低健康风险，使得农户因病返贫风险较低。

第二，金融资本与环境风险之间呈较强的负相关性，并且两者间的相关系数在1%的置信水平下呈现显著相关性。环境风险具有不可预测性、不确定性且是不可抗力，环境风险与农户的人力资本、物质资本、自然资本、社会资本之间呈正相关关系，但相关系数表明正相关性并不显著。可以试想，在环境风险发生时，能够最为有效抵御风险而避免返贫的是金融资本。但不可否认，人力资本、物质资本、社会资本与自然资本对于抵御环境风险导致的返贫仍有作用，但更多需要在长时间内影响农户的生计状况，而金融资本因社会流动性强且变现迅速，是抵御返贫风险最有力的资本。农户的金融资本越充足，越可以凭借相对较高的收入水平和良好的借贷信用，在引发返贫风险的环境突发事件发生时，获得较强的环境风险抵御能力。

第三，充沛的金融资本对抵御金融风险有着显著的作用，两者在相关性分析中表现为负相关，并在5%的置信水平下显著。对于农户来讲，农资价格过高、农产品价格下行、融资信贷艰难等，都是生产生活中经常遇到的风险，也是导致脱贫户返贫的重要因素。对于金融资本相对较充足的农户来讲，面对偶发的农产品价格波动、短期融资有限、购买到假农资产品等风险时，由于自身家庭收入较高、可借贷来源广，应对金融风险的手段相对较多。因此，对于农户来讲，金融资本越充足其应对金融风险的能力越强，即便在面对普遍性金融风险时其所受到的返贫威胁也相对较小。而无论是偶发性还是持续性金融风险发生之后，金融资本充足的农户在风险之后的生计恢复能力都相对较强，能够迅速应对、处置金融风险引发的返贫风险。

第四，社会风险的涵盖范围相对较为广泛，农户的社会风险对农户人力资本、自然资本、金融资本及社会资本等都有一定的影响，并且均为显著的负向作用。从人力资本的测算表征来看，人力资本充足的农户具有相对较大的家庭规模、较充足的家庭劳动力，而大家庭、多劳动力提升农户关联的社会关系网络的复杂性、多样性、异质性、凝聚性，农户在遭遇社会风险时可以通过社会关系网消减影响，降低返贫风险发生的概率。并且，社会资本得到增强的同时，农户会拥有较为庞大的社会网络，依靠社会网络中各种交往关系的支持，各网络中更多的亲友能有效化解其社会风险。农村生产经营活动区别于城市的重要方面之一，就是在劳动合作、生产工具共享、生产资料置换以及家族血缘、家庭联姻、邻里互动等基础上自然形成的社会网络结构。中国农村社会网络对于农户的生计影响是非常大的，伴随其形成的社会资本——远亲不如近邻、乡里乡亲——对农户生计的影响也非常大，无论是在没有市场网络的自然经济时代还是在社会经济高速发展的今天，在抵御社会风险时社会网络的紧密度和强度也尤为重要，农户社会网络的质量与规模决定了其社会资本的强度，决定了其抵御社会风险的能力，也决定了其遭遇风险冲击后的恢复力。

第五，自然资本、社会资本对信息风险呈显著的负向作用。社会资本充足的人，频繁的社会交往使其更容易获取农机服务、良种等农业市场信息，因此其面临的信息风险较低。自然资本对信息风险的影响在5%的置信水平下显著。家庭固定资产数量越多、耕地面积越大在一定程度上反映了农户的家庭生活水平越高。农产品市场信息的可得性、准确性、丰富性影响着农户生产生活的现实导向和获益机会、获益程度。表征自然资本的农业生产基础越雄厚，农户获得的收益越多。而对信息获得的要求更高、获得信息渠道更广泛的农户获取信息的主动性要远高于自然资本相对少的农户,同时此类农户对于信息的甄别、利用也更谨慎,其信息风险的防范意识更高。

7.1.2 返贫风险对生计资本的影响分析

根据前文对相关研究的梳理及本书作者的调研,根植于可持续生计研究的学者长期持续开拓领域内的创新方向。上一小节通过构建、检验生计资本与生产风险间存在的关系及作用机制,从农户层面刻画了生计资本在抵御生计风险、化解返贫风险中的贡献与作用,本小节将尝试探索生计风险对生计资本的影响。为了抵御生计风险,农户会大幅度改变其拥有的资本类型和资本结构。在生计风险的防控中,农户可以适度调整家庭的生计资本禀赋(主要是调整结构、转变功能)以应对可能发生的引发返贫的生计风险,进而在提升家庭风险抵御能力的同时改变家庭的整体生计产出与福利水平。探讨引发返贫的生计风险如何作用于农户生计资本结构的调整和优化,一方面有助于分析农户的生计风险事前应对策略如何在生计活动中实践,另一方面有助于发现各类生计资本对诱发返贫的生计风险的敏感性。本小节深刻揭示生计风险与生计资本的反馈作用关系,提高农户抵御生计风险的能力,分析农户容易遭受的生计风险类型,农户生计活动中受到生计风险影响的内容,以及农户在受到风险影响后如何有效调整生计资本存量、如何发挥生计资本的结构性功能,以应对、抵御返贫生计风险。表 7-2 为返贫风险对生计资本的回归分析结果。

表 7-2 返贫风险对生计资本的回归分析

风险类型	人力资本	物质资本	自然资本	金融资本	社会资本
常数	0.010 (31.782)	0.002 (4.407)	0.009 (13.730)	0.080 (9.177)	0.086 (11.526)
健康风险	-0.058* (-1.662)	0.026 (0.722)	-0.079** (-2.220)	0.003 (0.096)	0.021 (0.588)
环境风险	0.053 (1.477)	0.009 (0.246)	0.093** (2.547)	0.174*** (4.799)	0.013 (0.367)

续表

风险类型	人力资本	物质资本	自然资本	金融资本	社会资本
金融风险	0.022 （0.698）	0.046 （1.417）	−0.011 （−0.329）	0.041 （1.264）	−0.004 （−0.139）
社会风险	−0.249 *** （−7.795）	0.018 * （−0.552）	−0.125 *** （−3.869）	−0.085 *** （−2.638）	−0.166 *** （−5.210）
信息风险	0.010 （0.314）	−0.030 * （−0.887）	−0.083 ** （−2.526）	−0.030 （−0.906）	−0.140 *** （−4.326）

注：括号内为 t 统计量；*、** 和 *** 分别表示在 10%、5% 和 1% 的水平下显著。

第一，健康风险和社会风险对人力资本呈显著的负向作用。当农户的健康风险每增加 1 个单位，农户将会相应减少人力资本 0.058 个单位；当农户社会风险每增加 1 个单位，农户将会相应减少人力资本 0.249 个单位。健康风险的波动直接影响农户的人力资本，影响农户健康风险预期的主要因素是其自身的健康状况、劳动环境及农村仍需完善的医疗保障条件。在众多的生计风险中，健康风险是较为普遍且重要的一种，在相对贫困治理时期，通过改善脱贫户的健康状况、工作环境及医疗保障条件，避免其再次因病、因疾返贫是非常重要而且基础的工作。健康风险降低，人力资本也将随之得到改善，脱贫户的生计资本结构将得以实现进一步的优化。农户的社会风险高，说明农户的社会关系规模与结构条件不够好，社会关系网及伴生的社会资本仍有待优化，与家人亲友的来往不密切将导致农户家庭可利用人力资源较少，引发人力资本危机。

第二，社会风险和信息风险对物质资本均有显著的影响，且影响均在 10% 的置信水平下显著，但影响方向并不一致。从两对关系的回归系数来看，农户的信息风险每增加 1 个单位，农户的物质资本将相应减少 0.030 个单位；农户的社会风险每增加 1 个单位，农户的物质资本将相应增加 0.018 个单位。如果社会风险预估较高，但农户在其所构建的社会关系网中得不到预期的援助，社会关系将因"但求自保"的潜在意识变得松散。农户在生计实践中遭遇生计困难时，可利用的来自社会关系网的社会资源与社会帮助可能会受限，储备更高的物质资本则会增强其在遭遇社会风险时的抵御能力和恢复力，"求人不如靠己"的潜意识将影响农户生计资本的调整和优化方向。信息风险对物质资本有负向影响，信息风险越高表明农户获取、甄别、使用信息的能力越有限，特别是无法准确判断信息内容及有效使用信息，结果会导致农户在具体的生产生活实践中受到制约，对农业种植、牲畜养殖等生产行为出现误判，导致物质资本流失，因此信息风险越高的农户物质资本越匮乏。

第三，健康风险、社会风险以及信息风险均对自然资本表现出负向影响作用，其中社会风险的负向影响最大（系数绝对值）。环境风险则表现出对自然资本的正向影响作用，农户的环境风险每增加 1 个单位，农户的自然资本相应增加 0.093 个单位。当面临极端天气灾害、地震等环境风险威胁时，农户往往会通过加固房屋等方式加以抵御，因此住房状况得以改善，使得农户自然资本增加；健康风险越高的农户，由于自身身体状况不适合从事农业劳作，家庭土地耕种面积较少，因此其自然资本较少。社会风险对自然资本的回归系数为-0.125，并在1%的置信水平下显著，农户的社会风险每增加 1 个单位，农户的自然资本减少 0.125 个单位。农户较薄弱的社会关系、较少的社会资源，使其依靠社会网络抵御风险的能力有限。

第四，环境风险和社会风险对金融资本有显著影响。从回归系数来看，农户的环境风险每增加 1 个单位，农户的金融资本相应增加 0.174 个单位；农户的社会风险每增加 1 个单位，农户的金融资本相应减少 0.085 个单位。农户（特别是生态脆弱区农户）预判环境风险提升时，通常会通过持续增加金融资本存量的手段来抵御未来可能发生的环境风险，结果是间接地提高了农户生计资本结构中金融资本的比重；当农户所面临的社会风险加剧时，如农户在遭遇生计困难引发返贫现象时其所能利用的社会网络带来的社会资源将十分有限，并进一步限制农户利用社会资源获得更多的收入，导致农户的金融资本流失。

第五，社会风险和信息风险对社会资本表现出显著的负向影响作用。

农户的社会风险预估对社会资本的影响较大，回归系数达到-0.166且在1%的置信水平下显著，表明农户的社会风险每增加1个单位，农户的社会资本将相应减少0.166个单位。农户的社会风险提高后，即便有着较广泛和复杂的社会网络，其在遇到生计问题、生计困难时可以有效利用的社会资源也相对有限。通常情况下，农户可以获得亲朋好友的帮助，但其从社会组织中获得的帮助依然相对有限，这种限制主要是因为社会组织作为"公共的社会资源"所支撑和帮扶的群体广泛，特别是在脱贫和控制返贫方面，社会组织的能力仍是有限的。社会组织抵御风险能力建设滞后、抑制返贫作用发挥不足，将是相对贫困治理时期亟待引起关注的重要问题。

7.1.3　返贫风险冲击与生计预期响应

生态脆弱区农户脱贫摘帽后成为边缘性脱贫人口，或者说处于摆脱绝对贫困、收入略高于贫困线的相对贫困状态，仍是以自身资源禀赋为生计实践基础来获得生计产出、提升生计水平、积极实现生计预期，即基于目前所占有的生计投入，通过优化生计过程、提升生计水平实现理想状态下的生计产出。本书将农户生计资本等间距划分为5个等级，出于可达性考虑，假定农户生计预期比生计资本现状提高一个等级。农户在生计活动中将面临不同类型、不同影响程度的返贫风险，从逻辑分析角度考察农户生计预期对返贫风险的响应，对于有效规避和应对返贫风险对农户生计发展的影响、持续稳定脱贫以及推进相对贫困的长效治理，特别是对于生态脆弱区脱贫摘帽后在经济与环境的相互影响中决定如何改变生计途径、如何提高生计效率以及生计水平有着十分重要的理论意义和现实意义。在已有的关于生计的研究中，学者们广泛关注生计资本、生计风险、生计策略之间的关系，以及三者之间的相互作用，并对此进行量化分析。事实上，农户生计策略的调整过程是较为复杂的，在面临生计风险冲击时，农户生计资本的规模与结构直接影响农户选择采用何种策略应对生计风险、阻断返贫。而在外部风险的作用下调整生计资本与优化策略，必然将影响生计产出，进而影响农户的生计预期。根据已测算出的农户返贫风险值，使用 Logistic 回归模型实证模拟生计风险对农户生计预期的影响，结果见表 7-3。

表 7-3 生计风险对农户生计预期影响的模拟结果

风险类型	回归系数	t 统计量	P 值
常量	0.248	20.138	0.000
健康风险	0.010	0.295	0.768
环境风险	0.136	3.821	0.000
金融风险	0.028	0.878	0.380
社会风险	−0.172	−5.474	0.000
信息风险	−0.110	−3.435	0.001

从结果来看，在 1% 的置信水平下列举的主要生计风险中，环境风险、社会风险、信息风险等表现出对农户生计预期的显著影响。受社会风险和信息风险威胁较小的农户，生计预期较高，回归系数分别为 −0.172 及 −0.110。农户社会风险小，在一定程度上表示农户社会人际交往情况较好，面临风险威胁时可获得帮助的机会较多。如果摆脱绝对贫困的农户所处生活环境可依靠资源较多，他对未来生计的期望也会相对较高。社会风险与农户生计预期呈负相关关系。对信息风险预估越小的农户，生计预期越高。对信息风险预估较小的农户，因信息可获得性方面的优势较容易获得生计活动相关信息，广泛的信息获取渠道有利于其生计水平的维持和提高，使得农户对未来的生计资本持积极态度，因此，信息风险越低的农户生计预期越高。

环境风险越高的农户，其生计预期处于高等级的概率越高，回归系数为 0.136。环境风险较高的农户，其面临极端天气、植被破坏及水资源短缺等风险威胁的概率也相对较高，并且绝大多数环境风险发生时的威胁面十分广泛，往往是一定范围内的多数农户集体、普遍面临风险，而非只有个体或单一群体受到风险的影响。发生环境风险时，农户往往依赖政府救济应对风险，因此，环境风险高的农户并不十分担心生计水平下降，反而提高了生计预期。

7.2　基于农户生计资本的返贫风险规避

农户为了阻断返贫，通过风险应对策略抵御生计风险，在保障现有生计水平的同时，寄望于实现生计预期。通常情况下，生计风险是普遍且客观存在的，对于脱贫户来说生计风险最直接最关键的影响就是引发返贫问题，同时各类型生计风险相互交错、相互影响，各类型风险间也存在一定的转换关系，脱贫户容易陷入"生计风险—生计下降—返贫"的恶性循环。同时，生计风险涉及的范围较广、相关因素多，由于农户自身对于风险的认知和预估存在差异，农户势必面临更多新型的生计风险，这里不做赘述。农户的生计资本禀赋，是提高风险抵御能力、降低生计风险、提升生计水平和实现生计预期的基础与前提。当返贫风险发生时，生计资本占有状态、功能发挥情况也是农户应对策略选择和优化的依据和保障。本节采用多元 Logistic 回归模型，构建生计资本与生计风险之间的关系模型，分析农户生计资本与事前风险应对策略间的相互作用关系（见表 7-4）。

表 7-4　生计资本对事前风险应对策略的回归分析

资本类型	扩大畜群规模	收入来源多样化	提高能力	与村内人联系	与村外人联系	参加农技培训	提高孩子受教育水平	举行宗教活动
常数	-1.000 (15.31)	-0.005 (0.02)	-1.319 (24.26)	-0.890 (12.43)	-0.466 (3.51)	-1.033 (16.44)	-0.325 (1.54)	-1.810 (31.22)
人力资本	3.119 (2.15)	-1.332 (0.30)	4.984 (2.17)	2.426 (1.51)	4.021 (0.02)	4.415 ** (4.26)	1.846 (0.52)	3.056 (0.97)
物质资本	2.698 (1.59)	2.782 ** (4.27)	4.195 ** (4.64)	5.562 *** (9.30)	2.951 (2.45)	2.632 ** (5.09)	0.433 *** (9.44)	-0.603 (0.01)
自然资本	2.428 * (3.05)	7.774 (17.03)	2.164 * (3.12)	2.598 (0.04)	3.901 *** (9.02)	3.997 *** (8.12)	2.403 *** (13.07)	-1.067 (0.82)
金融资本	-0.762 (0.59)	0.370 (0.14)	-1.541 (2.20)	0.730 (0.56)	2.395 ** (5.87)	0.279 (0.08)	4.149 *** (14.14)	1.081 (0.79)
社会资本	2.381 ** (4.42)	0.748 (0.41)	5.185 *** (18.58)	4.804 *** (15.12)	1.601 (1.89)	1.585 (1.96)	0.263 (0.05)	1.431 (1.17)

注：括号内为 t 统计量；* 、** 和 *** 分别表示在 10%、5% 和 1% 的水平下显著。

第一，自然资本和物质资本是提高能力（指提高村子应对风险的能力，以下简称"提高能力"）、参加农技培训（指参与农牧技术/技能培训，以下简称"参加农技培训"）、提高孩子受教育水平的正向影响因素。自然资本、物质资本越高的农户，往往是家庭耕种面积较多或牲畜数量较多，从事种植业或畜牧业的农户，所以参加农技培训是农户基于自身资源禀赋进行风险应对策略选择的结果；自然资本、物质资本越丰富的农户，越倾向于选择参加农技培训作为事前风险应对策略；自然资本、物质资本丰富的农户，由于自身从事畜牧业、种植业等生计活动，生计收入基本来源于农村，所以依赖村内组织从公共决策/管理层面提高风险应对能力是其应对未知风险的主要策略之一。

第二，农户人力资本与参加农技培训之间呈显著的正向作用关系。在人力资本的测算评估中，受访个体的受教育水平是衡量人力资本质量的重要指标之一。分析发现，人力资本越充足的农户，越愿意参加农技培训，并将其作为事前风险应对策略。劳动力人数相对较多并且劳动力构成中受教育水平越高的农户家庭，不仅是人力资本相对充足，其生计资本整体上也相对较充足，参加农技培训有利于农户提高技能水平、丰富农业相关知识，从而能更有效地提高生计资本以应对返贫风险。

第三，金融资本与提高孩子受教育水平、与村外人联系之间呈显著正向作用关系。相对于其他农户，金融资本丰富的农户生计支出中对孩子的教育支出占很大比重，在风险来临前，金融资本丰富的农户有能力支撑孩子接受更高水平的教育；金融资本越丰富的农户，选择与村外人联系作为事前风险应对策略的概率越高。农户借款途径之一就是向亲戚借款，金融资本较丰富的农户越容易获得来自亲友的资金帮助，因此，在风险发生之前，金融资本较丰富的农户更可能与村外人（亲戚）加强联系，以应对风险。

第四，社会资本与扩大畜群规模、提高能力、与村内人联系之间呈显著的正向作用关系。社会资本越丰富的农户，越积极参加村内组织的农业协会等村级组织，在村内信任的人较多，村内社会关系网强大。在风险发生之前，出于维护组织共同利益的考虑，社会资本丰富的农户，往往倾向于加强与村内人的联系以应对即将面临的风险，并从管理层面提高村子应对风险的能力、建立村内的安全网，以应对村内居民均可能面对的风险。对于"举行宗教活动"（请僧侣/活佛祈福），各类型资本均对其没有显著影响。

第8章　风险管理与脱贫农户返贫风险
规避策略

8.1　风险管理与稳定脱贫新战略

生态脆弱区脱贫农户面临返贫风险是其自身生计脆弱性的外在体现，更深层次的关键性原因是脱贫农户缺少减少、转移、应对返贫风险的发展能力。基于可持续生计的返贫风险分析，为农户应对返贫风险提供了综合性的分析框架，从生计资本、生计策略视角为有效应对返贫风险提供了新的思路与方法，在强调应对返贫风险发生时的短期困境的同时，强化风险管理中事后应对策略的前移与风险预防，通过生计资本与生计策略的调整与优化提升生计能力，实现持续性、长效性的返贫风险抵御。

从返贫风险防控的目标来看，返贫风险防控包括返贫风险的预防、返贫风险的转移与返贫风险的应对三个阶段，与之相对应的是，返贫风险防控策略可以划分为返贫风险的预防策略、返贫风险的缓解策略和返贫风险的应对策略。其中，返贫风险的预防策略，主要是以降低返贫风险发生的概率为干预目标，具体是通过甄别致贫关键因素，在返贫风险发生前，通过对生计实践的干预，避免脱贫户返贫。如通过教育培训与医疗投入提高人力资本、通过强化社会关系网络提高社会资本、通过增加收入来源提升金融资本等。返贫风险干预的重点在于通过整体提高脱贫户的生计资本存量来降低返贫风险发生的概率。

返贫风险的缓解策略是指借助生计资本的作用和特征来实现返贫风险的转移，主要是利用生计资本各组合的特性来缓解返贫风险带来的生计压力。如伴随社会网络而形成的社会资本（包括组织机构、个体）有助于将特定节点农户的风险通过社会资源网络中的正式、非正式机制进行转移。返贫风险的应对策略以消灭、消化返贫风险及其影响为目标，主要是在返贫风险发生之后消除其对生计资本、生计状况的影响。农户经常采用的手段包括使用存款、广泛借贷及等待政府的社会救济等。从返贫风险的分析逻辑来看，返贫风险管理是在可持续生计分析框架下以返贫风险预防、返贫风险转移和返贫风险应对为目标，依托生计资本调整与生计策略优化形成的个人或家庭、社区、非政府组织、市场和政府多方利益主体共同参与的返贫风险治理机制。

针对现阶段稳定脱贫面临的种种现实困境，本节从可持续生计分析框架的三个方面出发，构建基于返贫风险管理的"（防）风险—（强）生计—（脱）贫困"稳定脱贫机制。

8.1.1 应对脆弱性背景的风险防范机制

贫困治理具有动态性、阶段性的特征，消除现行贫困标准下的绝对贫困之后，我国将转入相对贫困治理时期。对于生态脆弱区内的脱贫户而言，在达到现行标准脱贫后因自身的生计脆弱性，生计风险转化为返贫风险，极有可能在实现脱贫后再次返贫，特别是在普遍性的生计风险作用下，西北生态脆弱区仍有区域性集中返贫的风险。因此，要降低脱贫户的返贫风险，增强其生计风险抵御力，提高其应对风险冲击的"抗逆力"。

（1）精准考核脱贫稳定性，降低返贫风险

返贫风险防范作为脱贫农户持续稳定脱贫的关键环节，是脱贫攻坚胜利成果保护的重要防线，更是返贫防控、巩固脱贫的重要保障。一方面需要建立稳定脱贫评估与监测指标体系，系统、精准评估脱贫农户稳定持续脱贫的能力；另一方面需要重点监测返贫诱发因素、着力有效降低返贫风险发生的可能性，努力将返贫风险系数降至可防、可控的最低值。

第一，构建稳定脱贫评估与监测指标体系。量化和评估农户脱贫后的持续稳定脱贫能力，主要是从脱贫农户生计视角出发，考量脱贫农户脱贫后生计能力是否得到改善，并且改善过程是否具有持续性，如农业增收是否可持续、生计策略是否科学合理可利用、生计策略优化后是否稳定以及抵御返贫风险的能力是否提高等；考察评估框架、选择表征指标进行体系设计，准确甄别、区分脱贫农户中的暂时性脱贫和稳定脱贫两类群体，考察生计资本构成与生计策略特征，制定、实施差异化的后续贫困治理倾斜政策。

第二，降低返贫风险发生概率。主要是对脱贫农户生计实践中的各相关主体进行防控。最关键的是关注扶贫中小企业发展风险，扶贫中小企业吸纳的脱贫人口数量多、帮扶力度大、帮扶范围广，在稳定、持续脱贫的过程中发挥作用重大，无论是扶贫资金入股分红，还是吸纳剩余劳动力，都为农户持续增收、稳定提升生计水平和生计能力提供了重要支撑。从当前的脱贫攻坚实践来看，需要准确对接市场需求与企业供给，合理规划、布局良性健康发展的中小企业，加快建立以政府、企业和脱贫农户三方为主体的生计风险分担机制（如订单化生产、设立发展风险基金等），构建利益共享、风险共担的格局，并且推动中小企业在扶贫、返贫风险抵御中发挥重要作用，借此机会壮大企业，实现良性发展目标。

第三，通过加大生态脆弱脱贫摘帽地区的基础医疗设施建设和医疗服务投入力度，减轻该地区脱贫户的就医压力，提升当地医疗保障和人口健康水平，提升就近就医的便利性和医疗卫生服务人员的业务能力，尤其是需要加强脱贫地区公共卫生防控、防疫和疾病预防工作，从便利到便宜，从有病久拖到关注健康，转变脱贫户长期以来有病不敢医、不就医的固有思想观念。因大病、生病返贫的风险较高，从健康风险发生的源头彻底治理，有助于消除脱贫户惯性思维中的因病返贫风险顾虑。自然灾害引发的环境风险，具有一定的区域性、偶发性，但影响作用不仅限于个体或家庭，生态脆弱区脱贫户因对自然资源的高度依赖，生计水平提高的过程中更是需要调和经济发展与生态保护矛盾，偶发性的重大自然灾害引起的返贫问题更是值得重点关注。脱贫户应当在政府相关职能部门的科学指导之下，在保护绿水青山的前提下提升生计水平，防范自然灾害引发的返贫风险，而国土、气象、民政、农业等部门需要主动及时给予脱贫户科学环境风险防范指导，及时出台相关措施防范因灾返贫。

（2）降低生计脆弱性，正视返贫现象

降低生计脆弱性，是治理返贫的关键。农户生计脆弱性的形成主要受生产生活中各类风险的冲击与侵害以及自身抗风险能力较差两个方面的影响，脱贫户稳定持续脱贫的根本途径是提高其脱贫后的生计能力，以降低脱贫户的生计脆弱性。在遭受风险冲击后，拥有较强风险抵御力和恢复力的个体及家庭，具有稳定脱贫的必要条件和重要保障。

第一，增强返贫抵御力，重点关注易返贫群体。易返贫群体主要包括自理能力有限或者家庭成员自理能力有限的特殊群体、脱贫摘帽个体或家庭、收入水平略高于贫困标准户等。因此，首要任务是制定和完善社会保障相关的规章制度，加大力度推广和建立社会保障体系，让易返贫群体更加关注社会保障相关信息，在利用社会保障为易返贫群体的生计安全保底的同时，让该群体有意识、自觉地参与社会保障，以保障从绝对贫困户转为相对贫困户群体的基本生活与生计。此外，易返贫群体要提高对返贫风险的认识、加强对诱发返贫风险关键性因素的甄别，增强自身的返贫风险抵御力，提高应对返贫风险的生计恢复力，充分发挥生计实践主体和生计能力提升利用相关者在防治返贫风险各环节的优势和作用。如保障扶贫企业的逐利特性来保证"公司+脱贫农户"模式能够长期、稳定地将两者绑定为利益共同体，发展、引导、支持零散农户建设有效应对外部风险冲击的专业协会、合作社等组织，培育协会、合作社等组织中的脱贫致富带头人，整合社会网络资源中已脱离社区的乡贤精英，以发挥其社会资本优势带领易返贫群体稳定脱贫。

第二，正视暂时性的返贫现象，充分认清贫困现象自身的动态性、相对性特征。通过生计资本援助和帮扶建立暂时性返贫的及时性、临时性帮扶机制。客观、科学、合理评估返贫发生概率，尊重、直面贫困治理的长期性现实，加强防治机制建设的同时优化考核机制，消除贫困治理工作的后顾之忧和羁绊。创新工作方式与应对策略，区别暂时性返贫、长久性返贫，明确返贫治理的重点问题，精准排查诱发返贫的关键性因素，及时、有效干预与处置，解决引发返贫的顽疾，提升返贫户的生计水平与生计能力，强化其风险抵御力和恢复力，打破反复返贫的恶性循环，形成持续稳定脱贫的正反馈促进机制，真正实现一朝脱贫摘帽，持续稳定长久脱贫。

8.1.2 应对生计资本的长效增收机制

现阶段对于大多数的脱贫农户来说，主要的收入来源是农业农产品生产性经营收入、各种形式的外出务工收入，以及政府补贴性质的转移支付收入、扶贫企业的定期入股资金分红。从经济学角度可以简单地理解为持续稳定的增收是稳定脱贫的关键，而如何保持脱贫户的收入持续增加也是应对返贫风险的重点切入点。

（1）多元化产业融合构筑村级自生能力

产业扶贫战略提出的意义，正是为长期有效解决贫困户的增收问题，特别是在扶贫产业得到充分发展后转换为比较优势产业，带动深度贫困区"生存"型传统农业逐步向"发展"型现代农业转变，提升传统农户生计水平与生计实践能力。

首先，因地制宜，依据村/社区所在地的资源禀赋、区位条件与市场可通达性、产品的需求等，选择适宜的产业，充分考虑地方特色与短期内易形成相对比较优势的产业，通过强化产业融合、产业链分工，提高产品价值、增强产业稳定脱贫功能。其次，发挥多元主体参与下的产业带动机制作用，特别是对于为增加收入长期在外务工人员或是无劳动力的脱贫户，建立生计资源、生计资本由他人代持、代耕、代养、合作入股等机制，如合作社、协作会、互助小组等多元化合作方式，共享产业提升、收入增加、生计改革的成果。最后，针对生态脆弱区的脱贫户建立绿色循环发展、生态保护优先的地方特色优势产业体系，提升以自然资源为基础的脱贫户生产效率和生计产出效率。此外，近年来广泛倡导的生态公益性岗位探索，也是转变当前生态脆弱区农户生计实践、稳定脱贫的成功经验。该探索旨在促进和实现自然资源产品、服务资产化，生态资源产业可持续化，使得生态脆弱区脱贫人口从对自然资本利用与开发中、从对环境资源的建设与修复中、从生态服务的供给与保护中，得到更多收益、更多福利，提高已脱贫人口的广泛参与和持续受益水平。

（2）多元化收入渠道构筑增收"稳贫器"

从研究实践来看，多元化的收入来源是脱贫户持续稳定脱贫的重要保障。农业生产经营收入虽然是大多数贫困农户的主要收入来源之一，能够长期保持较小的收入波动，但是在生产经营的过程中，并不会如预期一样有较为满意和平稳的结果，无法预测的自然灾害、价格波动、信息不对称等潜在风险，都成为影响收入的重要因素，并且无法预测的危机会促使脱贫户开辟多元化的收入渠道，以实现"稳贫"增收。

第一，转移有效剩余劳动力，保障持续稳定务工收入。构建城乡劳动力一体化市场，打破农村剩余劳动力转移和就业的固有性制度障碍，利用劳动力市场机制提高劳动力的就业率，实现劳动力资源的有效配置。提供更多就业信息，消除劳动力在求职期间信息不对称造成的缺乏就业机会问题。推进劳动力市场城乡一体化背景下的健康持续、有序稳定发展，消除技术壁垒。加快脱贫地区乡镇、社区中小企业的发展，以提供更多的就业机会，吸纳大量农村剩余劳动力，使他们具有获得稳定收入的能力，并在工作中获得自我认同感和他人认同感，实现精神和物质的双重持续稳定脱贫。

第二，减少相对贫困治理阶段转移性收入的比例。脱贫户稳定持续脱贫、避免转移性支付缩减后返贫的关键，是提升脱贫户生计能力、增加脱贫户生计收入，构筑农户个人或家庭的生计资本、财富累积的良性机制。"输血"性质的转移性收入扶贫，对于直接贫困户而言是少数脱贫途径中较为重要的一种，而"造血"性质的稳定增收才是持续脱贫的最佳出路。同时，应当强化社会组织、社会资本的有效介入，形成良性互助、持续帮扶，从根本上解决脱贫户的返贫风险，真正实现从物质脱贫到精神脱贫、从扶贫到扶志。此外，生态脆弱区应当加强对公益性岗位的开发，构建更为广泛的横向生态补偿制度，设立生态保护基金，推进生态资产向生计资产的转变，鼓励脱贫户以"拥有"的自然资产入股分享生态保护收益的环境红利，使得传统上以自然资源为生产基础的脱贫户，能够在保护其自然资产不受损、生态服务增值的情况下获得收益，在稳定脱贫、抵御返贫风险的同时变绿水青山为金山银山。

8.1.3 应对生计风险的能力提升机制

内因是事物发展的根本原因和根本动力。稳定脱贫阶段同样需要明确"扶持谁"（帮扶对象）、"谁来扶"（帮扶主体）、"怎么扶"（帮扶方式）的问题。对于"谁来扶"，彻底实现脱贫致富最终仍需要靠群众自己，靠生计能力的提升、生计资本的积累。脱贫户在生计实践中实现稳定持续脱贫，对脱贫户自身发展的内生动力提出了要求：有稳定脱贫志还需要稳定脱贫策。"怎么扶"就是提供稳定脱贫策略的。从单维的贫困核定到多维贫困界定，脱贫的最终目标不仅是单一的收入超过标准线，也应当是脱贫户从生计层面实现抵御返贫风险能力提升、规避风险的生计策略优化、暂时性返贫风险的快速恢复；从输血式转移支持到造血式资本积累，从对生产性自然资源投入的依赖到生态资产保护的环境收益，这都体现了生计策略优化带来的生计能力提高。

此外，进入相对贫困治理为主的后脱贫时期，需要特别关注扶志，关注脱贫自信的建立、致富信心的重塑、贫困思想标签的摘除，关注脱贫户文化属性对持续脱贫、稳定脱贫的重要影响。通过生计策略优化与生计资本累积消除看得见的贫困，更需要文化干预消灭意识中的贫困、弱势心理，打破习惯性贫困的错误认知，树立通过不断的勤劳奋斗实现家庭富裕的稳定脱贫信心。大量的研究成果指出，教育是阻断贫困代际传播和彻底摆脱贫困的关键途径，教育在提高人力资本的同时改变着贫困户思想中固化的认知，不仅有助于贫困户重拾致富信心、排除思想穷根，更有助于贫困户家庭突破原有认知，避免陷入从穷当代到穷二代的贫困代际传递困境。

8.2 不同类型与强度返贫风险冲击下的生计响应

脱贫户实现稳定脱贫，可以理解为贫困人口在收入达到建档立卡标准以上的长期过程中保持收入的稳定增加而不会再次滑入绝对贫困。就5类生计资本的作用功能来说，自然资本是贫困户获取家庭收入的基础条件，物质资本是维持家庭生产生活的持续保障，社会资本是贫困户转移风险的有效外延，人力资本是贫困户提高收入的能力体现，金融资本则是贫困户经济能力的综合体现。

从可持续生计分析框架中的生计资本视角来看，生态脆弱区脱贫户真正实现稳定脱贫，一是作为脱贫户生产经营基础投入土地的土地经营权和承包权得到长期有效保障的同时持续带来收益，所处自然环境及生态服务得到科学保护和显著改善；二是脱贫户所拥有的家庭住房安全、交通条件便利、饮水安全、卫生设施齐全、通信与生产工具完备；三是构成脱贫户社会关系网的家庭成员、亲朋好友、街坊邻里关系和睦，并且可信任度较高，集体决策中公平参与的权利、表达意愿的机会能够得到必要的保障；四是家庭全体成员的身体状况保持基本健康，所必需的义务教育资源与基本医疗条件能够得到应有保障，经过培训学习后能够掌握必要的生计技能，助力增收致富；五是家庭的收入持续稳步高于当前国家贫困标准，储蓄水平稳步提升，收支结构均衡发展。

脱贫户的生计受到生计风险的直接影响，而间接引发返贫现象。生计风险直接作用于生计资本的规模与结构，而不同类型生计风险的影响也存在一定的差异。根据本书的研究得出如下结论。

一是因生病、患有重大疾病而引发的健康风险，对贫困户的人力资本、自然资本有着明显的冲击，健康风险与贫困户人力资本及自然资本呈显著的负向作用关系。当遭遇较强的健康风险冲击时，脱贫户有很大概率面对大病风险等健康风险，由于家庭劳动力数量较少或家庭成员身体较差，不适合从事农业劳作等生计活动，脱贫户可能改变家庭生计方式，采取减少耕种面积等策略，因此人力资本和自然资本将会缩减。

二是环境风险与金融资本及自然资本呈显著的正向作用关系。环境风险每增加1个单位，脱贫户为了预防风险而采取相应策略，会促使自然资本及金融资本分别增加0.093个单位、0.174个单位，以在事前应对可能发生的环境风险。处在生态脆弱区的脱贫户，相比于一般的脱贫户在面临极端天气、突发地震泥石流等环境危害与风险威胁时，环境风险大幅提升（脆弱的生态环境本底面对环境风险时更加脆弱）。在面对受众面较广、危害较大、频度较高的环境风险时，脱贫户首先出于自身稳定脱贫的需求，将采取增加金融资本或增加家庭固定资产投资等措施应对环境风险，其次出于对政府扶持救济的信任，农户的生计预期将有所提高。在环境风险冲击下，农户抱持积极的生计响应态度。

三是社会风险的内涵相对广泛，且与构成生计资本的人力资本、物质资本、金融资本、自然资本及社会资本间都有较为密切的关系。社会风险对上述 5 类生计资本均表现出显著的影响作用，且社会风险对上述资本中的 4 类（除物质资本）的影响作用表现为负向。社会风险的不确定性、广泛性使得其强度提高时，对人力、自然、金融和社会资本产生负面影响和较大冲击。社会关系的松散、社会资源的低效，使得脱贫户抵御社会风险的能力下降，社会资源和社会援助有限仍是当前脱贫户在相对贫困治理阶段避免返贫面临的重要问题。相比于较高的物质基础，社会资源的提升则更值得引起关注，特别是实现持续稳定脱贫对于源自社会关系、社会资源的信息流、技术流、物质流等有着一定的依赖性。

四是在数字经济时代，脱贫户也有获取信息资源的需求、应对信息风险的要求，信息风险对于脱贫户的影响不容忽视。信息风险对于脱贫户的直接影响表现为信息可获得性差、信息不够明确，特别是直接与生计实践、生计过程相关的生产生活资料、市场行情动向、生产技术应用等方面信息的可获得性差。信息风险提高对物质资本、自然资本与社会资本相对较弱的脱贫户来说影响更大，不仅会引起其生计产出、生计预期显著下降，甚至可能会对其已经构建的生计能力造成严重打击，使其重返贫困。

在当前的扶贫政策和措施之外，仍需制定应对脱贫户返贫、稳定脱贫的针对性更强的保障机制，帮助脱贫户克服多重障碍、规避多重返贫风险，在国家、社会转移支付体系之外，研究如何通过经济增长和社会发展惠及易返贫群体，如何通过共享发展红利持续帮扶长期处于贫困边缘的群体。给予脱贫户公平发展的机会以改变其当前所处的生计状况，消除对脱贫群体的长期歧视，物质脱贫之后的精神脱贫有效实现后，才能从根本上消除习惯性贫困观念。同时，应增加脱贫群体获得基本社会保障服务和受教育的机会，提高脱贫群体劳动力市场准入能力和竞争力，提高就业质量和就业数量。从根本上摆脱贫困需要的不仅是基础教育和基本社会服务，还需要更高质量的教育、更充分的就业、更持续的增收、更多的生计资本回报。

第9章 社会组织对农户生计风险防范的作用分析

近年来，我国政策性文件中不断倡导"农村群众性自治组织建设"，强调农村社会组织建设与发展对有效解决"三农"问题的重要性。2019 年 6月，中共中央办公厅、国务院办公厅印发《关于加强和改进乡村治理的指导意见》，其中指出："支持多方主体参与乡村治理。加强妇联、团支部、残协等组织建设，充分发挥其联系群众、团结群众、组织群众参与民主管理和民主监督的作用。"

由此可见，社会组织在扶贫工作中的作用不可忽视。农户主动参与社会组织，有利于社会组织发展，有利于优化农户生产生活方式，促进农户社会资本开发、建设与提升。

9.1 社会组织参与扶贫相关文献评述

国外关于社会组织参与反贫困的研究文献数量众多，内容涉及领域和范围较广。1993 年，Sutcliffe 等对贫困、社区经济发展与社工机构等社会组织之间的相互关系进行了分析[①]。在全球经济结构调整进程中，社会组织所提

[①] Sutcliffe A, Walker D, Clarke G, et al. Reviews: The Politics of Design in French Colonial Urbanism, Environmental Planning: The Conservation and Development of Biophysical Resources, Spatial Econometrics of Services, Lifestyle Shopping: The Subject of Consumption, Housing Markets and Housing Institutions: An International Comparison, Urban Low Income Housing in Zimbabwe, Environmental Dilemmas: Ethics and Decisions, Cities and Regions in the New Europe, Making People-Friendly Towns: Improving the Public Environment in Towns and Cities, Policy and Change in Thatcher's Britain [J]. Environment and Planning B: Planning and Design, 1993, 20 (4).

供的社会工作等各种社会服务对提高各地区弱势群体的生活质量和幸福感具有重要的现实意义。欧洲福利国家一直将消除儿童贫困作为减贫战略的一个关键目标，其政策框架以社会投资范式为核心，而儿童和家庭社会服务在消除贫困及其代际传递的斗争中被赋予了关键作用。在社会投资范式下，社工机构等社会组织从激发儿童和父母潜能等方面来解决贫困问题，社会组织确实在消除儿童贫困等方面发挥了重要的现实作用。孟加拉国、印度和斯里兰卡等南亚国家的研究也表明，社会组织有潜力和责任为解决南亚贫困问题做出贡献，要实现该目标，必须做出重大协调努力，并对社会工作者等社会组织从业人员相关教育课程的性质等内容进行重大调整，以适应反贫困工作的现实需要①。关于立陶宛的研究也说明，社会工作者及专业社会组织的相互协作在立陶宛减贫工作中发挥了重要作用。这些相关研究为我们探究社会组织及社会服务的反贫困效应提供了重要参考②。

相对而言，国内关于社会组织参与反贫困的研究起步较晚，文献数量也较少。程胜利提出，个案社会工作、小组社会工作、社区社会工作等专业社会服务方法都可以在城市反贫困中发挥重要作用③。相对于政府和市场而言，社会组织在反贫困工作中具有独特优势，能够通过自下而上范式提高贫困群体识别精准度，点对点赋权以促进贫困个体脱贫的实现。因此，必须不断发挥社会组织在反贫困工作中的作用和效能，促进新时代反贫困工作的持续推进。从研究范式来看，目前国内关于社会组织参与反贫困的文献主要是基于理论分析和个案研究的质性研究，包括两方面内容。一方面，从宏观视角对社会组织及其服务参与反贫困的必要性、内容、领域、困境、政社关系等进行理论分析，为社会组织参与反贫困提供参考。例如，李红波认为，专业社会组织从业人员——社会工作者等在反

---

① Cox D, Gamlath S, Pawar M. Social Work and Poverty Alleviation in South Asia ［J］. Taylor & Francis Group, 2012, 7 (2): 15—31.

② Ziukas V. The Role of Social Workers in the Elimination of Poverty in Lithuania ［J］. Socialine Teorija, Empirija, Politika ir Praktika, 2015, 20 (1): 110—115.

③ 程胜利. 经济全球化背景下的当代中国城市贫困问题研究 ［D］. 天津: 南开大学, 2005.

贫困中以需求评估者、专业增能者、资源联结者等角色介入反贫困行动，能有效提高反贫困政策效率[①]。社会组织能够为反贫困提供专业价值观指引、优势视角借鉴、专业技术支持等。社会组织帮扶有助于增进扶贫对象对扶贫项目的了解、接受、参与，社会工作者等社会组织服务人员的适当参与能够提高贫困人群的主体性、积极性、参与度，从而有利于提高反贫困现实效果。农村社会组织参与反贫困的策略包括能力建设、社区建设、文化建设等多个方面。刘风和向德平还对中国贫困治理发展历程中的社会组织与政府之间的关系变迁进行了梳理和分析，指出"对称式互惠"是其未来走向[②]。

另一方面，一些学者通过对具体个案的深入剖析，对社工机构等社会组织介入反贫困的具体实践、现实路径、相关经验等进行归纳分析。例如，岳天明和李林芳通过对民族村寨的分析，指出精准扶贫可以借鉴社工组织服务的人本视角、文化视角、发展视角、优势视角，以其理念和方法推进民族地区反贫困工作[③]。王三秀和芮冀通过对某县的调查，从对象识别、项目选择、资源整合等方面深入分析了社工机构等社会组织介入农村扶贫的具体路径[④]。蒋国河等通过对江西省某县农村妇女互助储金会项目案例的分析，具体剖析了社会组织及社会工作服务介入项目的两个阶段和具体历程，并对其发展过程中面临的困难和相关经验进行了深入分析，指出发展性社会工作等社会服务在推进农村反贫困进程中发挥了重要作用[⑤]。社会组织和社会服务重视能力建设和赋权增能，能够形成内生发展动力，增强扶贫项目可持续性，提高反贫困效率。然而，社会组织在反贫困中的

---

① 李红波.当前社会工作介入我国反贫困的必要性分析［J］.贵州社会科学，2011（12）：40–44.

② 刘风，向德平.贫困治理中政府与社会组织关系的变迁及走向［J］.中国农业大学学报（社会科学版），2017，34（5）：111–118.

③ 岳天明，李林芳.民族村寨精准扶贫的社会工作借鉴——以甘肃文县 T 乡为例［J］.中央民族大学学报（哲学社会科学版），2017，44（6）：103–109.

④ 王三秀，芮冀.社会工作介入农村老年精准脱贫的困境与出路——基于 Z 县 Y 村的调查［J］.四川理工学院学报（社会科学版），2018，33（4）：1–18.

⑤ 蒋国河，平卫英，孙萍.发展性社会工作视角下的农村反贫困实践——W 县 Y 村妇女互助储金会的案例分析［J］.江西财经大学学报，2018（6）：94–103.

定位不明、机制不完善、服务能力不足等问题较为突出，制约着社会组织及其社会服务反贫困效果的提高。这些相关研究为深入了解社会组织参与反贫困的具体过程、主要领域、存在问题、促进对策等内容提供了重要参考和借鉴。

9.2 社会组织对农户面对生计风险采取防范策略意愿影响

9.2.1 社会组织对农户风险抵抗能力的重要意义

在所有类型的生计资本中，社会资本区别于其他类型资本。社会资本指能够通过推动协调的行动来提高社会效率的信任、规范和网络。与社会资本相比，自然、人力、物质、金融资本更具物化，具有特定形态（如自然资本以土地、河流等物质形式存在）、更容易衡量（如人力资本的健康程度和受教育水平）、可直接发挥作用（如使用金融资本购买设备等），而社会资本则以潜在资本形式存在（如亲朋好友的帮扶等），也发挥着较好的抗风险作用。社会组织作为一种典型的社会资本，在农户生计方面有着重要作用，其明显提高了农户收入、山区居民避险意识与能力，在社区、国家层面显著降低了贫困风险。

社会组织是基于一定制度、宗旨、系统等建立的机构，目的在于实现组织内成员的共同目标，农村社会组织主体明确、类型较多、充分调动了居民的参与意识。因此，在对农户生计风险应对策略的选择研究中，必须考虑社会组织的影响。

社会组织对社会资本的促进，有别于个体通过联系、网络、结构等方式实现社会资本积累，其不受空间、社会和经济情况影响。布尔迪厄（Pierre Bourdieu）将社会资本宏观社会背景引入社会资本理论，定义为"社会空间"（Social Space）、"社会域"（Social Field），为个体单元上的社会资本累积测算提供了社会背景①。由微观（个体）到宏观（组织）的认知提升，揭示了多类型社会资本构成的"联系"与大量复杂"实体"共同构成的社会空间的重要性，有助于刻画与解释当前社会中的发展差异。同时，对个体农户来说，生产生活中的不确定风险最具威胁性。现有研究表明，更高层次社会资本对个体农户风险防控有积极作用，但现有研究对组织、机构等如何发挥影响作用、释放政策效应的认识仍不够明确。对多数个体农户来讲，协会、协作会、互助会等自发性社会组织结构较松散、规制不严格、功能较单一等特点有别于政府或政府主导的组织机构，在生计风险防范与应对中的作用依旧模糊。社会资本产生、累积于个体网络联系中，团体、协会等社会组织的形成与规范，加强了社会组织相联系的个体社会资本，也出现个体间不再需要有直接联系而形成的"联系"——社会组织的规范作用，相应的竞争力也得到社会组织的"加持"而增强，势必使个体的能力发展、风险应对、抵御力与恢复力建设得到提升。

从现有研究来看，生计风险防范策略的选择主要体现在不同类型生计资本之间的交互关系，多类型生计策略对农户的生计危机、生计资本的作用等方面。其中，社会资本通过人与人之间的互相关心、信息交流等方式，间接作用于农户风险防控，并且能够对风险实现有效的应对。生计资本与生计风险防范策略的相关研究，整体研究内容更为宏观，缺乏对生计资本下单个因素的衡量。社会组织集中体现了社会资本所涵盖的社会网络、规范和信任三类要素，对促进地区社会网络建设、提高相互理解意识至关重要。作为资本构成载体和生计转换能力的社会组织，无疑是社会资本中重要的一部分，但目前关于生计风险防范策略的研究还未完全关注社会组织。随着国家对社会组织创建的引导力度逐渐加大，社会组织发挥的作用也越来越具有综合性，从社会组织入手研究农户的风险抵抗能力具有较强的理论与现实意义。

---

① Pierre Bourdieu. Social Space and the Genesis of Appropriated Physical Space ［J］. International Journal of Urban and Regional Research，2018，42（1）.

9.2.2　利用效用函数衡量农户参加社会组织后的期望效用

本书通过效用函数从理论上将参与社会组织状况与农户面对生计风险采取防范策略的意愿联系起来，公式如下。

$$EU_i = Y_i - C_i \tag{9.1}$$

从机会成本角度分析，农户采取某种行动的前提是：在付出相同成本的条件下，实施行动后，预期收益（包括收入、心理等）高于付出成本，即农户在获取灾害信息并采取避险措施后，所获得效用期望高于机会成本。公式如下。

$$EU_i = p_i U_i(Y_i - C_i) + (1 - p_i) U_i(C_i) > O_i \tag{9.2}$$

$$O_i = EU_i - EU_j(i \neq j) \tag{9.3}$$

其中，p_i 为采用避险措施的概率，则 $1 - p_i$ 为不采取避险措施的概率，O_i 为采取避险措施后的机会成本。

式（9.2）是从理性角度出发，表明灾害信息发布后，可能存在两种情况，一是（前者）对社会组织充分信任的农户，选择根据信息内容提前采取避险措施，风险来临后，获得避险成功后留下的收益并付出采取防范措施的成本；二是（后者）收到灾害信息后选择不采取任何行动，灾害后需付出未采取措施而遭受的损失。当然，也存在收到风险预警后，并未发生自然灾害，这种情况下，未采取避险措施农户付出成本为0。

将式（9.2）效用函数延伸，在避免低等级自然灾害的基础上，增加水资源短缺（WS）、基础设施情况差（$Infra$）等农户凭借自身能力无法防范的风险，将两种等级风险进行叠加，公式如下。

$$EU_i = p_i U(WS; Infra)_i [Y(WS; Infra)_i - C_i] + \\ (1 - p_i)(U(WS; Infra)_i C_i \tag{9.4}$$

$$[Y_i - Y(WS; Infra)_i]) > O(WS; Infra) \tag{9.5}$$

通过式（9.4）可以发现，人为无法短期解决的问题会同时影响收益水平和效用水平，需要注意的是，在存在情况严重、范围较广的风险情况下，仍对等级较低风险未采取防范策略，农户不仅会失去原有资本，还会因受到难以抵抗的风险失去一部分收入。因此，利用效用函数衡量农户参加社会组织后的期望效用，体现了参与社会组织与农户收入水平和生计风险应对之间的相互作用关系。

9.3 农户对生计风险采取防范策略意愿情况实证分析

9.3.1 样本地区与数据来源

（1）样本地区

本节选择了甘肃省武威市及张掖市作为研究区域。武威市属温带大陆性干旱气候，全年干旱少雨，四季分明，地形地貌复杂，呈现南高北低、西高东低的态势；武威市既是北方防沙带的中心位置，又是青藏高原生态屏障，承担着固沙防风、涵养水源等重要作用。较差的自然条件使得当地农户自然资本贫瘠，发展受限。同武威市相似，张掖市地形地貌复杂，其下属五县一区位于青藏高原和内蒙古高原交界地带，海拔较高，全年平均气温较低，冬季寒冷持续时间较长，夏季昼夜温差大，降水分布不均。受祁连山浅山区地理条件限制、气候条件影响，农户只能种植传统作物，农业产量、质量远低于预期，农户收入处于较低水平。在国家倡导"退耕还林、封山禁牧"等行动后，为了保护生态稳定与安全，政府不断收回耕地和草场，农户可利用土地资源锐减，农业产量、农户收入急剧减少。

（2）数据来源

本书重点考察武威市、张掖市农户的社会组织参与状况及其对生计风险采取防范策略的意愿情况。2019 年 8~9 月，根据武威市、张掖市下辖县区人口分布情况进行分层随机抽样，采用参与式农村评估法对当地农户的个体特征、收入水平、社会组织参与情况、风险防范策略选择等方面进行调查。

此次调查中，参与调查农户共 1179 户，最终收回有效问卷 995 份，问卷可利用率为 84.39%，其中张掖市收回有效问卷 532 份、武威市收回 463 份。

9.3.2 研究方法与变量选取

（1）研究方法

因变量 Y 为农户针对生计风险采取防范策略意愿，依据调研地区现状，将其分为采取防范策略意愿增加、减少或不变。令 "$Y=1$" 表示采取防范策略意愿增加，"$Y=2$" 表示采取防范策略意愿减少，"$Y=0$" 表示采取防范策略意愿不变（0、1、2 仅代表序号）。由于因变量为多分类变量，因此采用多元 Logisitic 回归模型，且选用 $Y=0$ 为对照组。多元 Logisitic 回归模型表示如下：

$$g_1(X) = \ln\left[\frac{P(Y=1\mid X)}{P(Y=0\mid X)}\right] = \alpha_1 + \beta_{11}X_1 + \beta_{12}X_2 + \cdots\beta_{1K}X_K \tag{9.6}$$

$$g_2(X) = \ln\left[\frac{P(Y=2\mid X)}{P(Y=0\mid X)}\right] = \alpha_2 + \beta_{21}X_1 + \beta_{22}X_2 + \cdots\beta_{2K}X_K \tag{9.7}$$

式中，Y 为因变量，X 为自变量，K 为自变量的个数（$K=6$），α 为常数项，β 为解释变量的估计系数。公式（9.8）表示农户参与经济类社会组织的概率；公式（9.9）表示农户参与文化类社会组织的概率。其条件概率分别为：

$$P_1 = P(Y=1\mid X) = \frac{e^{g_1(X)}}{1 + e^{g_1(X)} + e^{g_2(X)}} \tag{9.8}$$

$$P_2 = P(Y=2\mid X) = \frac{e^{g_2(X)}}{1 + e^{g_1(X)} + e^{g_2(X)}} \tag{9.9}$$

$$P_3 = P(Y=0\mid X) = \frac{1}{1 + e^{g_1(X)} + e^{g_2(X)}} \tag{9.10}$$

其中，$P(Y=1\mid X) + P(Y=2\mid X) + P(Y=0\mid X) = 1$。

（2）变量选取

农户针对生计风险采取防范策略意愿是多种因素作用的结果。本书将以农户实际的情况进行定义，重点分析受访者个体层面相关因素对生计风险防范策略意愿的影响。具体分析如下：农户是生计风险防范策略的基本决策单元，其对生计风险采取防范策略意愿会因个体层面差异而不同，个体层面变量包括受访者是否参与社会组织、参与社会组织类别、所属地区、性别、年龄、受教育水平、健康状况。以上变量说明及描述性统计见表9-1。

表9-1 变量说明及描述性统计

变量类型	变量名称	变量说明及赋值	均值	标准差
因变量(Y)	生计策略	农户针对其生计风险采取防范策略意愿:采取防范策略意愿增加=1;减少=2;不变=0	0.861	0.344
自变量(X)	是否参与社会组织	农户在其所在乡镇参加社会组织的情况:没参加=0;参加=1	0.734	0.440
	参与社会组织类别	农户参与社会组织类别:经济类=1;文化类=2;服务类=3	0.230	0.421
	所属地区	调研地所属地区:武威市=1;张掖市=0	0.140	0.347
	性别	受访者性别:女=0;男=1	0.510	0.500
	年龄	连续变量	2.066	1.117
	受教育水平	受访者的受教育程度:小学及以下=1;初中=2;高中或中专=3;大专=4;大学及以上=5	2.936	1.431
	健康状况	受访者的健康程度:良好=1;一般=2;不好=3	1.339	0.563

9.3.3 实证结果分析

以"采取防范策略意愿不变"作为参考类别，采用SPSS25.0软件进行多元Logistic回归分析。模型1考虑了影响采取防范策略意愿的性别、年龄、受教育水平、健康状况4个因素，拟合结果是：-2倍对数似然值为965.668，通过了99%的显著性水平检验，卡方为47.227，说明模型拟合效果较好。

以最后类别作为参考类别，回归系数的正负决定了因变量Y与自变量X的关系，回归系数为正时，Y与X呈正相关关系；回归系数为负时，Y与X呈负相关关系。优势比exp（B）反映了相同自变量的所有选项对因变量的影响程度，优势比exp（B）小于1表明该项对因变量的影响程度小于参考项。本文以显著性水平小于 0.05 作为显著性差异，根据参数估计的结果分析，年龄、性别对农户采取防范策略意愿的影响并不显著，而健康状况、受教育水平对农户采取防范策略意愿的影响显著。

健康状况方面，"采取防范策略意愿增加"与"采取防范策略意愿不变"相比都有显著差异，而且与"健康状况不好"相比，"健康状况一般、良好"优势比 exp（B）均小于 1，表明健康状况越好，采取防范策略意愿越小。而"采取防范策略意愿减少"与"采取防范策略意愿不变"相比也有显著差异，而且与"健康状况不好"相比，"健康状况一般、良好"优势比 exp（B）均大于 1，表明健康状况越好，采取防范策略意愿越大。受教育水平方面，"采取防范策略意愿增加"与"采取防范策略意愿不变"相比未表现出差异，"采取防范策略意愿减少"与"采取防范策略意愿不变"相比，"小学及以下、初中"有明显差异，且优势比 exp（B）小于 1，表明受教育水平越高，采取防范策略意愿越大（见表 9-2）。

表 9-2　模型 1——不考虑社会组织因素的模拟结果

变量	采取防范策略意愿增加＝1			采取防范策略意愿减少＝2		
	回归系数	显著性水平	优势比 exp（B）	回归系数	显著性水平	优势比 exp（B）
常数	−1.780	0.000	—	−0.702	0.000	—
年龄	0.175	0.129	1.191	0.002	0.967	1.002
性别＝1	0.057	0.725	1.059	−0.063	0.582	0.939
健康状况＝1	−0.531	0.022	0.588	0.707	0.012	2.028
健康状况＝2	−0.448	0.015	0.639	0.287	0.076	1.332
教育水平＝1	−0.439	0.128	0.644	−0.723	0.000	0.485
教育水平＝2	−0.045	0.855	0.956	−0.406	0.017	0.666
教育水平＝3	0.165	0.501	1.179	0.041	0.805	1.042
教育水平＝4	0.068	0.849	1.070	−0.286	0.254	0.751

模型 2 相比模型 1 增加了是否参与社会组织对采取防范策略意愿的影响，仍以"采取防范策略意愿不变"为参考类别，得到模型的整体拟合结果为：−2 倍对数似然值为 1161.682，通过了 99% 的显著性水平检验，卡方为 109.208，

拟合效果较好。从模型 2 多元 Logisitic 回归结果可以看出，增加是否参加社会组织变量后，健康状况、受教育水平、参与社会组织对采取防范策略意愿的影响具有显著性，而年龄、性别与模型 1 相似对采取防范策略意愿的影响并不显著。进一步从回归系数及优势比 exp（B）角度分析，健康状况方面，"采取防范策略意愿增加"与"采取防范策略意愿不变"相比没有显著差异，"采取防范策略意愿减少"与"采取防范策略意愿不变"相比有显著差异，而且与"健康状况不好"相比，"健康状况一般、良好"优势比 exp（B）均大于 1，表明身体越好的农户对生计风险采取防范策略意愿越小。

受教育水平方面，"采取防范策略意愿增加"与"采取防范策略意愿不变"相比没有显著差异，"采取防范策略意愿减少"与"采取防范策略意愿不变"相比有显著差异，而且与"大学及以上"相比，只有"小学及以下、初中"两个因素通过显著性检验且优势比 exp（B）小于 1，表明学历低对受访者采取防范策略意愿影响显著，且农户受教育水平越高，采取防范策略意愿越大。

社会组织方面，未参与社会组织与采取防范策略意愿呈负相关关系，同时优势比 exp（B）小于 1，表明与参与社会组织相比，未参与社会组织对采取防范策略意愿的影响较小。表现规律为：参与社会组织与否与采取防范策略意愿间作用关系表现出负相关，且农户参与社会组织数量越多，其采取防范策略意愿越大（见表 9-3）。

表 9-3 模型 2——考虑社会组织（是否参与）的分析结果

变量	采取防范策略意愿增加＝1			采取防范策略意愿减少＝2		
	回归系数	显著性水平	优势比 exp(B)	回归系数	显著性水平	优势比 exp(B)
常数	−0.938	0.000	—	−0.710	0.000	—
年龄	0.222	0.110	1.248	0.025	0.678	1.025
性别＝1	0.070	0.685	1.072	−0.090	0.452	0.914
健康状况＝1	−0.226	0.605	0.798	0.669	0.022	1.952
健康状况＝2	−0.331	0.171	0.718	0.327	0.051	1.387
教育水平＝1	−0.333	0.278	0.717	−0.645	0.002	0.524

续表

变量	采取防范策略意愿增加＝1			采取防范策略意愿减少＝2		
	回归系数	显著性水平	优势比 exp（B）	回归系数	显著性水平	优势比 exp（B）
教育水平＝2	0.035	0.892	1.036	−0.348	0.048	0.706
教育水平＝3	0.103	0.701	1.108	0.077	0.658	1.080
教育水平＝4	−0.006	0.987	0.994	−0.263	0.314	0.769
社会组织＝0	−1.509	0.000	0.221	−0.155	0.330	0.856
社会组织＝1	0.000	0.000	0.000	0.000	0.000	0.000

为验证不同类型社会组织对农户采取防范策略意愿的影响，使用变量"参与社会组织类别"替代"社会组织"得到模型3，整体拟合结果为：−2倍对数似然值为451.904，通过了99%的显著性水平检验，卡方为67.842，拟合效果较好。

从模型3的多元 Logisitic 回归结果来看，在采用变量"参与社会组织类别"代替变量"社会组织"后，与模型2相比，受教育水平、参与社会组织类别对采取防范策略意愿的影响显著。进一步从回归系数和优势比 exp（B）的角度分析，受教育水平方面，与"大学及以上"相比，只有"小学及以下"通过显著性检验，且在更高受教育水平农户处，采取防范策略意愿不显著，表明受教育水平对采取防范策略意愿存在一定的影响，但此类影响存在"脱钩"现象，与模型2结果相同。对于采取防范策略意愿减少而言，初中、高中或中专、大专学历人群的优势比 exp（B）分别为0.838、1.037、1.018，与其他群体存在差异，即采取防范策略意愿并不会一直随着受教育水平的提高而提高；对于参与不同类型社会组织的农户来说，与服务类社会组织相比，经济类、文化类社会组织通过了显著性检验，且参与经济类社会组织对农户采取防范策略意愿减少的影响程度大于文化类社会组织，表明参与社会组织类别对采取防范策略意愿的影响程度存在差异（见表9-4）。

表9-4　模型3——考虑社会组织（参与社会组织类别）的分析结果

变量	采取防范策略意愿增加=1			采取防范策略意愿减少=2		
	回归系数	显著性水平	优势比 exp（B）	回归系数	显著性水平	优势比 exp（B）
常数	−3.051	0.126	——	0.214	0.563	——
年龄	0.965	0.128	2.625	0.272	0.128	1.313
性别=1	−11.370	0.965	0.000	−0.017	0.945	0.983
健康状况=1	−8.851	0.994	0.000	−0.114	0.884	0.892
健康状况=2	0.248	0.891	1.281	−0.379	0.274	0.684
教育水平=1	−13.732	0.970	0.000	−0.754	0.083	0.470
教育水平=2	−0.792	0.663	0.453	−0.177	0.609	0.838
教育水平=3	−11.412	0.972	0.000	0.036	0.921	1.037
教育水平=4	−10.973	0.987	0.000	0.018	0.974	1.018
经济类=1	−12.164	0.986	0.000	−1.262	0.000	0.283
文化类=2	−12.618	0.965	0.000	−1.146	0.000	0.318

为验证所属地区对农户采取防范策略意愿的影响，使用变量"所属地区"替代"社会组织"得到模型4，整体拟合结果为：−2倍对数似然值为737.931，通过了99%的显著性水平检验，卡方为57.671，拟合效果较好。

从模型4多元Logisitic回归结果可以看出，增加"所属地区"变量后，受教育水平、所属地区对采取防范策略意愿的影响具有显著性，而年龄、性别、健康状况对采取防范策略意愿的影响并不显著。进一步从回归系数及优势比exp（B）角度分析，受教育水平方面，"采取防范策略意愿增加"与"采取防范策略意愿不变"相比没有显著差异，"采取防范策略意愿减少"与"采取防范策略意愿不变"相比有显著差异，而且与"大学及以上"相比，只有"小学及以下、初中"通过显著性检验且优势比exp（B）小于1，表明学历越高农户对生计风险采取防范策略的意愿越大，与模型2结论相同。

所属地区方面，武威市与采取防范策略意愿呈负相关关系，并且优势比exp（B）小于1，表明与地处张掖市相比，地处武威市对农户采取防范策意愿的影响较小，规律为：所属地区与采取防范策略意愿间作用关系表现出负相关，且因所属地区差异，农户面临生计风险时采取防范策略的意愿存在差异（见表9-5）。

表9-5　模型4——考虑所属地区的分析结果

变量	采取防范策略意愿增加=1			采取防范策略意愿减少=2		
	回归系数	显著性水平	优势比 exp(B)	回归系数	显著性水平	优势比 exp(B)
常数	−0.821	0.471	—	−0.258	0.303	—
年龄	0.254	0.109	1.290	−0.007	0.936	0.993
性别=1	0.015	0.941	1.015	−0.176	0.348	0.838
健康状况=1	−0.388	0.174	0.678	0.381	0.141	1.464
健康状况=2	−0.241	0.297	0.785	0.057	0.800	1.059
教育水平=1	−0.416	0.241	0.660	−0.625	0.055	0.536
教育水平=2	−0.002	0.994	0.998	−0.33	0.036	0.719
教育水平=3	−0.212	0.493	1.237	−0.164	0.548	0.780
教育水平=4	−0.126	0.792	0.881	−0.116	0.773	0.890
所属地区=1	−0.524	0.009	0.592	−0.285	0.123	0.752
所属地区=0	0.000	0.000	0.000	0.000	0.000	0.000

在实际开展调研过程中，我们可以直接感受到是否参与社会组织、参与不同类别社会组织、所属地区不同对农户采取防范策略意愿的影响存在差异。多数受访农户对协会（社会组织）存在的价值、增收作用、风险防范都有一定了解，在实际调研过程中就此类话题交流较多。受教育水平在模型1~4中均部分地通过了统计学相关检验，体现了受教育水平对农户采取防范策略意愿的提升作用。而是否参与社会组织、参与社会组织类别、所属地区变量的实验比较情况，一方面，展现了农户对生计风险采取防范策略意愿明显受到是否参与社会组织的影响；另一方面，侧重于关注参与社会组织类别、所属地区的实验分析，呈现更符合预期的表现，社会组织类别、所属地区不同对农户采取防范策略意愿的影响程度存在差异。

9.4 增强社会组织对农户采取生计风险防范策略意愿的积极影响

在中国解决"三农"问题，尤其是乡村振兴过程中，发展社会组织是一项重要战略。为此，中国政府在 2016 年开始实施社会组织管理制度，希望通过优化社会组织发展环境，使更多面临生计风险的农户能够增强采取防范策略的意愿，降低生计风险损失、增强抵御能力、促进地区农业发展，从而实现农民增收。

社会组织明显影响农户的生计风险防范策略意愿，应继续增强社会组织对农户采取生计风险防范策略意愿的积极影响。首先，应加强农村社会组织建设。随着我国对农村治理的不断深化，仅依靠政府提高农户生计水平可能导致农户出现"惰性"，社会组织的产生则弥补了政府治理的不足，使农户产生自主意识。其次，应增强农户社会组织参与意识。社会组织是在政府领导下依照国家要求建立的团体，主体为所辖区域的农户，其通过提高农户的心理满足感，增强社会交往，密切村民间关系，加快信息传播速度，提高农户抗风险能力和抗风险意识。最后，应寻求社会组织的多功能性。从研究结果可以看出，社会组织的作用不仅与社区事务的管理有关，也与参与者的策略选择、福利水平、心理预期等息息相关。因此，需要借助社会关系将生计风险各方面联系起来，从而寻找提高整体生计水平的新方法。

社会组织作为一种相对独立的社会资本形态，是嵌入个人、社会组织网络的资源。从可持续生计分析框架中生计资本与主体关系角度来讲，个体社会资本显著提升了农户维持集体既有资源、为集体争取新资源的意愿，组织社会资本对集体争取新的资源具有显著正向作用，但对维持集体既有资源作用并不显著。本书通过对社会资本转化做初步尝试后发现：社会组织与农户生计风险应对息息相关，显著影响着农户对生计风险采取防范策略的意愿。但社会组织与生计风险的转型提升渠道，仍需进一步分析。

此外，社会组织具有维护、协调组织成员利益，最终实现组织成员目标的作用。社会组织是基于一定利益需要产生的，组织利益与个体利益息息相关，由于农户各自利益满足程度存在差异，因此需要不同类别社会组织整合、协调发挥功能，共同维护、调节各种冲突、矛盾，保持组织成员间密切合作，满足社会组织成员多样化利益需求，从而充分实现组织成员的目标。

农户参与社会组织后，可不断拓展生计来源，社会组织可以使其采取生计风险防范策略的意愿明显增强，进而不断提高收入。此外，还可通过加强农村社会组织建设、寻求社会组织多功能性，提高农户心理满足感，增强社会交往，密切农户之间联系，加快信息传播速度，提高农户抗风险意识与能力，持续发挥社会组织对农户采取生计风险防范策略意愿的正向促进作用。

第10章 社区—农户生计风险抵御力构建

10.1 生计风险与生计风险抵御力

生计风险抵御力是一个社会系统在追求生态、社会和经济目标的同时，以一种相互加强的方式管理长期风险损害的能力。生计风险抵御力是以人为中心的多维结构，由生计资本组成。生计风险抵御力分析可视为生计分析，但更强调危害背景以及个人或更广泛体系应对危害的能力。生计风险抵御力主要包括三个层次：吸收生计风险冲击和压力的能力，适应生计风险冲击和压力的能力，面对生计风险冲击和压力时的变革能力（以下分别简称"吸收能力"、"适应能力"和"变革能力"）。

吸收能力包括风险管理策略，使个人和（或）家庭能够应对风险的影响，而不会对其生计造成持久的负面影响。这种能力可以使生计系统尽可能规避（事前）生计风险，并在发生生计风险时迅速恢复。适应能力反映了学习、结合经验和知识的能力，并对不断变化的外部驱动力和内部过程做出积极的反应。适应能力和吸收能力略有不同：前者是短期的策略应对，后者是长期的策略调整。变革能力主要是全新的有利于应对生计风险的创造力，它是促进生计系统变革的必要条件，它通过解决风险和脆弱性的潜在驱动因素、通过生计资本促进凝聚力提高，实现更持久的生计风险抵御。从生计风险抵御力的三个层次可以发现，抵御力不是一种能力，而是相互联系、相互加强的三种能力相互作用的综合体现，且其存在于多个领域特别是在社区一级，任何抵御力都可能受到较低层次变化的影响，包括个人和家庭以及区域或其他更高层次的变化。

生计风险抵御力，主要在两个时间节点发生作用。作为事前风险应对能力，生计风险抵御力最主要的特点是可以改善或维持面对生计风险的个人、家庭或群体的社会福祉。目标群体或个人的社会福祉，可以用包括贫困、安全、身体健康等在内的单项指标或组合指标来测定。生计风险抵御力不仅适用于贫困人口并使贫困人口受益，还有可能助力解决长期存在的相对贫困问题。

生计风险抵御力的影响也可以作为事后指标来观察。事后指标用于检验一组或多组福利指标如何随着时间的推移而改变某一群体。虽然需要事前和事后指标来模拟生计风险抵御力，但重要的是将生计风险抵御力明确为能够在特定时间点或长时间内观察到的风险抗击能力。这是因为生计风险抵御力的影响既和路径相关又具有较强的时效性。构成风险抵御体系的三种能力，一般是共同作用的。例如，加大基础设施建设投入力度、完善政策体系和提高社会保障等，这些可以在风险压力较小时实施，而在风险压力较大时则形成变革能力，与系统抵御风险的吸收能力和适应能力产生协同效应。

构建生计风险抵御力分析框架，需要重点关注如下问题：一是明确生计活动与生计策略的福祉结果期望，并围绕该期望加强生计风险抵御力的建设；二是确定个人、家庭和更大生计系统所面临的生计风险及其严重程度和持续时间；三是评估与不同程度生计风险有关的吸收能力、适应能力和变革能力；四是确定个人、家庭和更大生计系统对生计风险和福祉实现路径的反应。抵御力因果关系框架（RCF）是生计风险抵御力分析模型的重要组成部分。

而随着脱贫攻坚的全面胜利，我国进入后脱贫时代的相对贫困治理阶段，相对贫困治理的任务和模式创新将成为新的工作重心。为实现脱贫摘帽后长期持续稳定脱贫，脱贫户需要根据不断变化的条件对替代生计策略做出积极、明智的决策。生态脆弱区内的多数典型贫困户，即便在脱贫摘帽后仍将在一段时间内处于低福利状态，其生计资本的有效提升，特别是耕地面积和牲畜量迅速提高的机会仍是有限的，生计策略较为单一、返贫风险多元、可支配收入较低、灌溉基础设施缺乏、从业人员技术水平低、具备专业知识的人员欠缺、劳动力受教育水平偏低，以及生态脆弱区对环境保护和限制开发的要求与规定较为苛刻，都限制了农户利用资源的方式和资本的累积。客观外在风险因素和主观内在风险因素并存，共同构成了致贫返贫的风险因子，不安因素的存在会继续削弱农户的生计风险抵御力，构成返贫和相对贫困的威胁。这种情况促进了贫困陷阱的形成，这些贫困陷阱可以自我强化，是规避贫困的重大障碍。对于本书的研究来讲，贫困陷阱源于生计变量的复杂相互作用以及小农户遭受返贫风险的后续行为。由于获得资本的差别和生计策略路径依赖，出现了贫困模式和相对贫困严重程度的差异，即使他们同样或更多地接触相同的返贫风险，但因为能力出众并以比其他人更合适的方式做出反应，部分个体受到的影响可能会很小。

同时，陷入贫困陷阱的农户——贫困可能是某些特定的环境危害造成的短期或长期不良影响——由于采取了降低风险的应对策略，可能会减少摆脱贫困的机会。事实上，大多数的脱贫户只能承担很小额度的贷款（政策扶持与风险评估的平衡点），短暂的投资和收益确实会提高他们的生活水平，但一部分脱贫户在资产消耗至只能维持生活最低标准后，已经无法通过直接消费来改变他们的生计状况；而环境灾害导致的收入下降，迫使一些家庭让孩子退学或辍学（减少人力资本投入），变卖他们的牲畜和家庭用品（减少物质资本），以保障基本的生活需求，但变卖牲畜和家庭用品会对家庭的福利产生不利影响，也进一步降低了农户应对后续环境灾害冲击（生计风险）的能力。"恶性循环"或"螺旋式下降"的贫困陷阱，初见端倪或每况愈下。此外，农村社会空心化问题也屏蔽了真实的社交网络，剩余劳动力的持续外流，优化了人力资本的同时削减了社会资本；生态脆弱区的移民扶贫，缩减了农村社区的规模与数量，虽保留着原有的结构与功能，但一部分社会资本的消失也是显而易见的；农村社区自发组织、学习或适应生计风险的能力，更是在妇女儿童、老弱病残的守望下日臻月减。因此，生计风险抵御力的建设，应当规避应对策略的消极影响，应该加强家庭或更大生计系统（生计网）抵御力的建设，即系统提升生计网的反应能力、适应能力、恢复能力——脱贫，就是规避生计风险。

10.2 典型农户组群生计特征与生计策略分析

通过调查贫困状况、生计策略和作物偏好的差异，本节对研究区脱贫户的典型特征进行总结，并制定适合不同家庭生计状况和生计途径的应对返贫风险的生计对策（见表 10-1）。农村企业家群体在收入和消费方面表现良好，在没有大量耕地的情况下，也可以在农村生活得很好。有一个至关重要的因素可以解释这一群体的成功：在非农业环境中，采取其他谋生策略，特别是创办自己的非农企业。此外，该群体的教育投入较多，人力资本一般较优秀，政策制定者可以从这类群体中发现，加强教育投资和提高非农就业需求的策略，可以为克服贫困陷阱提供更多帮助。合作社、协会组织为家庭提供适度的信贷和保险，并在总收入和消费方面有所回报。在研究区，各种类型的协会（如种植业协会、用水协会、养殖协会等）的信用机制可以帮助参与协会的农户获得金融担保，这点非常重要。家庭的生计可以通过相关政策措施得到进一步改善。政府可以为协会采取的行动提供"政府背书"。例如，政府可以向协会提供财政和技术援助，以鼓励其提供高收益的新农业技术和组织非农企业活动。

自然资源相对丰富的群体应该把重点放在增加（家庭）市场生产的激励措施上。政策制定前期有必要详细分析为何土地资源相对丰富的家庭没有为市场生产更多的产品。提升农产品的市场价格，可以培育农户的创业精神。此外，面向市场的生产往往具有较高的风险，而农户获得保险和信贷便利会促进农户生计水平与生计风险规避能力的提高。

土地质量差异下，即便是地力肥沃，但因面积有限，仅靠基本的土地资源（也包括牲畜）来改善生计状态，对大多数的农户而言仍存在很大的困难，

表10-1 典型农户组群生计特征与生计策略

生计资产特征	生计特征	耕作偏好	生计策略
农村企业家:农村最富裕群体,多以年轻男性为户主组成家庭,有受过良好教育的家庭成员;生产性土地资源丰富	平均的农业收入最高;务农之外非农业生计成员比较多,经营自有企业、农场;单位时间工资最高	与其他群体相比,农业生产有较高的价值回报;经济作物耕作比例高于常规农作物	拥有大量土地并不是其提高生活水平的必要条件,而是取决于是否有机会实现非农就业和自我创业;接受良好的教育对于稳定脱贫非常重要
合作社模式:经常由年轻男性主导,通过高于平均土地收益的经营方式获取更高的收益;土地收益高于贫困线	积极从事非农活动的比例高,畜牧业所占比例也很高;经营活动的收益潜力仍需要充分挖掘	作物耕作要低于平均水平;种植食物与土地居于平均水平;经济作物等的销售收入提升潜力仍需开发	协会、合作社可以提供风险保险和信贷担保;协会可以提供适当的援助,培训其从事新农业生产的技术和帮助其参加非农企业经营
自然资源丰富:大量的土地和牲畜,家庭成员中以男性成年劳动力为主;表现为略高于土地贫困线	农业生产收入高,农产品销售量较大;可从事非农活动人数多,预期工资水平较高	以粮食作物耕作为主,相比之下农业生产活动的收入较低,潜力开发严重不足	提高市场收益高的作物种植比例;提升作物品质以获得更高收益;参与合作社获得风险保险、信贷机会
土地资源占有量少,牲畜量少;家庭成员中,年长的男性劳动力为主,老年人占比大	收入很大程度上取决于自给自足的生产;少量参与市场,合作社收入低于平均水平;务雇佣,工资收入较高	粮食作物耕作为主,作物种类较为丰富,经济作物较少	增加获得非农业就业的机会;通过培训教育可以获得更高的工资;挖掘非农小规模创业的潜力,大力引导和激励参与协会、合作社,获得更高收益

续表

生计资产特征	生计特征	耕作偏好	生计策略
资源贫乏但居住位置优越,靠近公路及公共服务设施,资源可获得性好,但缺少土地及牲畜,家庭成员多以年轻人为主	能够在非农行业获得相当可观的收入	收入高于平均水平;土地少,且仍以常规作物耕作为主	增加非农就业的机会;探索,引导从事小农场的集约经营
生活在偏远地区,孤立于社会,土地利用率仍有待提高;男性劳动力为主,物质资本存量有限	以农产品销售为主,但收入较低;平均劳动收入较低;少量的个体经营可以获得更多的劳动报酬	以耕种常规粮食作物为主,可销售量少,价格低	通过改善农村道路基础设施,增加进入大市场的机会,提高公共服务的可获得性
由年长的女性劳动力为主,人力资本有限,受教育有限;家庭中女性占比大	高度依赖自给生产;农产品销售与非农收入最少	农产品产量与销量最低,收益低于平均水平	消除劳动力雇佣中的性别歧视,开拓女性劳动性务工市场
多劣势并存的群体,在土地、牲畜,可用劳动力等各方面都存在明显劣势	高度依赖自给生产,少量的农业销售且收入非常有限;参与非农部门的经营活动较少	生产家庭自用农产品,较少出售	改善农业市场的一体化格局,增加获得风险保险/信贷的机会,通过一般非农部门的创业活动,通过农业劳动密集型工作和农业基建增长刺激对劳动力的需求

资料来源：依据相关研究文献总结整理。

这种现象对于生态脆弱区的脱贫户而言仍较为普遍。扶贫与抑制返贫的干预措施可以集中于增加获得非农就业机会，特别是可以通过集体行动提高非农小微型企业的发展潜力与吸纳劳动力的能力；协会、合作社可以鼓励、引导生态脆弱区脱贫户成为成员，为其规模化经营、多样化经营提供资金和信贷担保。而技能培训和更多的教育，也可以助力该类脱贫户远赴他乡务工。对于那些土地面积有限且质量较差的农户来讲，除了上述的应对措施外，还可以鼓励和支持其创业、从事非农副业，以获得更多的收入，改善个人和家庭的生计状况，以远离返贫风险。

研究区的妇女和老弱群体应积极参与集体生产活动，获取工资性收入，这是改善他们生计状况的主要途径。农村剩余劳动力的广泛外流，造成大量农村土地闲置，而留守在农村的老年人和妇女儿童无法完全利用农业生产资源；土地资源荒废、宅基地闲置、农民断代，因此脱贫攻坚取得胜利后，持续治理相对贫困实现稳定脱贫仍然任重而道远。

10.3　社区—家庭协同生计风险抵御力建设

10.3.1　社区概念的由来

"社区"一词源于拉丁语，代表共同的事物和亲密的伙伴①。英国学者梅因（H. S. Maine）在其著作《东西方村落社区》中首次提出"社区"一词，德国社会学家滕尼斯（F. Tönnies）随后在其著作《社区和社会》中使用"社区"一词，并从社会学角度进行了更详尽的解释："社区的构成是由于在这个网络中存在着联系紧密且具有同质性的人口，所谓的同质性是指相同的价值观、习俗、规范等。"由此，"社区"这一概念开始被广泛认识和使用。后来，随着社区概念的推广，美国学者罗密斯（C. P. Loomis）将滕尼斯著作中本是德语的"社区"译为英语"Community"，他认为：社区是

---

① 胡旭昌. 浅谈"社区意识"的培育［J］. 发展论坛，2003（1）：52-53.

相互依存异质性个体的自生性社会结合，且具有相对封闭、自给自足的单一价值取向，是产生人类情感和身份认同的重要源泉①。这一概念得到美国社会学界的普遍认可，在快速发展后，美国社会学家罗伯特·E. 帕克（Robert Ezra Park）等人增加了它地域性的空间含义②。

英国社会学家麦基弗（R. M. Maclver）认为社区不仅具有地域性和鲜明的利益共同性，社区之间成员的往来还表现出互惠作用③；日本社会学者横山宁夫认为社区是有一定空间的生活综合体，从而社区的含义表现了更为丰富的人居生活的联系④；我国社会学家费孝通首先将 Community 翻译为社区，他认为社区具有共同性，社区住户有共同感受的能力，他们具有共同命运和共同关注点，这些住户之间彼此了解、相互理解、互相关心、共同承担，社区的概念从此引入我国并一直沿用至今⑤。

从社区概念的产生、演化与创新过程来看，其源于社会学中习俗、价值观、文化认同的社区内涵，在赋予地域空间属性后，已经由单维度的社会单位演变成为社会经济发展的基本单位，社区的感观形式与功能结构日趋统一、相对封闭、边界清晰且有活力，有别于政治单元却普遍适用公共管理的措施与工具。

10.3.2 社区层面的生计风险抵御力构建

在社区层面，系统思维方法有助于分析冲击、压力、家庭和社区之间的相互作用，有助于理解家庭是社区和其他更大系统的嵌套层次结构的构成部分，有助于辨析影响人口及其发展环境的反馈过程，有助于明

---

① 林志森. 基于社区结构的传统聚落形态研究［D］. 天津：天津大学，2009.
② 夏建中. 中国城市社区治理结构研究［M］. 北京：中国人民大学出版社，2012.
③ 吕燕平. 社群与族群［C］//人类学高级论坛秘书处，贵州民族学院. 中华民族认同与认同中华民族——人类学高级论坛 2008 卷. 哈尔滨：黑龙江人民出版社，2008：34.
④ 宋晓娟. 共生理论视角下的中国城市社区治理研究——基于对城市社区网格化管理的审视［D］. 长春：吉林大学，2021.
⑤ 廖杨. 民族·族群·社群·社区·社会共同体的关联分析［J］. 广西民族研究，2008（2）：29-38.

确社会系统的吸收能力、适应能力和变革能力的性质和决定因素。依托系统思维来观察，并以系统动力学方法来理解生计风险抵御力是大胆的尝试，主要是因为生计系统的复杂程度、反馈机制、因果关系、边界划定等方面的不确定性仍较大。但生计风险抵御力中系统思维的观点是非常重要的，特别是对于脱贫摘帽后相对贫困阶段的生计风险防控、治理而言更是如此。造成个体、家庭与社区返贫的生计风险越发"协作"。应用系统方法可以从多个角度和尺度分析生计风险的生成原因和影响，也有助于考虑更高阶尺度上的决定因素对生计系统的影响。社会—家庭生计风险抵御力作用关系见图10-1。

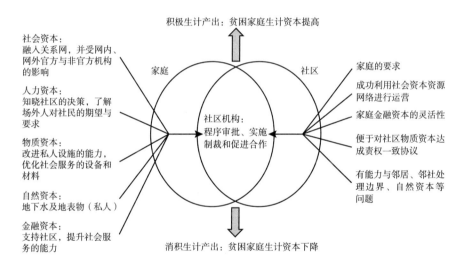

图10-1 社会—家庭生计风险抵御力作用关系

资料来源：尚海洋，宋妮妮. 返贫风险、生计抵御力与规避策略实践——祁连山国家级自然保护区内8县的调查与分析［J］. 干旱区地理，2021，44（6）：1784-1795。

系统思维方法是一种用于理解复杂关系的跨学科方法。与处理因果关系的线性方法不同，系统思维方法侧重于研究系统内变量影响的周期性、反馈性、自强化等。在系统构建中，通常采用因果循环图来具体表示系统内变量的相互关系和反馈机制。此外，采用系统思维方法可以帮助确定生计风险的一般特征，这些特征可以使社区或个人在面临多种风险的情况下具有更高的风险认知能力和风险抵御力。风险的系统描述可以揭示影响家庭或社会生计脆弱性的多种源头，特别是对于农户而言，从系统思维角度分析他们的生计风险及抵御能力更合适。在与更广泛的外部环境系统的相互作用中，生计资本的优化可以增强（也可能减弱）农户生计风险抵御力。图10-2展示了生计资本、生计风险影响因素与反馈作用机制构成的生计网络。可以想象，生计网络有多复杂，这里只是简单梳理了部分反馈回路，以展示生计相关变量间的基本相互作用关系。其中，带有正（+）和负（-）符号的箭头，分别表示增强和减弱生计风险抵御力，箭头的粗细表征了作用关系的权重。

农村扶持政策对农村家庭的主要挑战将是减少农村家庭对维持生计的粮食生产活动的高度依赖。鉴于自然资源短缺造成的严重限制，应同时探索若干发展道路，如鼓励农村家庭采用具有高生产回报率的农业改良技术。除了对生活条件、农业产值、预期收入等具有直接影响之外，更高的（预期的）农业经济增长，同样有益于其他相关部门与产业。同时，政策的制定与调整需要关注社区、农户的生产传统（如种植偏好），农户长期根据他们所在地区的气候条件及社会经济、市场价格等，主动和审慎地调整劳作节点、耕作周期及作物选择，而这些行为背后的确切解释往往异常复杂，经验与传统的作用要大于理性的自然规律与特征。因此，即使每个组群或区域有差异，也很难得出一套完全统一的政策指导方针。此外，作物的选择、新的种植方法和其他可能有利可图但有风险的技术不能强加给农民，稳定脱贫不能再增加新的返贫风险，如增加获得信贷和保险的机会，要以降低农村家庭的风险水平为前提。

同时，扶持政策的另一个重点应是加强非农劳动力市场（如有劳动密集型就业需求的公共部门）和小型创业企业（如私营中小企业）吸收剩余劳动力的能力建设。如果有相当多从事小规模农业经营的农民，能够从农业生产中普遍受益，则可以间接促进其他行业部门的发展和投资增长。农业经营收入增长带来的好处，可能会逐渐扩散并惠及参与非农活动获得工资性收益的劳动者。而在供给方面，加强农户专业技术培训和学识教育可以有效提

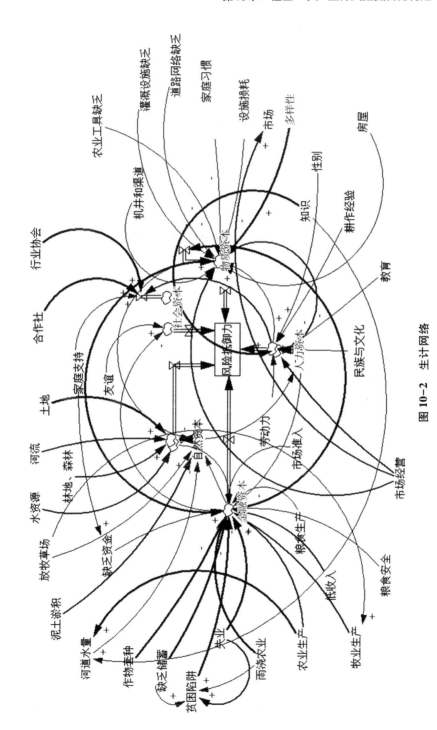

图 10-2　生计网络

资料来源：作者绘制。

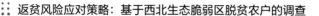

高农户劳动技能水平以及相关工作的薪资待遇。此外，提供就业机会可能会促进就业群体获得更多的信贷和保险，信贷不仅会影响那些为应对生计风险变卖或抵押物质资本的农户，还会推动农户中"有前途"群体（如直播带货者、农产品电商、自媒体创业者）的潜力开发。投资基础设施的风险使得公共部门必然成为农村相对贫困治理最重要的参与者之一，而企业特别是中小企业则也将是相对贫困治理时期重要的就业机会创造主体。以扶贫效应最大化为目标，发挥中小企业在应对返贫风险中的作用，持续推进新时代相对贫困治理取得良好成效，任重而道远。

第11章　中小型企业恢复力建设与相对贫困治理思考

2020年4月，习近平总书记在陕西考察时强调，"发展扶贫产业，重在群众受益，难在持续稳定。要延伸产业链条，提高抗风险能力，建立更加稳定的利益联结机制，确保贫困群众持续稳定增收"①。以产业发展为杠杆的扶贫开发，是有效带动贫困地区经济发展、改善贫困地区社会现状和提升贫困农户生计水平的方法。把扶贫开发的主要任务放在产业发展领域，能够依托产业建设、企业发展给贫困地区的贫困家庭或个体带来发展的原生动力，形成产业与地区的协同发展格局，破解贫困的根源所在。企业无疑成为脱贫攻坚战重要的支柱，而发展灵活的中小型企业在脱贫户持续脱贫、平稳增收、缓解就业压力、优化经济结构等诸多方面发挥重要作用。

一场突发的疫情，打击了原本生机勃勃的中小型企业，如餐饮业、娱乐业等均遭受一定的影响和打击，甚至部分企业不得不采取裁员措施，来艰难维持企业自身的生计。在外部环境的动荡之下，企业恢复力成为其自救的"一根稻草"。做好脱贫攻坚工作，必须坚持"输血"与"造血"并举，更加注重"造血"能力建设，充分运用好产业扶贫手段，从根本上确保高质量稳定脱贫。尤其是对于中小型企业来说，由于缺乏资金实力、运营体系不完善、部门系统化不足等问题的存在，中小型企业应对外部风险能力较差，相比于其他类型企业更具脆弱性。后疫情时代，中小型企业的复产复工颇受社会各界的关注，而恢复力实质上是其"触底反弹"的能力，因此本章通过对国外中小型企业恢复力研究的梳理，为中小型企业恢复发展、持续助力

---

① 习近平在陕西考察时强调　扎实做好"六稳"工作落实"六保"任务　奋力谱写陕西新时代追赶超越新篇章［N］。人民日报，2020-04-24（1）．

巩固拓展脱贫攻坚成果，为农户提升生计资本、优化农户生计风险应对策略、社区构建返贫风险抵御力等，提供深入开展研究的些许参考。

11.1　恢复力概念的产生与演化

"恢复力"这一概念于 1973 年由加拿大生态学家霍林（Holling）首次应用于生态学领域，他认为生态系统具有对环境的突然变化做出反应并且迅速恢复到初始状态的能力①。现在，此概念已应用在生态学、物理学、工程学和心理学等各个领域，并演化出"多层次和多维度"的宽泛概念内涵。学者们进而定义了企业的恢复力，即企业在可能威胁到自己生存的环境（例如，激烈的全球竞争、技术进步、日益增长的客户需求以及自然灾害）中避免、承受、响应和恢复的能力。近年来，经济危机频发，企业受到的外部环境威胁的强度和持续时间令人担忧。恢复力不仅体现了一家企业的生存能力，而且在一定程度上保留了企业事前应对的结构和功能。恢复力逐渐成为管理学研究文献中新兴且有重要意义的研究方向，得到了学者们的热捧。中小型企业在危机时期更加脆弱，遇到的问题和受到的连锁影响更加恶劣，特别是在财务资源和人力资源方面。但中小型企业仍是许多国家重要的经济支柱，特别是对于后疫情时代正在恢复经济社会生产力的中国而言，重点关注与深入研究中小型企业恢复力尤为重要。尽管中小型企业应该被视为国家经济发展的关键驱动力，以及对全球经济可持续发展有着至关重要作用的一类企业，但恢复力视角下的研究，国内相较于国际，明显不足。国内现有文献多是围绕定义与理论构建探讨恢复力，而对理论的实证检验研究仍有较大的发展空间，特别是缺少中小型企业如何获得恢复力的实践证明。下文将重点围绕企业恢复力研究的国际进展，梳理该研究方向的主要研究成果，启发相关主题研究者，促进国内研究实践。

---

① Holling C S. Resilience and Stability of Ecological Systems［J］. Annual Review of Ecology and Systematics，1973，4.

　　恢复力一词源自拉丁文"Resilio"，具有"跳回的动作"的含义，随着"恢复力"一词的使用和推广，20世纪70年代后其概念被引申为在受到外在压力之后系统恢复到初始状态的能力。霍林把恢复力当作一个生态系统的自然属性，认为系统继续存在或消失是依靠恢复力的强弱程度发挥作用的结果①。皮姆（Pimm）则将恢复力界定为一种速度，是系统在遭受外部因素扰动后恢复到原有稳定态的速度②。目前，恢复力的概念已经不局限于生态学范畴，其已被广泛应用于多个学科，概念和内涵也在不同学科的认识和应用中得到丰富和完善。冈德森（Gunderson）和霍林认为恢复力是一个系统经历干扰并依然保持其原有状态的功能和控制能力③；阿德格（Adger）等认为恢复力是系统吸收周期性干扰（如自然灾害的发生）的能力④。尽管学者们从不同角度提出了具有各自研究特征的恢复力的概念，但相关研究仍主要集中于生态学领域，并且普遍涉及"受到干扰""恢复如初""适应性理论"等方面的假设和描述。随着对恢复力的研究不断加深和多学科化，不同领域的学者也在不同领域中对恢复力的概念进行再次改进。在我们周围的复杂系统中，不断变化的事物、深刻的挑战和不可预测的破坏随处可见，为了应对这些情况，人们对恢复力的兴趣迅速增长。恢复力思维可以看作复杂性思维的一种应用，它主要侧重于在复杂情景下构建系统的恢复力。恢复力一词在许多学科都有使用，并且通常指从干扰或冲击中恢复的能力。随着时间的推移，恢复力的概念逐渐固定为具有持续、适应和转变的综合的、动态的能力。恢复力的构建困难重重，有一定的挑战性，也为更富有成效的探究留下了空间。

　　恢复力建设可以采取多种形式，如通过提高容错能力和装备自动防故

---

① Holling C S. Resilience and Stability of Ecological Systems [J] . Annual Review of Ecology and Systematics, 1973, 4.

② Pimm S L. The Complexity and Stability of Ecosystems [J] . Nature, 1984, 307 (5949).

③ Gunderson L, Holling C. Panarchy Synopsis: Understanding Transformations in Human and Natural Systems [M] . Washington, D. C. : Island Press, 2002.

④ Adger W N, Hughes T P, Folke C, et al. Social-Ecological Resilience to Coastal Disasters [J] . Science, 2005, 309 (5737) .

障装置，使物理组件和基础架构变得稳定；通过提高系统适应性、模块化、冗余度和自我修复功能的等级，提升系统的灵活性而避免系统崩溃。绿色基础设施设计是有意识地在文化美学之外，将相关生态系统服务特别是调节服务整合在项目开发中，如防洪、防止水土流失。这些设计包括推广花园种菜、提供可再生能源、适应气候变化的建筑设计等。恢复力投资可以提高社会能力，其中包括应急预案计划、业务连续性管理以及灾害应急方案和体系等切实措施。此外，恢复力还能够转换为无形的社会能力，例如强大的社交网络、社会资本的健康水平及组织的灵活性。为增强恢复力而进行的绿色基础设施投资通常不会让人后悔。对实体基础设施的恢复力进行投资，可以在资产的整个生命周期产生长期且持续的效益，但投资成本回收的时间较长并将面对更多的不确定性。对社会恢复力的投资比对实体基础设施投资的回报时间更短。但是，缺少足够的保障可能会导致意想不到的结果，建立社会恢复力不是一劳永逸的工作，而是需要持续的努力和不断的创新。

11.2 中小型企业恢复力研究的国际进展

11.2.1 中小型企业恢复力的内涵演绎

管理学领域对恢复力的定义众多，Acquaah 等提出，恢复力可定义为"企业在面对商业和经济环境的重大变化时能够保持生存的能力，和/或承受破坏和灾难性事件的能力"①。塞维利亚（Seville）等认为，恢复力"不仅是最小化和处置危机影响的概念，而且还是创造适应意外挑战所需的灵活

---

① Moses Acquaah, Kwasi Amoako-Gyampah, Jayanth Jayaram. Resilience in Family and Nonfamily Firms: An Examination of the Relationships Between Manufacturing Strategy, Competitive Strategy and Firm Performance [J]. International Journal of Production Research, 2011, 49 (18).

性和从逆境中抓住机会的能力"①。因此，在企业层面，有恢复力的企业是
那些能够在危机环境下积极调整并保持发展的企业。在管理学背景下，恢复
力被当作一项战略目标，它能够提供竞争优势并使组织得以生存和发展。组
织恢复力被定义为"组织预测、准备、响应处置事件，包括小事件到突发
事件，并适应逐步变化过程的能力"。根据这个定义，追求增强恢复力的企
业将变得更具适应性、竞争性、灵活性和稳定性。企业恢复力在恢复力概念
框架之外，还需要关注企业变化和发展的期望路径轨迹。企业恢复力并不是
企业偶然具备或者天生具备的，而是源自企业的可持续发展能力和更新能
力。在企业中强化恢复力构建，可以增强企业在发展各阶段的可持续性、适
应性和转化力。

　　恢复力是由特定恢复力和一般恢复力两种互补的恢复力类型构成的。
特定恢复力是系统在应对特定某种冲击时所唤醒的特定部分的恢复能力，
可以通过回答"什么对什么的恢复作用"这一问题来确定系统的特定恢
复力。一般恢复力是系统在面对风险时所唤醒的无差别适应能力和应对
能力，这里的风险除了可预料的风险冲击外，还包含了突发的和不可预
见的冲击。不幸的是，这两种恢复力不能同时增强，因为在建立恢复力
时需要对二者进行权衡取舍。特定恢复力和一般恢复力的确定、建立和
路径见表 11-1。

表 11-1　特定恢复力和一般恢复力的确定、建立和路径

	特定恢复力	一般恢复力
如何确定	通过预测策略、准备和预防，在稳定区域内持续存在的能力	一种跨越多重平衡,适应和转变的无形应急能力
如何建立	通过最有效的管理机制和实验结果，预测风险的发生，以及设计、建设和维护基础设施	通过逻辑思维和意义构建以及组织自我进化来培养

① Seville E, Opstal D V, Vargo J. A Primer in Resiliency: Seven Principles for Managing the Unexpected [J] . Global Business & Organizational Excellence, 2015, 34 (3): 6-18.

续表

	特定恢复力	一般恢复力
如何维持	采用单回路学习,旨在加强负反馈回路:返回条件、消除偏差,并将操作保持在确定的限定范围内	采用双回路学习,旨在加强正反馈回路:自我强化、放大、增强和刺激增强恢复力的行为,其中包括修改驱动行为的规则

资料来源：作者参考 Farchi，Cohen，Mosek. Developing Specific Self-Efficacy and Resilience as First Responders among Students of Social Work and Stress and Trauma Studies ［J］. Journal of Teaching in Social Work，2014，34（2）整理。

11.2.2 组织恢复力及其发展

组织恢复力的建设是永无止境的。一个组织所能够达到的恢复力水平与其所希望的发展走向息息相关，不同的恢复力水平代表着不同的发展愿景；不同的组织可以具有不同的恢复力水平，展现了不同的发展理念。企业可以通过处置实体资产来积极提高其恢复力，也可以进行培训，为应对未知事件和破坏性事件做好准备，以便企业可以克服危机、健康成长，并通过提高恢复力来提高绩效指标。

现有文献资料将恢复力构建划分为五个阶段，即预防控制（Preventive Control）[1]、警觉行动（Mindful Action）[2]、性能优化（Performance Optimization）[3]、适应创新（Adaptive Innovation）[4] 和辩证愿景（Dialectical Vision）[5]。前两个阶段代表了预警观念，将恢复力当作对外部威胁的应激反

---

[1] Hwang B G，Zhao X，Ng W J. Critical Success Factors for Stakeholder Management in Construction Projects：A Comparative Study ［J］. Journal of Cleaner Production，2013，51.

[2] Carvalho M M，Rabechini Jr R. Impact of Risk Management on Project Performance：The Importance of Soft Skills ［J］. International Journal of Production Research，2015，53（2）：321-340.

[3] Sheffi Y. The Resilient Enterprise：Overcoming Vulnerability for Competitive Advantage ［M］. Cambridge：M. I. T. Press，2007.

[4] Serrat O. Building Organizational Resilience. In Knowledge Solutions ［M］. Singapore：Springer，2017.

[5] Linnenluecke M K，Griffiths A. Corporate Sustainability and Organizational Culture ［J］. Journal of World Business，2009，45（4）.

应，着重于避免损失和保值。第三阶段和第四阶段则演变为企业对组织恢复力的认同，认为恢复力不仅是对不确定性、危机和风险的反应，也可以对组织的反弹能力进行预测。性能优化意味着提高现有能力以维系客户关系，而适应创新，顾名思义就是跳出框架、着眼于创新，预测未来可能的颠覆性技术和新市场，以利用自身优势来应对它们。英国标准协会（BSI）的报告将组织恢复力的四个阶段制成矩阵（见图11-1），以总结不同阶段和角度下组织恢复力的内涵。

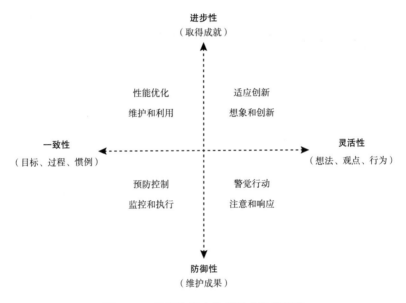

图11-1 组织恢复力构建四个阶段矩阵

对于第五阶段，可以理解为：历经组织恢复力建设的四个阶段并能够稳定处置四者相互间关系的企业，才达到了组织恢复力建设的辩证愿景阶段，企业才真正具有了组织恢复力。有恢复力的企业或组织已经建立了应对危机的工具，并且知道如何使用这些工具。根据人力资源规划协会（HRPS）的一项研究，组织恢复力和灵活性是企业能够应对环境扰动的关键属性，环境扰动可以理解为运营、竞争或大环境背景下的突变和破坏，人体恢复力是关乎企业未来生存和繁荣的关键能力，企业通过共克危机、战胜发展逆境而唤起、激活精神层面的抗争，建立企业恢复力文化。企业的领导者，特别是中小型企业的领导者，在企业文化中具有成为精神领袖或者精神代表的可能，他们可以影响企业的某些特质和特征，如增强企业凝聚力、企业恢复力等。溯源领导者与组织之间的关系研究，就会发现其并非管理学领域的新鲜事物。

11.2.3　企业领导者与企业恢复力

企业文化在很大程度上源于领导者的所思所想，而企业文化的发展程度和水平也可以通过文化与领导力之间的不断相互作用、相互撞击，来影响领导力本身的发展，不断加深领导者对未来的思考。领导力通过领导者对企业资源进行调配、计划、处置发挥作用，进而影响企业文化，尽管大多数领导者都了解企业文化的重要性，但他们并未意识到其自身在塑造企业文化中的作用，即便是企业中已经形成许多亚文化，但领导者对企业文化的形成过程仍具有最直接的影响力。

有恢复力的领导可以建立有恢复力的企业似乎是符合逻辑的。企业的恢复力很大程度上来自具有恢复力的领导者：有恢复力的领导者似乎可以"指点"企业增强恢复力建设，用其具有远观性的理解，为企业提供触底反弹的能力。阿亚拉（Ayala）和曼扎诺（Manzano）发现，企业家的恢复力与企业的增长呈正相关[1]。贝尔（Bell）指出领导力是组织恢复力的五项原则之一[2]。的确，企业建立抵御能力的第一步来自企业领导者确定的优先事项，伴随企业资源分配而构建组织恢复力。在建立有恢复力的企业时，领导者必须在承担风险和规避风险之间实现适当的平衡，确保正确寻求创新，同时将可能长期威胁企业生存的风险最小化。为了理解领导者如何把人的特质

---

① Ayala J‐C , Manzano G . The Resilience of the Entrepreneur. Influence on the Success of the Business. A Longitudinal Analysis ［J］. Journal of Economic Psychology，2014，42：126-135.

② Egorova A I, Chepurenko Alexander Yu. Factors of the Resilience of Small Businesses under External Shocks in Russia（Based on the Longitudinal Study Data）［J］. Russian Management Journal，2022，20（2）.

转换为对企业的影响力，可以将领导者假设为员工追随的原型，该原型在实现企业最终目标的同时，兑现了企业对股东的承诺。实际上，包括股东在内的企业所有的利益相关者，对企业发展深思熟虑的建议与意见有助于企业的可持续发展和组织恢复力建设。运作良好的有恢复力的组织更具可持续性，可以长期良好运行，组织领导力是适应能力和适应性治理的结合：适应能力代表了组织社交网络的力量和水平，适应性治理表现了组织领导者对恢复力的重视程度以及对管理决策过程的支持力度。

11.3　中小型企业恢复力构建的关键因素

对中小型企业恢复力的研究已是国际热潮，有助于企业构建和提升恢复力，并完善恢复力的促进因素、作用条件、组织形式等。恢复力虽然可以作为企业保持竞争力的资源，但从资源与要素特征来看，恢复力仍无法在企业间顺畅传递。

11.3.1　企业战略与治理模式

桑德斯特罗姆（Sundström）和贺纳根（Hollnagel）从风险管理和预期控制管理策略角度，确定影响企业恢复力的主要因素及其作用机制[①]。Acquaah 等比较了家族企业和非家族企业的发展战略来探讨企业战略和治理模式，通过对 122 家制造企业的调研与分析，发现企业的生产战略规划是企业获得竞争优势并提高恢复力的一种机制[②]。事实证明，生产战略与竞争策略保持一致，能够有效帮助企业建立抵御经济危机的能力，从而增强恢复力。而增加灵活资源和裁员、创新商业战略与商业模式，对于增强企业恢复

---

① Sundström G, Hollnagel E. Managing Recovery from Disruptions: The Role of a Resilient Culture in Risk Management [J]. Safety Science, 2010, 48 (6).

② Moses Acquaah, Joseph Appiah-Nkrumah. Firm-Specific Managerial Experience and the Social Capital-Performance Relationship in a Sub-Saharan African Transition Economy [J]. Journal of African Business, 2011, 12 (1).

力来说都是重要的策略。奥利维拉（Oliveira）认为，企业的创新能力及管理能力共同构成了有恢复力的企业的基础，并将企业的创新划分为三种主要类型：反应型创新、主动型创新和预测型创新①。有恢复力的企业就是预测型创新企业，预测型创新企业通过创建适宜的内部环境来实现连续创新，以提升恢复力，而构成该内部环境的关键是领导力、开放且信任的环境、战略规划过程以及生活方式创新。

兰佩尔（Lampel）等认为影响企业恢复力的是所有权和治理权之间的关系类型，并分析了关系类型及企业治理对企业恢复力的影响，刻画了员工持股公司如何通过灵活的信息共享与沟通，实现企业资源的快速流动以及企业恢复力的提升②。此外，企业家特征及企业家在危机时期对组织恢复力的影响，也是研究热点。布洛（Bullough）和兰科（Ranko）通过对阿富汗400名企业家、有抱负的非企业主与100名美国MBA学生进行的对比研究，揭示了企业家的创业精神是如何在逆境中带领企业从危机中恢复生机的③。企业家需要通过业务发展训练提升员工对企业的信心，并将在社交活动、专业培训中学习的商业领袖、成功企业家带领企业建设恢复力、度过危机的经验传递给企业。萨瓦勒哈（Sawalha）关于约旦保险公司恢复力的案例研究，表明企业恢复力除了受到企业文化、企业合作、互联网使用等的影响之外，还受到企业家们的年龄结构、团队规模、管理经验及其生活方式的影响④。

11.3.2　企业恢复力的构建途径

在中小型企业案例研究中，Demmer等人认为，现有的大型企业研究文献中所确定的恢复力也适用于中小型企业，在辨明影响中小型企业恢复力的主要因

---

① José A Puppim De Oliveira. Social Upgrading Among Small Enterprises and Clusters in Developing Countries [J]. Proceedings of the International Association for Business and Society，2008，19.

② Oseph Lampel，Ajay Bhalla，Pushkar P Jha. Does Governance Confer Organisational Resilience? Evidence from UK Employee Owned Businesses [J]. European Management Journal，2014，32（1）.

③ 罗欣. 领导教育视阈中的中国民营企业战略领导力研究——以"新浙商"为例 [D]. 上海：华东师范大学，2012.

④ Sawalha I H S，Anchor J R，Meaton J. Continuity Culture：A Key Factor for Building Resilience and Sound Recovery Capabilities [J]. International Journal of Disaster Risk Science，2015，6（4）.

素后，Demmer 等人建立了两个阶段概念模型、探讨了中小型企业恢复力建设的策略，首先是为更新奠定基础（高层管理者改革、强化内部知识网络、建立外部知识网络、向有机的组织结构转化、实施以企业家为中心的战略规划），其次是实施持续的更新策略（整合客户的价值链、积极寻找新的选择和机会、部分创新外包），再次是投资于人力资源以促进创新，最后是广泛开展优化策略实验[①]。

Abylaev 等对瑞典的纺织和服装中小型企业进行了实证研究，并在确定影响恢复力主要因素的过程中发现，为提高企业的恢复力及恢复速度，这些中小型企业通常需要丰富的资源（物质资源、经济资源、社会资源、网络资源、无形资源）、能与其他同类型企业"一较高下"的竞争力（灵活性、资源去冗、稳定性、人际关系）以及学习的能力和企业文化的普及（领导力和高层管理人员的快速决策力、集体性和意义构建、员工福利）；而关键之处在于用于投资的资源和现金的可获得性、流动资产（与客户、供应商等的关系网络）、战略和运营的灵活性（转型的能力和意愿、迅速决策力、快速有效的内部沟通、快速学习的能力以及快速适应日常活动和策略的能力）[②]。Tarik 等通过对中小型企业的社会调查和数据分析发现，决定中小型企业恢复力和竞争力的关键因素包括内部特征（企业行为、管理特点、质量控制）、外部环境（全球化）和能力水平（技术使用、资本产生、定位和营销、供应链整合）[③]。

为了创建一个有恢复力的中小型企业，关注行业竞争对手并满足不断变化的全球市场需求是至关重要的，还需要依托灵活的劳动力配置、战略管理

① Demmer W A, Vickery K, Calantone R. Engendering Resilience in Small-and Medium-Sized Enterprises（SMEs）: A Case Study of Demmer Corporation［J］. International Journal of Production Research，2011，49（18）.

② Mansur Abylaev, Rudrajeet Pal, Håkan Torstensson. Resilience Challenges for Textile Enterprises in a Transitional Economy and Regional Trade Perspective-a Study of Kyrgyz Conditions［J］. Int. J. of Supply Chain and Operations Resilience，2014，1（1）.

③ Saikouk Tarik, Fattam, Nejib Angappa Gunasekaran, Hamdi Ahmed. The Interplay between Inter-Personal and Inter-Organizational Relationships in Coordinating Supply Chain Activities［J］. International Journal of Logistics Management，2021，32（3）.

思维、高层管理支持和技术创新。人际关系、企业结构、人员管理、灵活度、社交能力、市场消息、生产质量、使用的营销和分销技术以及重新评估其在供应链中的地位都是关键因素。瓦戈（Vargo）和塞维利亚建立了危机管理和战略规划模型，以帮助企业了解他们的固有趋势以及这些固有趋势如何影响企业建立的恢复力类型，该模型已应用于新西兰的小型企业①。该模型确定的四个关键因素是：领导力、文化、决策制定和情景感知。Rageh 等认为建立更为全面的恢复力构建框架分为七个步骤：了解行业的差异化因素，检查行业趋势和影响，比较定位与竞争的优劣势，设定目标和选择升值方式，评估和优先选择升值方式，制定增长计划，实施和审查。由此可见构建恢复力建立动态机制的关键是企业需要主动识别威胁并进行响应②。伯纳德（Burnard）和巴姆拉（Bhamra）对企业恢复力进行讨论，建立了较为复杂的概念性框架，该框架将恢复力构建分为不同的阶段：识别、触发、响应、调整和学习。在识别和触发阶段，企业应该有能力积极地调整自己以应对干扰，并自主识别潜在的威胁和机会③。企业要采用预期方法，就必须确定具体企业系统的请求和脆弱性。相反，在响应阶段，企业要结合技术、人员和组织要素来增强恢复力。

11.3.3 风险管理与恢复力建设

沙利文-泰勒（Sullivan-Taylor）和布赖特（Branicki）在对威胁和极端事件管理的研究中，采用了四分类框架来探讨中小型企业参与者对他们自己公司现有能力的认知，如资源、技术、组织和快速应对极端事件的能力④。Ortiz-de-Mandojana 和 Bansal 提出了通过社会和环境行为以及实践来建立恢

---

① John Vargo, Erica Seville. Crisis Strategic Planning for SMEs: Finding the Silver Lining [J]. International Journal of Production Research, 2011, 49 (18).

② Rageh Ismail Ahmed, TC Melewar, Lim Lynn et al. Customer Experiences with Brands: Literature Review and Research Directions [J]. The Marketing Review, 2011, 11 (3).

③ Kevin Burnard, Ran Bhamra. Organisational Resilience: Development of a Conceptual Framework for Organisational Responses [J]. International Journal of Production Research, 2011, 49 (18).

④ Sullivan-Taylor Bridgette, Branicki Layla. Creating Resilient SMEs: Why One Size Might Not Fit All [J]. International Journal of Production Research, 2011, 49 (18).

复力的新路径[①]。Thun 等人研究了供应链风险管理方面的恢复力，对德国的67 个中小型制造业企业进行了分析，这些中小型企业使用反应性措施建立了有恢复力的供应链，这些措施增加的灵活性还可以去冗（例如安全库存、双重或多重采购、生产和存储能力过剩）[②]。Ates 和 Bititci 将恢复力描述为一种组织能力：转变管理过程，即组织对运营环境的变化做出快速有效反应的能力。他们认为企业恢复力与中小型企业有效和高效地进行转变的能力有较高的相关性，且恢复力受到企业行为和组织特征的限制[③]。

中小型企业在无法预测且不断变化的环境中建立恢复力，需要更加重视转变管理的软环境（人、组织和文化方面），在转变的计划、准备和介入阶段，对转变的战略性和长远性进行思考，并且在企业内部主动推动转变，而不是等待外部因素迫使做出转变。同时更加注意与主要客户、供应商和竞争对手的关系和沟通，并为转变做好准备，对员工进行正确的管理，要求员工必须对公司有主人翁意识，并有权根据自己的职责做出相应决定。

其他学者如伯纳德和巴姆拉在研究中将恢复力与某些因素相关联，如能力、可用资源、灵活性和适应性、动机、毅力、乐观、效率和多样性[④]。Rageh 等强调了有预见性的主动迅速开发新产品和满足客户需求、预测趋势、制定战略的能力非常重要[⑤]。萨瓦勒哈等指出了可以提高企业恢复力的因素：人员、核心业务活动和网络发展[⑥]。

---

① Natalia Ortiz-de-Mandojana, Pratima Bansal. The Long-Term Benefits of Organizational Resilience Through Sustainable Business Practices［J］. Strategic Management Journal, 2016, 37（8）.

② Jörn-Henrik Thun, Martin Drüke, Daniel Hoenig. Managing Uncertainty——An Empirical Analysis of Supply Chain Risk Management in Small and Medium-Sized Enterprises［J］. International Journal of Production Research, 2011, 49（18）.

③ Ates Aylin, Bititci Umit. Change Process: A Key Enabler for Building Resilient SMEs［J］. International Journal of Production Research, 2011, 49（18）.

④ Burnard Kevin, Bhamra Ran. Organisational Resilience: Development of a Conceptual Framework for Organisational Responses［J］. International Journal of Production Research, 2011, 49（18）.

⑤ Rageh Ismail Ahmed, TC Melewar, Lim Lynn, et al. Customer Experiences with Brands: Literature Review and Research Directions［J］. The Marketing Review, 2011, 11（3）.

⑥ Sawalha I H S, Anchor J R, Meaton J. Continuity Culture: A Key Factor for Building Resilience and Sound Recovery Capabilities［J］. International Journal of Disaster Risk Science, 2015, 6（4）.

还有几位学者关注了中小型企业提高企业绩效和恢复力的其他一些要素。如阿尔贝蒂（Alberti）和皮祖诺（Pizzurno）指出，新产品开发和创新能够成为竞争优势的来源，即使中小型企业也是如此①。Chiesa 等学者则强调了企业管理实践能力在企业恢复力建设中的重要作用，并且再小的企业也都需要对其资产进行管理，为此它们都具有管理无形资本和技术资本、知识资本和人力资本的能力②。卡瓦略（De Carvalho）等比较了创新型企业和非创新型企业，发现前者更具有恢复力，并随着时间的推移，财务业绩也会更好③。基于上述研究，得出重要文献的观点贡献（见表11-2），影响恢复力的关键因素（见表11-3）。

表 11-2 重点文献的观点贡献

作者	贡献
Acquaah(2011)	制造战略、竞争战略与企业绩效的关系
Burnard(2011)	建立企业响应的概念框架
De Carvalho(2016)	创新企业和非创新企业的恢复力
Demmer(2011)	建立两阶段概念模型
Rageh(2011)	建立战略灵活性框架
Lampel(2014)	所有权与管理之间的关系
Ortiz-de-Mandojana(2016)	社交、环境实践和恢复力
Sawalha(2015)	约旦保险公司恢复力的案例研究
Seville(2015)	突发事件对中小企业的冲击
Sullivan-Taylor(2011)	检验应对风险的能力
Sundström(2006)	诠释企业如何获得更高恢复力
Thun(2011)	供应链风险管理分析
Vargo(2011)	战略安排和风险管理的模型建立

注：表中文献很多非一名作者，为便于著录表中仅写一名作者。

① Fernando G Alberti, Emanuele Pizzurno. Technology, Innovation and Performance in Family Firms [J]. International Journal of Entrepreneurship and Innovation Management, 2013, 17 (1-3).
② Vittorio Chiesa, Federico Frattini, Raffaella Manzini. Managing and Organising Technical and Scientific Service Firms: A Taxonomy and an Empirical Study [J]. International Journal of Services Technology and Management, 2008, 10 (2-4).
③ Marly Monteiro De Carvalho, Sandra Naomi Morioka, Steve Evans. Sustainable Business Model Innovation: Exploring Evidences in Sustainability Reporting [J]. Procedia CIRP, 2016.

表 11-3 影响恢复力的关键因素

问题	作者	恢复力的关键因素
价值创造策略	Demmer（2011）、Tarik（2011）、Rageh（2011）、Pal（2014）	产品销售范围广,产品质量高
竞争策略	Acquaah（2011）、Demmer（2011）、Tarik（2011）、Sawalha（2015）、Thun（2011）	多元化、核心业务投资
资本	Acquaah（2011）、Ates（2011）、Bhamra（2011）、Burnard（2011）、Chiesa（2008a,2008b）、Demmer（2011）、Tarik（2011）、Rageh（2011）、Abylaev（2014）、Sawalha（2015）、Seville（2015）	有形资本、无形资本、财务资本、人力资本（激励、能力、创新导向）
组织资源（文化和组织系统、灵活性、及时性、计划、创新）	Acquaah（2011）、Alberti（2013）、Ates（2011）、Bhamra（2011）、De Carvalho（2016）、De Oliveira（2013）、Demmer（2011）、Tarik（2011）、Rageh（2011）、Abylaev（2014）、Sawalha（2015）、Seville（2015）、Vargo（2011）	计划、新产品开发、及时性、市场推广

注：表中文献很多非一名作者，为便于著录表中仅写一名作者。

11.4 中小型企业发展与相对贫困治理

我国脱贫攻坚取得全面胜利后进入相对贫困治理时期，稳定脱贫任务依然很艰巨，相比于绝对贫困人口来说，相对贫困人口的基数更为庞大，并且全国各地区间发展不均衡和同一地区不同片区间的发展不均衡，在一定程度上造成了区域间的经济差异，而生态环境较为脆弱的地区尤为典型，相对贫困程度也较深。因此，在国家扶贫政策的引导下，整合相对贫困地区的自然资源、人力资源、交通资源、企业资源等，带动相对贫困地区的脱贫方式出现"质"的变化，不再单独依靠国家资助，将成为彻底解决贫困问题的关键。独立于政府和非政府组织的企业，在脱贫攻坚工作中崭露头角，尤其是中小型企业作为国家经济发展的关键驱动力之一，在相对贫困治理中也起到了十分关键的作用。

11.4.1 中小型企业参与相对贫困治理的作用机制

用于治理相对贫困的企业捐助可以分为有形物资和无形物资。有形物资以捐款捐物为代表，中小型企业将资金或者实物要素直接捐给贫困地区或贫困人口，以达到助力脱贫的目标。捐款捐物的特点是无论是间接支持还是直接支持，都能够较快地将要素投入贫困治理工作，并且都会面临暂时减缓贫困、返贫率高等问题。但是对这两种方式进行比较会发现，捐物对于减少腐败问题和解决委托代理问题显然更具优势，因为捐赠物资降低了挪作他用的风险。无形物资的代表则是人力援助和技术援助，这类捐助是通过中小型企业派出相关专业技术人员实地考察从而解决问题，或者是实地指导让脱贫户具有独立解决问题的能力。人力援助与技术援助的优点和缺点都较为明显，二者都在解决问题的方式上更具针对性，但初见效果需要花费较长时间，减贫速度较慢。

此外，技术援助会比人力援助更为可靠，因为仅依靠专业人员解决问题，会受到专业人员主观因素的影响。一方面，企业派遣的人力援助可能在对贫困地区的需求和特点识别上存在短板，这限制了企业人力援助更好地发挥作用；另一方面，企业派遣的人员对脱贫地区和人口究竟关心多少，影响着企业人力援助能发挥多大的效果，无论他们有多了解或者熟悉脱贫地区和人口，要是对其毫不关心，就实现不了最大限度减缓贫困的目标。因此，从中小型企业要素投入角度进行梳理会发现，最有效的方法是提供技术支持，并且在受援助地区或人口得到相应的技术支持并发展到一定水平后，中小型企业可以在广大掌握技能的脱贫农户中获得专业劳动力。

当中小型企业在相对贫困地区开发生产性项目时，第一，这种项目可以更好地将当地的资源优势转换成脱贫的竞争优势，进而使这些贫困地区实现可持续发展；第二，企业的项目开发能够给地方经济带来活力，并且为地区生产总值（GDP）增长贡献力量，企业的利润还能在当地转化为税收；第三，最为关键的一点，项目开发代表着对劳动力的需求，项目的开展能够有效吸纳当地的剩余劳动力。与此同时，对企业本身来说，企业用自己的技术、资金以及管理优势加上市场的潜在优势再加上相对贫困地区的资源优势，可以提高市场份额、降低成本、增加效益。当然，也会显露出一些缺陷，例如可能出现项目过度利用当地资源甚至使其枯竭，项目建设与地方需求不符，前期建设项目造成的资源浪费难以挽回，并且没有发挥项目的区域优势。显然这些缺陷不利于相对贫困地区持续脱贫。良好的社会服务设施和基础设施是任何地区经济发展的先决条件，因此，中小型企业投资社会服务设施和公共基础设施类项目，对于改善相对贫困地区的基础生活条件以及防止返贫起着很重要的作用。修建医疗保障设施可以提高脱贫户的健康水平，修建公路等设施可以提高当地生产生活的便利性，修建教育设施可以提高当地教学质量，从而提高学生的受教育水平，解决代际贫困等问题。通过投资解决因病、因学致贫返贫问题，从而提高人力资本质量。因此，从项目投资角度来看，中小型企业通过对道路等基础设施建设或者地方公共服务体系建设进行投资，有利于解决相对贫困和返贫问题。

从以观念引导治理相对贫困来说，中小型企业与政府为脱贫和防返贫引入的思想和观念对脱贫地区和人口带来的影响类似，企业直接帮助脱贫地区和人口减缓贫困也可以影响当地的思想观念，同时将一些先进的方法和理念引入当地，从而带动当地脱贫和防返贫思路的创新。由于工作分工不明确和资源利用不充分，脱贫地区农业产值低，因此落后的小农经济成为脱贫地区产业化建设、市场经济发展的绊脚石；而企业对脱贫地区持续稳定脱贫的参与逐步加深，潜移默化地影响着脱贫人口的思维方式，随之而来的是小农经济的逐步灭亡与更高效率的市场经济的诞生，如此一来脱贫地区会有更加合理完善的分工，从而脱贫人口也会更持续稳定地脱离贫困。此外，企业参与相对贫困治理之后，可能会比政府更清楚当地的需求，因此企业可以在政府与相对贫困人口之间架起一座桥梁进行沟通或者可以充当相对贫困人口利益代理人，从而为政府更好地制定适用性政策以持续稳定脱贫提供交流服务。

11.4.2 中小型企业相对贫困治理模式

（1）资金支持的治理模式

资金缺乏是地区贫困的首要原因，也就是说，没有足够的资金，就难以实现发展中的多个目标。资金支持的治理模式需要对所需资金进行筹划。首先要借助资金投入、融资优惠等方法给予贫困地区发展所需要的资金，并且为资金来源找到靠谱的保障。对于企业来说，可以选择直接将资金投入贫困地区，也可以选择将资金投入基金会、扶贫项目，间接注入贫困地区。这种治理模式一般比较适合金融类中小型企业。

资金支持的治理模式要发挥更好的效用，就要对不同的贫困户进行有针对性的补助，而要做到这一点，就需要对当地具体情况进行摸底调查，并依据由此得来的资料对贫困户进行分类，区分不同程度的贫困以及了解各程度贫困户的真实需求。在治理过程中只需要统一管理资金，实现资金的按时分配和发放即可。但是资金支持治理模式的缺点也十分明显，资金支持只是暂时输血形式，资金的给予更像是给口渴的人一杯水，它能缓解暂时的焦急但并不能源源不断毫无条件地供给。若要形成长效机制，还需要激活贫困地区的造血功能。对于这一点，政府需要将中小型企业投入贫困地区的资金作为垫脚石，发掘可以带动当地持续发展的产业，进而使这些地区拥有长远自我发展的条件。

案例一①

甘肃省定西市临洮平长现代农牧科技有限公司创立了临洮县乐得养殖农民专业合作社，他们在成立合作社后与新添镇的农户保持联系，希望为当地发展资金匮乏找到良好的解决办法。合作社遵循"扶贫资金变资本、农户企业双收益"的原则，以贫困户 3 年期 5 万元的精准扶贫专项贷款充当投入资金，偿还贷款、清偿利息皆由合作社完成，资产一体化管理、使用，而贫困户可以得到 4 只纯种湖羊作为家庭养殖业发展的基础，从而更好更快地脱贫致富。此外，公司还为养殖户下发了每户 1000 元总计约 20 万元的养殖启动资金，该项养殖启动资金来源于公司资产收益。

（2）技术支持的治理模式

人力资本缺失是贫困地区发展能力和潜力不足的主要因素。技术要素更

---

① 定西临洮平长现代农牧科技有限公司致力脱贫攻坚助农增收 ［EB/OL］．（2017－04－21）．https：//item. btime. com/0529vburthfi64bh3jfmndin3j2.

具持久性和稳定性。所谓技术帮扶，实则是对当地居民受教育水平和工作能力的提升，因此技术支持更有可能帮助贫困户脱贫。但技术支持需要注意技术的发展和进步，因此企业一方面应注重后续的跟踪服务，另一方面要帮助贫困户树立主动学习新技术的意识。

农户相对贫困的表现是资金缺乏，而本质在于没有与工作机会相匹配的技能，也就是缺乏人力资本。中小型企业提供技术支持，是"授之以渔"的重要方式。技术支持的治理模式是养殖业、种植业以及农业科技型中小企业扶贫的主要方式。

案例二[①]

地处海拔 2700 米以上高寒山区的凉山州布拖县乐安乡火灯村居住着169 户深度贫困的彝族居民，他们基本以种植玉米、洋芋、燕麦、荞子等传统农作物作为唯一经济来源，而种植这些粮食作物，一亩地的产值仅几百元，也就是说，这里的居民年人均纯收入还不到 1500 元。好医生药业集团注意到这个村子的情况并对其进行了多方实地调研以及评估分析，得出了该地区土地适宜培育中药材附子的结论，因此好医生药业集团决定为该村免费提供良种，且年年捐赠生产生活物资，提供技术指导带领村民培育附子。附子的种植面积不断增加，到种植后期更是出现了培育品种升级的好现象，使得当地村民的生活水平提高了很多。

（3）旅游支持的治理模式

旅游支持的治理模式一般是中小型企业借助贫困地区的自然资源、自然景观、人文景观及传统民俗等优势，开发乡村旅游产业，以促进集中连片特困地区走出贫困的方式。而助力乡村旅游持续向前发展的要点在于旅游企业较完善的经营，这就需要很好地把资源优势变成产品及市场优势。立足精准

---

① "扶贫帮困 心系民生"耿福能荣获"2019 年度中国企业十大人物"［EB/OL］.（2020-01-18）. https：//www. 163. com/dy/article/F368LQEL0514D66Q. html.

扶贫的乡村旅游企业创新治理方式既能提高企业自身核心竞争力，又能促进贫困地区居民走出贫困，进而实现自我发展。

案例三①

雪峰山旅游公司借助生态文化旅游资源打造品牌景区，基于雪峰山生态文化旅游资源优势，带领该地贫困人口打造景区、创办农家客栈、组织民俗表演，并引导他们以房屋、山林、土地等资源入股企业旅游扶贫，由此公司收获了很多主要的旅游资源，知名度和实力迅速提高，并且帮助3000多名贫困人口走出贫困奔向小康。

溢仁坊玫瑰科技有限公司依靠土地、劳动力资源打造生态旅游产品品牌，其在打造玫瑰基地时流转了花垣县各村土地2000多亩，主要利用当地留守的劳动力培育独具特色的玫瑰品种等，凭借土地流转、务工和分红等形式使参与的贫困户取得5000~20000元不等的额外收入，同时为公司降低了经营成本、赢得了当地的积极支持。

迷迭香生态旅游开发公司基于贫困地区地域特点、生态文化资源，开发健康旅游产品品牌，并和当地共同打造迷迭香培育基地，充分使用当地的留守劳动力，对帮助当地走出贫困起到了很大作用。同时，其开发的产品融合了苗族传统文化元素，如苗语音译"黛帕·迷迭香"品牌名，使消费者体会到苗族的独有文化。

从本质来看，企业打造乡村旅游品牌就是依托乡村的生态文化资源，紧密联系当地精准脱贫问题改进旅游企业经营模式。立足精准扶贫的旅游支持治理模式创新的根本是共享发展思路，与贫困农户共创共享资源、价值、收益。这种创新是一种良性循环，既能给当地带来更多就业机会，为贫困农户

---

① 谭乐霖. 偏远民族地区企业主导型旅游扶贫模式研究——以湖南雪峰山为例［J］. 中南林业科技大学学报（社会科学版），2020，14（1）：93-100；张琰飞，魏昕伊. 精准扶贫视角下乡村旅游企业经营模式创新——基于多案例研究［J］. 新疆财经，2019（5）：52-61；黄睿. 康养小镇景观规划设计研究——以济南市云湖小镇为例［D］. 济南：山东建筑大学，2022.

实现自我发展创造更好条件，赢得其长久的信任、支持，又能带给企业重要的资源、动力以实现自身可持续发展。然而，我国现阶段乡村旅游市场还不够活跃，旅游企业经营模式尚不完善。由此可知，依赖旅游产业，打造特色乡村旅游品牌能够帮助具有特色景观地区的农户解决贫困问题。

（4）"中小型企业+合作社+贫困户"治理模式

"中小型企业+合作社+贫困户"治理模式需要由贫困户自发成立合作社，这种治理模式能将单个贫困户或者贫困家庭中零散的资源以整合、集体的形式进行统一管理，发展连片种植产业，最终以中小型企业作为统一销售平台，对主导产业进行推广，对主导农产品进行销售，从而解决产品滞销、土地浪费、产值低下等问题。"中小型企业+合作社+贫困户"治理模式通过发展现代化特色种养业、推动农业产业化与资产收益扶贫相结合的方法，稳定持续实现贫困户增收。采用这种新型帮扶模式，凭借发展现代化特色种养业结合资产收益扶贫的方式，持续稳固提高贫困户收入水平。

"中小型企业+合作社+贫困户"治理模式，可以对所在地区和相关企业产生较好影响。首先，对公司而言，不用投资大量财力、人力搭建种植基地，只抓管理、创新、市场；其次，对合作社来说，乡贤引领贫困户发展生产，既为群众增添了信心又保证了服务；再次，站在贫困户的角度，合作社免费为其集中收购、运输、代购生产材料，大大降低了成本和风险，他们遵从合作社的管理要求进行种植、管理即可；最后，从政府角度来看，投入财政专项扶贫资金激发了贫困户的干劲，改善了基础设施，降低了种植成本，使扶贫效益真正落地。

案例四①

铜川市印台区陈炉镇双碑村因地制宜，采取"中小型企业+合作社+贫困户"治理模式种植丹参。其中，三个主体各自的角色如下。第一，新区上禾公司以 10 元/公斤的保底价与合作社签订协议收购丹参，排除了产品销

---

① 张炜. 铜川市乡村绿化美化发展研究［D］. 咸阳：西北农林科技大学，2019.

售难的后顾之忧，向合作社提供药种，代为购买青苗保险，且指导培训贫困户的种植技术、种植管理；第二，金舵农民专业合作社负责土地流转，采用"六统一"管理办法（统一种植品种、种植模式、防治程序、规章制度、选育标准、回收价格），统一收购丹参交售给公司，同时根据贫困户出勤率及丹参产量分红；第三，贫困户当年只需投入劳力即可享受户均 2777 元的扶持资金入股。具体而言，丹参产业见效前每户每年需义务出工 17 天，其余时间按实际情况将管护责任落实到每户，农闲时贫困户可在合作社打工赚取至少 80 元的日薪，预计盛产期户均年收入可达 7500 元，助力贫困户持续增收。

（5）"中小型企业+劳务+合作股份"治理模式

"中小型企业+劳务+合作股份"治理模式是贫困户以土地等资源入股，企业为贫困户提供相应的就业机会，并对贫困户做好就业前培训的模式。企业可以借助这类方法减少资源流转支出，以节约成本。在作物收获后，企业将按照入股土地面积等分红，向农户返利。该模式是在单纯的技术支持上进一步创新，为中小型企业谋划更为合理和可持续发展的助农途径，实现农户与企业的双赢。

案例五①

广西百色巴别乡大琅山黑山羊生态养殖项目以"中小型企业+劳务+合作股份"模式带动巴别乡群众脱贫致富，采用"一村一业、多村一业、三业并举、连片开发"的产业化扶贫发展思路，大大增加了农民的择业就业机会。若农户以土地使用权入股企业，则开发建设、经营管理的资金由企业负担；若农户以土地流转资金入股，则可以享有与其余股东同性质的分红权益；牧草种植、加工产业让农户就地就业且取得可观收入；代养机制有效利

---

① 黄莎莎，谭庆敏，谢杰，等. 中小企业扶贫攻坚模式探讨——基于桂滇集中连片贫困区实例分析 [J]. 当代经济，2017（23）：60-61.

用扶贫资源，把扶贫工作落到实处；养殖场提供工作岗位。农户在就业中也获得了相应的学习机会，提高了种养水平，调动了其将新技术运用于自家种养经济活动的积极性。

"中小型企业+劳务+合作股份"治理模式在考虑对贫困农户的帮扶之外，也要关注提升贫困地区的土地利用效率，这可以凭借整合企业生产成本与当地资源来实现。在这个模式的实施过程中，免除了农户种植过程中可能出现的风险，企业采取更为科学有效的方式对当地资源进行开发，并且在开发过程中，农户既可以保留其身份特征参与具体生产活动，也可以转变身份角色，以股东形式参与分红，在减轻劳作辛苦的同时提高收入水平。

（6）中小型企业全过程帮扶治理模式

全过程帮扶是指从调研到脱贫的整个过程，中小型企业都参与其中，并作为调研走访、扶贫方案设计、计划实施、持续跟踪的主要力量。这种模式的实质是企业承包扶贫任务的全部工作，更像是企业对口帮扶村镇的形式，企业为了达到良好的扶贫效果需要投入更多的精力、财力和物力。此外，企业还需要与帮扶村镇之间保持良好的沟通交流，便于在未来的计划实施中达到良好的效果，确保实现持续稳定脱贫。

企业依据帮扶地区真实的数据和情况，制定系统的治理方案，将整个区域视为整体，不存在治理断层和发展不均衡的问题。但需要注意的是规划的合理性和长远性，要制定好多种可组合的方案，以便于适应不同的发展阶段。

案例六①

山东威海按照发展中小型企业、推动创业兴业的要求出台工作方案，极力

---

① 董大伟. 改革开放以来党的非公有制经济政策演进研究（1978—2016）[D]. 北京：中共中央党校，2017.

鼓励该市中小型企业加入精准扶贫并有了显著效果，探索出了"中小型企业+精准扶贫"模式。首先，全面实行村企结对、企业帮村，荣成市11家企业帮11个贫困村进行新农村建设，文登区5家企业对5个贫困村、28家企业对39户贫困户进行对口帮扶，同时编制《重点中小企业帮扶省定贫困村（户）工作台账》，细细记录贫困村（户）对口帮扶企业帮扶计划及投入资金和完成情况，定期调度帮扶工作最新进展，以便指导帮扶工作。其次，联系村情村貌，加快推进新农村建设。带领中小型企业对贫困村注入资金建设新农村。此外，该市中小企业局实行产业对接，就地就近转移就业，极力带领重点中小型企业产业集群里面的龙头企业去贫困村集中建设厂区，为当地提供大量工作机会。最后，该市按照真实需要，大力推进就业创业指导，带动各类中小型企业到贫困地区进行就业创业培训，协助居民尽快熟悉工作流程。

案例七①

2017年4月，中天金融集团帮扶团结村（贵州省遵义市播州区平正仡佬族乡的贫困村），先是花了2个月时间实地调查该村的贫困状况，接着提出"四个三"精准扶贫方案，即"三方"（政府、企业、贫困村）合力攻坚、创新"三变"（资源变资产、资金变股金、农民变股东）实践、促进"三产"融合、坚持"三扶"（扶心、扶智、扶志）结合，随后又推出了一套帮扶举措，具体涉及教育、医疗、产业等方面，在企业和当地政府共同努力下，团结村的贫困发生率从31.6%降到5.58%。

（7）PPP治理模式

PPP（Public Private Partnership）模式的实质是政府与社会资本合作。贫困治理中的PPP模式主要是政府与企业合力治理贫困的模式，是中小型企业参与式贫困治理模式的统称。"造血式"扶贫相比于救助式扶贫更能治本，能达到更好的治理效果，取得更高的脱贫率，因为这种方式基于治理致

---

① 石云鸣. 民营企业参与扶贫开发的模式探析［J］. 老区建设，2019（22）：9-15.

贫风险，激发贫困人口的发展后劲。但这种方式在刚开始的时候未必能充分发挥市场效能，资金投放的"计划性"使得资金投放结构出现偏差进而制约了其效用的发挥。参与式扶贫主要是发动社会各界力量带领贫困地区和贫困人口远离"被边缘化"，这种方式更关注社会的整体平衡发展，通过引导贫困户融入社会发展，帮助他们从社会、经济、制度、心理等各方面走出贫困。

PPP 治理模式是将社会资本引入公共管理领域的一种方式，促进了市场配置与扶贫工作的结合，扩大了市场配置资源的范围。政府对于参与公共管理的社会资本具有一定选择权，通常政府采取招投标的方式选择实力较强的企业，然后与企业协商完成工作的流程和期望达到的目标等，最后以政府牵头下发相关政策文件等方式，助力企业逐步完成各项任务，这就是 PPP治理模式的具体应用。该模式的要点在于公共扶贫资源的配置领域导入市场机制以拓宽市场配置资源的范围，充分发挥公共扶贫资源、市场资源的优势互补作用，提高全社会扶贫资源的利用效益。

案例八①

山东菏泽成武县大田集镇将发展中小型企业当作唤醒当地经济活力、推动就业扶贫的关键，踊跃出台优惠政策、打造服务平台、激励全民创业，中小型企业的发展蒸蒸日上，进而有效促进了就业扶贫。该地区从事大蒜出口的企业拥有活跃的市场，销量达 30 吨/天，为当地的居民提供了 200 多个工作岗位。依靠政府的鼓励和优惠政策实现上市的水饮品企业山东润田饮品有限公司，从做小瓶盖进步到家喻户晓的水饮品生产企业，生产力达到 240 万瓶/月，创造了许多就业机会。

该地政府推出"精准辅助"举措，多角度（资金、技术等）跟进服务企业以激励和支持全民创业。按照"产业集群化、生产链条化、要素聚集化、布局园区化"的思路，尽可能地利用该地农业资源优势大力发展农副

---

① 王合卫. 菏泽市农村扶贫问题研究［D］. 济南：山东师范大学，2015.

产品加工业，借助较完善的养殖基础设施发展现代畜牧业，借助区位优势进行招商引资等。

11.4.3　中小型企业参与相对贫困治理的优势

企业发展和产业形成是扶贫脱贫的核心要点。企业的扶贫工作若只停留于物资和资金支持阶段，那么扶贫工作将会停留在治标不治本的"输血"阶段，并不能从根源上解决相对贫困问题。处理相对贫困问题仍要结合各地的发展基础，为当地注入"造血细胞"，使当地产生能够为自己服务、为自己创收增产的产业，实现"治本脱贫"的"造血"帮扶。

身为扶贫的主要支撑之一，中小型企业拥有如下优点。第一，拥有较高的市场敏锐度，依据市场规则，使用在市场中获得农产品相关信息和技术交流等手段激发贫困户自身的发展潜力，使得贫困户具有主动脱贫致富的想法。第二，从源头上治理贫困，提供大量工作岗位，摆脱贫困亚文化。以物资帮扶作为前车之鉴，企业扶贫能够提供就业岗位，培训就业技能，使贫困人口能够靠自己的劳动脱离贫困。第三，企业主要以盈利为目的，实践能力更强，能够迅速适应扶贫工作，在政府的帮助之下，企业相对于其他主体而言能够调动更加丰富的资源，提供稳定的生产与销售渠道，使得扶贫持续取得成效。第四，具有贫困治理能力的中小型企业，一般能够借助当地特色和产业优势，实现产业与地域特色相融合，在尊重当地特色和文化的前提下促进就业，改善当地经济条件。让居民的爱好转变成职业，让不能外出的老人和妇女在家就能养家糊口。站在文化角度，利用当地传统文化应对贫困，能够在保留优秀传统文化的同时，对优秀传统文化进行宣扬，更激发了人们对优秀传统文化的热爱，使得越来越多的人被优秀传统文化吸引和感染。

中小型企业通常借助自己积攒下来的产业资源帮扶贫困地区，具体包括向其注入资金、派遣管理人才、培训当地居民，因地制宜打造优势产业以引导该地走出贫困，这样做既能弥补贫困地区就业创收缺陷，又能推动上下游产业协同发展。有产业支撑，脱贫后不易返贫，是企业扶贫的优势所在。脱贫要依靠政府对企业的政策扶持，企业以科学的管理方式发展壮大，创收创产，同时贫困户也需要提高积极性主动参与脱贫活动，三者相互联结、互帮互助，才能实现持续稳定脱贫，巩固拓展脱贫攻坚成果。

政府对中小型企业的扶持，是中小型企业成长与进步不可或缺的力量，中小型企业在成长起来后可以"反哺"贫困地区，三者形成良好的政治、经济、文化联系。在相对贫困治理中，政府扮演了桥梁的角色，成为连接企业与贫困户的纽带，政府须更好地将当前优惠鼓励政策落地，改进企业加入扶贫开发的共赢机制，从而全方位激励企业踊跃加入脱贫攻坚，提升相对贫困地区创业增收的能力。

贫困户是政府和企业共同帮扶的对象，也是能够为企业增加人力资本和创造收入的重要力量。企业参与相对贫困治理的最终目标是政府实现巩固拓展脱贫攻坚成果同乡村振兴有效衔接、企业实现利润增长、贫困户稳定持续脱贫并消除返贫风险。

第12章 结论与展望

12.1 主要结论

2020 年，在现行标准下我国农村贫困地区全部脱贫，消除了绝对贫困和区域性整体贫困，完成了脱贫攻坚任务，全面建成小康社会。全面建成小康社会后，我国进入新发展阶段，即奋力实现第二个百年奋斗目标的新阶段，也是把我国建成富强、民主、文明、和谐、美丽的社会主义现代化强国的关键阶段。党的二十大报告指出，要"巩固拓展脱贫攻坚成果，增强脱贫地区和脱贫群众内生发展动力"。同时，2023 年中央一号文件进一步指出，要坚决守住不发生规模性返贫底线，增强脱贫地区和脱贫群众内生发展动力，把增加脱贫群众收入作为根本要求，把促进脱贫县加快发展作为主攻方向，更加注重扶志扶智，聚焦产业就业，不断缩小收入差距、发展差距[①]。本书通过对祁连山国家级自然保护区内武威、金昌、张掖 3 市 8 县（区）脱贫户开展生计现状与返贫风险抽样调查，明确脱贫户的生计现状与生计预期，确定和分析典型脱贫户的生计类型和特征；辨明脱贫户返贫风险的种类与受众特征，评估返贫风险的安全性与强度，确定了导致研究区脱贫户返贫的主要风险类型；分析在返贫风险冲击下脱贫户生计的响应作用，归纳脱贫户应对返贫风险的生计策略。

研究发现研究区脱贫户是否会返贫，主要取决于脱贫户抗风险的能力及返贫风险的强度。通过对研究区脱贫户进行生计现状及风险调查，测算脱贫户生计资本及返贫风险，研究区脱贫户主要依靠外出务工、种植农作物/经

---

① 中共中央 国务院关于做好 2023 年全面推进乡村振兴重点工作的意见 [J]．上海农村经济，2023（3）：4-9.

济作物、养殖等方式维持生计，多样化生计活动使得脱贫户收入有所提高；研究区脱贫户生计资本中人力资本占比最大，金融资本较薄弱；返贫风险评价值分布于 0.020~0.971，研究区脱贫户面临多种返贫风险的冲击，在各类返贫风险中，健康风险及环境风险对脱贫户的冲击最大，最担心健康风险的脱贫户占总受访人数的 29.75%，最担心环境风险的脱贫户占总受访人数的 26.83%。

同时，辨明不同类型农户面临的关键生计风险，探索阻碍农户抵御生计风险的潜在因素，了解遭遇生计风险的人群分布、风险成因以及风险损害，并寻求有效的应对策略，以增强农户的风险抵御力。研究发现：资源禀赋不同、风险类型不同的农户有着不同的风险规避偏好，整体上看，外出务工已成为研究区农户选择的主要风险应对策略，选择该策略的农户占总受访人数的比重高达 66.6%。风险发生前，人力资本富裕型农户倾向于选择参加农技培训、金融资本富裕型农户更愿意选择提高孩子受教育水平作为事前风险应对策略；物质资本富裕型及自然资本富裕型农户更愿意选择参加农技培训、提高村子应对风险的能力等共有风险应对策略；社会资本富裕型农户更愿意选择加强与村内人的联系、建立村内"安全网"等非正规风险应对策略。风险发生后，健康风险型农户倾向于选择资产转成现金、贷款、孩子辍学、社会保障及政府救济等策略；环境风险型农户倾向于选择资产转成现金、贷款、外出务工、社会保障及政府救济等策略；金融风险型农户倾向于资产转成现金、减少消费、外出务工等策略；社会风险型农户倾向于选择孩子辍学、社会保障及政府救济等策略；信息风险型农户不愿意选择资产转成现金、孩子辍学、社会保障及政府救济等策略。

社会保障及政府救济是农户应对多种返贫风险普遍选择的策略，而本应在返贫风险应对中发挥较大作用的社会组织机构却不为受访农户深度感知。事实上，打赢脱贫攻坚战的过程中，社会组织机构发挥的作用是非常大的，其是取得脱贫攻坚战胜利不可或缺的中坚力量之一。研究发现，在脱贫攻坚全过程中，社会各界对乡村/社区整体风险抵御能力建设关注不足，在诠释生计风险抵御力等的基本内涵后，本书分析了乡村/社区与农户/居民家庭间在返贫风险规避中的联系与作用机制，从系统维度思考乡村/社区生计风险抵御力构建框架。

此外，产业扶贫一直是脱贫攻坚取得全面胜利的重要支撑，进入后脱贫时代的相对贫困治理时期，产业扶贫的作用更加突出，对于脱贫摘帽地区的稳定持续脱贫至关重要。国家和各级地方政府相继出台诸多举措支持复工复产，确保中小型企业持续健康发展助力脱贫攻坚。相比之下，国内学界对于中小型企业恢复力的关注与研究非常不足，特别是在脱贫攻坚决战决胜时期，如何帮助中小型企业构建恢复力的研究略显不足。本书研究工作的最后，在探讨中小型企业助力脱贫户持续稳定脱贫的同时，梳理了与中小型企业恢复力相关的国际研究经验与进展，以期为有兴趣深耕此领域的专家学者抛砖引玉。

12.2　研究不足与工作展望

研究工作暂告一段落，但反思研究工作的整个过程仍存在诸多不足之处，简要梳理如下。

（1）数据获取方面仍存在一定的问题

一方面，对研究区的社会调查抽样没有能够全面覆盖整个研究区，主要是在较为集中的居民点进行入户调查与访谈，为保证数据质量而牺牲了样本的空间分布均衡，加之研究区地处干旱半干旱荒漠地区，地域跨度较大，部分居民点较为偏远且人口少，分层随机抽样与调查过程中主要关注了人口相对密集的地点以确保调查结果的代表性。另一方面，受访者主要是农户，牧民样本数量相对较少，主要是开展社会调查时正值放牧时节多数牧民逐草而居，牧民集中安置点人员较少且以老人为主，问卷调查结果不够理想。

（2）采用计量经济模型分析的规范性仍需加强

研究工作中多次借助多元 Logistic 回归分析模型分析特征要素、生计资本与生计风险间的作用关系及作用强度，重点揭示生计资本对生计风险的应对机理。在开展模型分析的过程中，利用计量模型的规范性仍有待加强，模型的假设与验证也有待加强，而且更多地关注了该方法在相关主题研究中的适用性、容易性，对研究方法应用的规范性仍需加强。

（3）长期相对贫困需要持续关注

"长期"包含着"代际传递"这层含义，通过扶贫短期内改变脱贫户习惯或固有的生计模式仍存在一定的困难，他们一直以一种"习惯性贫困"方式维持生计，生计始终处于略高于贫困线甚至暂时性返贫的状态。这样的生计状态源于重要的生计资本受创之后，创伤（损失）往往要持续多年甚至会代际传递。随着时间的推移，各类生计风险使他们愈加贫穷，即便可以通过创业或者受更多教育摆脱贫困，但也十分困难。

（4）生计网络分析需要继续深入

需要建立生计风险评估网络模型，借助社会网络分析方法刻画生计风险抵御力，优化生计风险响应路径与应对策略，提高农户—社区生计网络的返贫风险规避能力。同时，进行生计网络拓展，形成农户—社区与社区—社区间复杂的生计网络结构，形成多尺度多维度网络结构，借助系统仿真模型动态模拟生计风险冲击下的生计网络响应机制。

（5）相对贫困治理如何与乡村振兴全面对接和持续推进

2020 年以来，随着脱贫攻坚取得全面胜利，解决相对贫困问题将成为扶贫工作的新任务，在密切关注脱贫群体防止其返贫的同时，更广泛的相对贫困群体将成为扶贫工作的新对象。如何持续稳定巩固脱贫攻坚成果、长效推进相对贫困治理将成为后脱贫时代的新重点，特别是如何做好与乡村振兴战略的有机对接，振兴中稳脱贫、发展中治贫困，是新阶段的新课题。调研期间，笔者通过入户调查及座谈与受访农户广泛交流，发现无论是已脱贫摘帽的深度贫困户，还是收入略高于贫困线的农户和收入较高的农户，均担心遭受生计风险的冲击，但是他们对国家实施乡村振兴战略有着极高期望，富民兴乡、振兴发展的热情高涨，撸起袖子大干一场的决心坚定。乡村振兴战略的实施为广大农户打了一针强心剂，对于地处生态脆弱区的脱贫户或是收入不高的农户来讲，"强心"的边际效用更大、更明显。

（6）深挖中小型企业在产业扶贫中的新潜力

产业扶贫一直是脱贫攻坚中最为重要的手段之一，也必将是有效解决后脱贫时代相对贫困问题最直接、最有效的方式之一，特别是不断涌现的新兴业态，在借助电子商务实现迅速发展并帮助农户脱贫致富的同时，加速推进乡村振兴。农村电商、农产品网络直采、消费扶贫、直播带货等，各式各样的致富奇招层出不穷。就本书的研究区而言，包括笔者在内的部分主要团队成员，近10年一直扎根于此开展研究工作，切身感受到产业扶贫对于地方经济、农户致富的影响，见证了中小微企业的蓬勃发展。从优质有机农产品到中药材萃取物制品，从吃穿用到住行，中小微企业在拉动地方经济增长、吸纳剩余劳动力就业、扶贫增收等方面发挥了极大的作用：10年前想喝一罐张掖临泽红枣汁，需要请求出差的同事同学背回来，而现在网上下单后只需两三天红枣汁就到了餐桌上；10年前，出差带回来的祁连山香菇每次分得一点不剩，而现在在当地农户开办的微店下单即可随时品尝；以前野外调研时会因借宿农户家中生活不便而时有退缩，如今可以提前租住朴实的农户小院而驻扎村社；等等。进入后脱贫时代，巩固脱贫攻坚成果、解决相对贫困问题、振兴乡村过程中，中小型企业仍需继续发挥更大的作用，持续输出助力农户脱贫致富的新动力。如何挖掘相对贫困治理、乡村振兴中中小型企业的帮、助、带发展潜力，如何持续释放中小型企业健康发展的稳脱贫、增收入生计红利，如何发挥中小型企业等社会组织在持续助力脱贫、抵御生计风险、致富增收、生计转型中的作用等理论与现实问题，都将是后期的研究重点。

从脱贫攻坚到脱贫摘帽，从深度贫困到相对贫困，从资源禀赋差异到文化类型特征，从单一收入判定到多维生计状况评估，从脆弱性到抵御力，从农户到社区，从生计链条到生计网络，从政府兜底到企业帮扶，本书研究团队对贫困现象、贫困发生机制的认知越来越深刻，对于贫困治理从生计单链条到生计网络的思考越来越系统，对于贫困治理主体从政府到社会组织的认识越来越广泛，从返贫风险防范的农户个体到社区组织了解越来越全面。现阶段研究工作中的不足，将在今后的持续深入研究中改进。

参考文献

阿拉塔．鄂尔多斯市部分地区农牧民因灾返贫问题突出［J］．致富之友，2003（10）：49.

安祥牛，陈园园，凌日平．基于结构方程模型的城镇化农民可持续非农生计分析——以晋西北朔州市为例［J］．地理研究，2014，33（11）：2021-2033.

白永秀，宁启．巩固拓展脱贫攻坚成果同乡村振兴有效衔接的提出、研究进展及深化研究的重点［J］．西北大学学报（哲学社会科学版），2021，51（5）：5-14.

白永秀，吴杨辰浩．论建立解决相对贫困的长效机制［J］．福建论坛（人文社会科学版），2020（3）：19-31.

卞莹莹．不同生计方式农户的土地利用变化与效率分析——以典型生态移民区闽宁镇为例［J］．农业科学研究，2013，34（4）：18-23+31.

蔡洁，马红玉，夏显力．集中连片特困区农地转出户生计策略选择研究——基于六盘山的微观实证分析［J］．资源科学，2017，39（11）：2083-2093.

蔡萌，岳希明．中国社会保障支出的收入分配效应研究［J］．经济社会体制比较，2018（1）：36-44.

岑盈盈．社会网络视角下非正式培训对失地农民人力资本提升的影响［D］．杭州：浙江财经大学，2015.

陈超群，罗芬．乡村旅游地脱贫居民返贫风险综合模糊评判研究——基于可持续生计资本的视角［J］．中南林业科技大学学报（社会科学版），2018，12（5）：100-104+112.

陈传波，丁士军．对农户风险及其处理策略的分析［J］．中国农村经济，2003（11）：66-71．

陈传波．农户风险与脆弱性：一个分析框架及贫困地区的经验［J］．农业经济问题，2005（8）：47-50．

陈独秀文集（第一卷）［M］．北京：人民出版社，2013．

陈风波，陈传波，丁士军．中国南方农户的干旱风险及其处理策略［J］．中国农村经济，2005（6）：61-67．

陈海鹰．自然保护区旅游生态补偿运作机理与实现路径研究［D］．昆明：云南大学，2016．

陈甲，刘德钦，王昌海．生态扶贫研究综述［J］．林业经济，2017，39（8）：31-36．

陈琳．农村"隐性离婚"问题与返贫风险研究——基于贵州的调查与分析［J］．法制与社会，2018（17）：157-158．

陈前恒，方航．打破"文化贫困陷阱"的路径——基于贫困地区农村公共文化建设的调研［J］．图书馆论坛，2017，37（6）：45-54．

陈卓，续竞秦，吴伟光．集体林区不同类型农户生计资本差异及生计满意度分析［J］．林业经济，2014，36（8）：36-41．

陈祖海．持续农业：民族地区生态环境建设的路径选择［J］．中南民族大学学报（人文社会科学版），2003（3）：36-39．

程丛喜，徐光木．农村贫困地区高考升学引致贫困陷阱的原因及对策［J］．武汉商业服务学院学报，2012，26（5）：39-43．

储诚炜．新中国农民教育发展研究［D］．咸阳：西北农林科技大学，2010．

崔俊富，刘瑞，苗建军．人力资本与经济增长——兼论经济增长贫困陷阱［J］．江西财经大学学报，2009（5）：11-16．

大卫·李嘉图．李嘉图著作和通信集：第二卷 马尔萨斯《政治经济学原理》评注［M］．蔡受百，译．北京：商务印书馆，1979．

代富强，吕志强，周启刚，等．农户生计策略选择及其影响因素的计量

经济分析 [J]. 江苏农业科学, 2015, 43 (4): 418-421.

邓小平文选 (第二卷) [M]. 北京: 人民出版社, 1993.

邓小平文选 (第三卷) [M]. 北京: 人民出版社, 1993.

丁士军, 张银银, 马志雄. 被征地农户生计能力变化研究——基于可持续生计框架的改进 [J]. 农业经济问题, 2016, 37 (6): 25-34+110-111.

丁文强, 董海宾, 侯向阳, 等. 基于多项 Logit 模型的牧户生计资本对生计策略选择影响的实证研究 [J]. 中国农学通报, 2020, 36 (9): 150-158.

董沥, 兰慧灵, 袁琴. 少数民族贫困地区自我发展能力研究——以宁夏回族自治区海原县为例 [J]. 辽宁经济, 2019 (2): 28-29.

豆书龙, 叶敬忠. 乡村振兴与脱贫攻坚的有机衔接及其机制构建 [J]. 改革, 2019 (1): 19-29.

窦婷婷. 农村人力资本与农民收入增长的关系研究——以河北省为例 [D]. 石家庄: 河北经贸大学, 2012.

杜奋根, 赵翠萍. 论中国共产党在社会主义建设实践中的共同富裕思想 [J]. 求实, 2011 (1): 11-15.

杜文忠, 席玮, 杜金波. 基于 SD 的旅游可持续发展仿真研究——以桂林为例 [J]. 生态经济, 2020, 36 (12): 104-111.

杜毅. 破解"因病致贫、因病返贫"与合作医疗可持续发展研究——以重庆市某贫困县为例 [J]. 经济研究导刊, 2015 (18): 77-79+105.

范和生, 武政宇. 相对贫困治理长效机制构建研究 [J]. 中国特色社会主义研究, 2020 (1): 63-69.

冯茹. 我国农户生计可持续能力评价研究 [D]. 大连: 大连理工大学, 2015.

高强. 脱贫攻坚与乡村振兴有机衔接的逻辑关系及政策安排 [J]. 南京农业大学学报 (社会科学版), 2019, 19 (5): 15-23+154-155.

高帅, 丛建辉, 唐建军. 特困地区可持续减贫: 理论逻辑与实践路径 [J]. 上海财经大学学报, 2020, 22 (6): 21-32+51.

耿静红，谭清华．中国战胜绝对贫困：发展历程、基本经验与世界意义［J］．传承，2021（1）：63-68．

耿亚新，刘栩含，饶品样．农户生计资本和区域异质性对生计策略的影响研究——基于中国家庭追踪调查数据的实证分析［J］．林业经济，2021，43（5）：17-31．

顾六宝，张雪雯．"贫困陷阱"机制在西部经济增长中的现实性与应对策略分析［J］．开发研究，2006（6）：26-31．

关付新．山区贫困陷阱的构造及其突破［J］．青海师范大学学报（哲学社会科学版），2005（4）：21-25．

关信平．论现阶段我国贫困的复杂性及反贫困行动的长期性［J］．社会科学辑刊，2018（1）：15-22+209．

郭熙保，罗知．论贫困概念的演进［J］．江西社会科学，2005（11）：38-43．

郭熙保．论贫困概念的内涵［J］．山东社会科学，2005（12）：49-54+19．

郭秀丽，杨彬如．高寒牧区农户的生计风险及应对策略：以甘南州夏河县为例［J］．草业科学，2020，37（10）：2142-2151．

郭秀丽，周立华，陈勇，等．生态政策作用下农户生计资本与生计策略的关系研究——以内蒙古自治区杭锦旗为例［J］．中国农业资源与区划，2018，39（11）：34-41．

郭跃．试从公平与效率角度探讨"贫困陷阱"问题及其对策分析［J］．法制与社会，2007（11）：645-646．

韩步江．共同富裕：中国特色社会主义共享发展理念的目标指向［J］．云南民族大学学报（哲学社会科学版），2017，34（4）：18-22．

韩广富，辛远．2020年后中国贫困治理的战略重点、难点与对策［J］．行政管理改革，2020（9）：39-47．

韩长赋．用习近平总书记"三农"思想指导乡村振兴［J］．农村工作通讯，2018（7）：5-7．

韩峥．脆弱性与农村贫困［J］．农业经济问题，2004（10）：8-12+79.

何华征，盛德荣．论农村返贫模式及其阻断机制［J］．现代经济探讨，2017（7）：95-102.

何龙斌．省际边缘区"贫困陷阱"的形成与突破——以陕、鄂、川、甘省际边缘区为例［J］．经济问题探索，2016（9）：58-64.

何仁伟，李光勤，刘邵权，等．可持续生计视角下中国农村贫困治理研究综述［J］．中国人口·资源与环境，2017，27（11）：69-85.

何仁伟，刘邵权，陈国阶，等　中国农户可持续生计研究进展及趋向［J］．地理科学进展，2013，32（4）：657-670.

何绍辉．协调推进脱贫攻坚与乡村振兴［N］．人民日报，2018-12-24（5）.

何治江．中国之"家本位"与西方之"个人本位"之比较研究［J］．法制与社会，2010（26）：279-280.

和立道，王英杰，路春城．人力资本公共投资视角下的农村减贫与返贫预防［J］．财政研究，2018（5）：15-24.

贺雪峰．关于实施乡村振兴战略的几个问题［J］．南京农业大学学报（社会科学版），2018，39（3）：19-26+152.

贺雪峰．城乡二元结构视野下的乡村振兴［J］．北京工业大学学报（社会科学版），2018，18（5）：1-7.

胡鞍钢，周绍杰．绿色发展：功能界定、机制分析与发展战略［J］．中国人口·资源与环境，2014，24（1）：14-20.

胡江霞，文传浩．社会网络、风险识别能力与农村移民可持续生计——基于代际差异视角［J］．技术经济，2017，36（4）：110-116.

胡锦涛．全面贯彻落实科学发展观，推动经济社会又快又好发展［J］．求是，2006（1）：3-9.

胡绳．中国共产党的七十年［M］．北京：中共党史出版社，1991.

黄承伟．论乡村振兴与共同富裕的内在逻辑及理论议题［J］．南京农业大学学报（社会科学版），2021，21（6）：1-9.

黄承伟．推进乡村振兴的理论前沿问题［J］．行政管理改革，2021（8）：22-31.

黄德春，陈文婷，符磊．金融资本深化对区域经济高质量发展的影响［J］．水利经济，2019，37（3）：1-7+85.

黄国庆，刘钇，时朋飞．民族地区脱贫户返贫风险评估与预警机制构建［J］．华中农业大学学报（社会科学版），2021（4）：79-88+181-182.

黄国庆．连片特困地区旅游扶贫模式研究［J］．求索，2013（5）：253-255.

黄季焜，刘莹．农村环境污染情况及影响因素分析——来自全国百村的实证分析［J］．管理学报，2010，7（11）：1725-1729.

黄晋太．城乡社会发展与二元工业化［J］．山西高等学校社会科学学报，2007（11）：49-52.

黄英君，胡国生．金融扶贫、行为心理与区域性贫困陷阱——精准识别视角下的扶贫机制设置［J］．西南民族大学学报（人文社科版），2017，38（2）：1-10.

黄颖，吴惠芳．贫困山区农户生计创新的社会整合分析——基于皖西南村庄的调查［J］．农村经济，2008（1）：112-114.

霍般若．生计资本、感知能力与农民工创业［D］．太原：山西师范大学，2019.

季琳欢．2020年后我国相对贫困治理的战略转型研究［J］．商业经济，2021（9）：159-161.

坚定不移沿着中国特色社会主义道路前进为全面建成小康社会而奋斗——在中国共产党第十八次全国代表大会上的报告［J］．实践（思想理论版），2012（Z1）：4-18.

江泽民．论社会主义市场经济［M］．北京：中央文献出版社，2006.

姜列友．正确理解和把握支持脱贫攻坚与服务乡村振兴战略的关系［J］．农业发展与金融，2018（6）：107-108.

姜长云．实施乡村振兴战略需努力规避几种倾向［J］．农业经济问题，2018（1）：8-13．

蒋国河，平卫英，孙萍．发展性社会工作视角下的农村反贫困实践——W 县 Y 村妇女互助储金会的案例分析［J］．江西财经大学学报，2018（6）：94-103．

蒋永穆，豆小磊．共同富裕思想：演进历程、现实意蕴及路径选择［J］．新疆师范大学学报（哲学社会科学版），2021，42（6）：16-29．

焦国栋．遏制我国农村返贫现象的若干举措探析［J］．中州学刊，2005（4）：88-90．

决胜全面建成小康社会 夺取新时代中国特色社会主义伟大胜利——在中国共产党第十九次全国代表大会上的报告［M］．北京：人民出版社，2017．

雷明．绿色发展下生态扶贫［J］．中国农业大学学报（社会科学版），2017，34（5）：87-94．

黎洁，邰秀军．西部山区农户贫困脆弱性的影响因素：基于分层模型的实证研究［J］．当代经济科学，2009，31（5）：110-115+128．

黎毅，王燕．西部地区不同生计策略农户多维贫困分解研究［J］．西安财经大学学报，2021，34（2）：73-80．

李博，左停．精准扶贫视角下农村产业化扶贫政策执行逻辑的探讨——以 Y 村大棚蔬菜产业扶贫为例［J］．西南大学学报（社会科学版），2016，42（4）：66-73+190．

李聪，刘若鸿，许晏君．易地扶贫搬迁、生计资本与农户收入不平等——来自陕南的证据［J］．农业技术经济，2019（7）：52-67．

李聪，柳玮，黄谦．陕南移民搬迁背景下农户生计资本的现状与影响因素分析［J］．当代经济科学，2014，36（6）：106-112+126．

李翠珍，徐建春，孔祥斌．大都市郊区农户生计多样化及对土地利用的影响——以北京市大兴区为例［J］．地理研究，2012，31（6）：1039-1049．

李广东，邱道持，王利平，等．生计资产差异对农户耕地保护补偿模式选择的影响——渝西方山丘陵不同地带样点村的实证分析［J］．地理学报，2012，67（4）：504-515.

李国祥．实现农村产业兴旺必须正确认识和处理的若干重大关系［J］．中州学刊，2018（1）：32-38.

李红波．当前社会工作介入我国反贫困的必要性分析［J］．贵州社会科学，2011（12）：40-44.

李慧玲，马海霞，杨睿．棉花主产区棉农生计资本对生计策略的影响分析——基于新疆玛纳斯县和阿瓦提县的调查数据［J］．干旱区资源与环境，2017，31（5）：57-63.

李军龙，邓祥征，张帆，等．激励相容理论视角下生态公益林补偿对农户的增收效应——以福建三明为例［J］．自然资源学报，2020，35（12）：2942-2955.

李茜，毕如田．替代生计对农民可持续生计影响的研究——以山西西北四县为例［J］．农业与技术，2008（1）：141-145.

李小云，董强，饶小龙，等．农户脆弱性分析方法及其本土化应用［J］．中国农村经济，2007（4）：32-39.

李小云，许汉泽．2020年后扶贫工作的若干思考［J］．国家行政学院学报，2018（1）：62-66+149-150.

李小云．冲破"贫困陷阱"：深度贫困地区的脱贫攻坚［J］．人民论坛·学术前沿，2018（14）：6-13.

李小云．我国农村扶贫战略实施的治理问题［J］．贵州社会科学，2013（7）：101-106.

李晓嘉，蒋承．农村减贫：应该更关注人力资本还是社会资本？［J］．经济科学，2018（5）：68-80.

李月玲，何增平．多维视角下深度贫困地区返贫风险——以定西市深度贫困地区为例［J］．天水行政学院学报，2018，19（3）：112-115.

李赞．如何跳出高彩礼致贫返贫的泥潭即对解决农村彩礼飞涨的对策建议［J］．农村经济与科技，2016，27（18）：218+222.

李志阳.社会资本、村务管理对农民收入影响的实证分析——基于村级数据的研究〔J〕.兰州学刊,2011(1):181-185.

李卓智.自然资本是新的增长动力〔J〕.生态文化,2016(1):7.

梁义成,李树茁,李聪.基于多元概率单位模型的农户多样化生计策略分析〔J〕.统计与决策,2011(15):63-67.

廖赤眉,彭定新,严志强,等.贫困与反贫困若干问题的探讨〔J〕.广西师院学报(哲学社会科学版),2002(1):1-5.

产业扶贫助力3000万贫困人口"摘帽"〔EB/OL〕.(2016-10-16)〔2019-01-08〕.www.gov.cn/xinwen/2016-10/16/content_ 5119954.htm.

林丽,樊辉,金缘.山区县域土地利用/覆被变化多尺度多模型模拟对比——以云南省勐腊县为例〔J〕.山地学报,2020,38(4):630-642.

刘晨芳,赵微.农地整治对农户生计策略的影响分析——基于PSM-DID方法的实证研究〔J〕.自然资源学报,2018,33(9):1613-1626.

刘恩来,徐定德,谢芳婷,等.基于农户生计策略选择影响因素的生计资本度量—以四川省402户农户为例〔J〕.西南师范大学学报(自然科学版),2015,40(12):59-65.

刘风,向德平.贫困治理中政府与社会组织关系的变迁及走向〔J〕.中国农业大学学报(社会科学版),2017,34(5):111-118.

刘合光.乡村振兴战略的关键点、发展路径与风险规避〔J〕.新疆师范大学学报(哲学社会科学版),2018,39(3):25-33.

刘华民,王立新,杨劼,等.气候变化对农牧民生计影响及适应性研究——以鄂尔多斯市乌审旗为例〔J〕.资源科学,2012,34(2):248-255.

刘欢.乡村振兴视域下乡风文明建设研究〔D〕.长春:吉林大学,2021.

刘焕,秦鹏.脱贫攻坚与乡村振兴的有机衔接:逻辑、现状和对策〔J〕.中国行政管理,2020(1):155-157.

刘金新.脱贫脆弱户可持续生计研究〔D〕.北京:中共中央党校,2018.

刘菊，傅斌，王玉宽，等．西部典型山区农户的生计状况分析——以四川省宝兴县为例［J］．中国农业大学学报，2016，21（12）：144-154.

刘玲琪．陕西省返贫人口特征分析与对策思考［J］．人口学刊，2003（4）：20-24.

刘守英，熊雪锋．我国乡村振兴战略的实施与制度供给［J］．政治经济学评论，2018，9（4）：80-96.

刘姝问．贫困地区全面脱贫后持续发展与返贫防控对策研究［J］．知识经济，2018（14）：20+22.

刘同山，孔祥智．确权颁证、子孙传承与农民的承包地转让意愿［J］．中国人口·资源与环境，2019，29（3）：159-166.

刘伟，黎洁，徐洁．连片特困地区易地扶贫移民生计恢复力评估［J］．干旱区地理，2019，42（3）：673-680.

刘晓满．生态旅游对武夷山国家级自然保护区农户生计的影响研究［D］．福州：福建师范大学，2019.

刘学武，杨国涛．从脱贫攻坚到乡村振兴的有效衔接与转型［J］．甘肃社会科学，2020（6）：87-93.

刘彦随，刘玉．中国农村空心化问题研究的进展与展望［J］．地理研究，2010，29（1）：35-42.

刘勇毅．发展中国家落入贫困陷阱的制度因素探析［J］．经济视角（下旬刊），2013（9）：107-110+157.

刘玉森，范黎光，于连坤，等．"因学返贫"的现状、原因及对策［J］．经济论坛，2002（14）：65-66.

龙新．农业农村人才队伍建设助力乡村振兴［N］．农民日报，2018-12-26（1）.

陆自荣，张颖．从"共同富裕"到"共享发展"：理念的继承与创新［J］．湖南科技大学学报（社会科学版），2017，20（5）：70-75.

罗利丽．农村贫困人口反弹与可持续性发展机制的缺失［J］．贵州社会科学，2008（12）：76-79.

麻朝晖. 欠发达地区农村返贫现象探析 [J]. 商业经济与管理，2003（4）：43-45.

马明，陈绍军，陶思吉，等. 易地扶贫搬迁移民生计策略、生计资本与家庭收入影响研究——以云南少数民族深度贫困地区为例 [J]. 干旱区资源与环境，2021，35（8）：1-10.

马苏德，萨利姆·雷. 农村生计对多种压力源的脆弱性：来自孟加拉国西南沿海地区的案例研究 [J]. 海洋与海岸管理，2014（102）：79-87.

马小勇. 中国农户的风险规避行为分析——以陕西为例 [J]. 中国软科学，2006（2）：22-30.

毛泽东文集（第六卷）[M]. 北京：人民出版社，1999.

彭腾. 在制度完善中消除农村返贫困 [J]. 荆楚理工学院学报，2009，24（10）：66-70.

祁毓，卢洪友. "环境贫困陷阱"发生机理与中国环境拐点 [J]. 中国人口·资源与环境，2015，25（10）：71-78.

乔东平，邹文开. 社会救助的理论与实务 [M]. 天津：天津大学出版社，2011.

青连斌. 贫困的概念与类型 [N]. 学习时报，2006-06-05（5）.

青连斌. 社会主义和谐社会理论研究的进展 [J]. 中共石家庄市委党校学报，2006（2）：15-24.

邱卫东，高海波. 新中国 70 年来的共富实践：历程、经验和启示 [J]. 宁夏社会科学，2019（2）：5-11.

权英，吴士健，孙绪民. 当前我国农民社会资本的测度与分析——基于青岛市城郊农民的调查 [J]. 山东省农业管理干部学院学报，2009，25（1）：13-15.

尚前浪. 云南边境傣族村寨旅游发展中的生计变迁研究 [D]. 昆明：云南财经大学，2018.

史俊宏，赵立娟. 生计转型背景下少数民族牧区生态移民生计风险研究 [J]. 经济论坛，2013（10）：114-117.

史俊宏．生计转型背景下蒙古族生态移民非农生计策略选择及困境分析［J］．中国农业大学学报，2015，20（3）：264-270.

史俊宏．生态移民生计转型风险管理：一个整合的概念框架与牧区实证检验［J］．干旱区资源与环境，2015，29（11）：37-42.

史志乐，张琦．教育何以使脱贫成为可能？——基于家庭贫困陷阱的分析［J］．农村经济，2018（10）：1-8.

苏芳，宋妮妮，薛冰．后脱贫时期可持续生计研究展望［J］．地球环境学报，2021，12（5）：483-497.

苏芳，尚海洋．农户生计资本对其风险应对策略的影响——以黑河流域张掖市为例［J］．中国农村经济，2012（8）：79-87+96.

孙敏，吴刚．失地农民返贫现象与破解对策——基于大连失地农民的调查与分析［J］．农业经济，2016（1）：42-44.

孙晓一，徐勇，汤青．黄土高原半城镇化农民非农生计稳定性及收入差异分析［J］．人文地理，2016，31（3）：81-87.

檀学文，李静．习近平精准扶贫思想的实践深化研究［J］．中国农村经济，2017（9）：2-16.

唐丽霞，李小云，左停．社会排斥、脆弱性和可持续生计：贫困的三种分析框架及比较［J］．贵州社会科学，2010（12）：4-10.

童玉芬．人口、资源与环境经济学的经济学分析视角探析［J］．人口学刊，2009（6）：14-18.

托马斯·福特·布朗，木子西．社会资本理论综述［J］．马克思主义与现实，2000（2）：41-46.

完玛冷智．青海农牧民返贫原因与反返贫策略［J］．青海社会科学，2001（3）：37-40.

万文玉，赵雪雁，王伟军，等．高寒生态脆弱区农户的生计风险识别及应对策略——以甘南高原为例［J］．经济地理，2017，37（5）：149-157+190.

汪磊，汪霞．基于风险分析的西南喀斯特山地省区农村返贫问题研究——以贵州为例 [J]．贵州大学学报（社会科学版），2013，31（3）：27-30+67.

汪灵波．高校贫困生资助工作的困境与转型——基于贫困陷阱视角的分析 [J]．新余学院学报，2016，21（4）：147-149.

王彩霞．新时代高质量发展的理论要义与实践路径 [J]．生产力研究，2018（10）：18-22+67.

王成，王利平，李晓庆，等．农户后顾生计来源及其居民点整合研究——基于重庆市西部郊区白林村471户农户调查 [J]．地理学报，2011，66（8）：1141-1152.

王春光．迈向共同富裕———农业农村现代化实践行动和路径的社会学思考 [J]．社会学研究，2021，36（2）：29-45+226.

王丹，王太明．中国共产党治理农村绝对贫困的基本特征、主要经验及现实启示 [J]．理论学刊，2021（1）：50-58.

王弟海．健康人力资本、经济增长和贫困陷阱 [J]．经济研究，2012，47（6）：143-155.

王国敏．农业自然灾害与农村贫困问题研究 [J]．经济学家，2005（3）：55-61.

王海滨．新农村建设必须破解的难题：欠发达地区农民返贫 [J]．特区经济，2007（8）：149-150.

王俊喆，丁翔，沈文伟．我国"贫困陷阱"现象的治理 [J]．商业经济，2011（11）：20-21.

王瓅．关于当前农村扶贫工作的几点建议 [J]．特区经济，2007（4）：147-148.

王亮亮，杨意蕾．贫困陷阱与贫困循环研究——以贵州麻山地区代化镇为例 [J]．中国农业资源与区划，2015，36（2）：94-101.

王三秀，芮冀．社会工作介入农村老年精准脱贫的困境与出路——基于Z县Y村的调查 [J]．四川理工学院学报（社会科学版），2018，33（4）：1-18.

王颂吉，魏后凯．城乡融合发展视角下的乡村振兴战略：提出背景与内在逻辑 [J]．农村经济，2019（1）：1-7.

王小林．贫困标准及全球贫困状况 [J]．经济研究参考，2012（55）：41-50.

王小林，张晓颖．中国消除绝对贫困的经验解释与 2020 年后相对贫困治理取向 [J]．中国农村经济，2021（2）：2-18.

王晓光．高考状元县"因教返贫"现象调查 [J]．人民论坛，2007（12）：24-26.

王新艺．探析精准扶贫背景下防治因病致贫返贫的措施 [J]．中国市场，2019（1）：95+100.

王雪岚．从绝对贫困治理到相对贫困治理：中国精准扶贫长效机制的实践路径分析 [J]．沈阳工程学院学报（社会科学版），2020，16（1）：52-57+90.

王彦星，潘石玉，卢涛，等．生计资本对青藏高原东缘牧民生计活动的影响及区域差异 [J]．资源科学，2014，36（10）：2157-2165.

王瑜，汪三贵．人口老龄化与农村老年贫困问题——兼论人口流动的影响 [J]．中国农业大学学报（社会科学版），2014，31（1）：108-120.

王正理．贫困地区的特点及发展对策 [J]．科学·经济·社会，1986（6）：330-332.

王郅强，王昊．征地拆迁户返贫现象的调查与反思——以 C 市为例 [J]．天津行政学院学报，2014，16（1）：76-84.

魏凌．农户生计脆弱性及影响因素研究 [D]．郑州：河南财经政法大学，2017.

闻涛．扶贫开发成败在于精准 [N]．人民日报，2015-06-25（5）.

乌德亚·瓦格尔，刘亚秋．贫困再思考：定义和衡量 [J]．国际社会科学杂志（中文版），2003（1）：146-155.

吴炳魁．化解"因病致贫、因病返贫"风险的策略研究 [J]．就业与保障，2017（9）：20-21.

吴海涛，王娟，丁士军．贫困山区少数民族农户生计模式动态演变——以滇西南为例［J］．中南民族大学学报（人文社会科学版），2015，35（1）：120-124．

吴孔森，刘倩，张戬，等．干旱环境胁迫下民勤绿洲农户生计脆弱性与适应模式［J］．经济地理，2019，39（12）：157-167．

吴旭鹏，金晓霞，刘秀华，等．生计多样性对农村居民点布局的影响——以丰都县为例［J］．西南农业大学学报（社会科学版），2010，8（5）：13-17．

吴中全，王志章．基于治理视角的生态保护红线、生态补偿与农户生计困境［J］．重庆大学学报（社会科学版），2020，26（5）：230-243．

西博姆·朗特里．贫乏研究［M］．长泽弘毅，译．东京：株式会社千城，1975．

西奥多·W．舒尔茨．论人力资本投资［M］．吴珠华等，译．北京：北京经济学院出版社，1990．

习近平扶贫论述摘编［M］．北京：中央文献出版社，2018．

向国成，邝劲松，邝嫦娥．绿色发展促进共同富裕的内在机理与实现路径［J］．郑州大学学报（哲学社会科学版），2018，51（6）：71-76．

解垩．农村家庭的资产与贫困陷阱［J］．中国人口科学，2014（6）：71-83+127-128．

行龙．开展中国人口、资源、环境史研究［J］．山西大学学报（哲学社会科学版），2001（6）：1-4．

徐定德，谢芳婷，刘邵权，等．四川省山丘区不同生计策略类型农户生计资本结构特征及差异研究［J］．西南大学学报（自然科学版），2016，38（10）：125-131．

徐锋．农户家庭经济风险的处理［J］．农业技术经济，2000（6）：14-18．

徐董寒．生计资本对山区农户生活满意度的影响研究——基于浙江省山区农户的调查［D］．杭州：浙江农林大学，2019．

许昭宾，张勇，闫晓静，等．创新解决相对贫困长效机制 加强脱贫攻坚思想政治教育［J］．现代商贸工业，2020，41（17）：132-133.

亚当·斯密．国民财富的性质和原因研究（上卷）［M］．郭大力，王亚南，译．北京：商务印书馆，1972.

闫坤．乡村振兴战略的时代意义与实践路径［J］．中国社会科学，2018（9）．

闫欣．吉林市 X 乡"因婚返贫"问题及政策建议［D］．长春：吉林大学，2018.

闫雪．乡村振兴背景下脱贫群众返贫风险及其防控机制研究——以云南省 T 镇为例［D］．昆明：云南财经大学．2021.

阎建忠，吴莹莹，张镱锂，等．青藏高原东部样带农牧民生计的多样化［J］．地理学报，2009，64（2）：221-233.

阎建忠，喻鸥，吴莹莹，等．青藏高原东部样带农牧民生计脆弱性评估［J］．地理科学，2011，31（7）：858-867.

颜节礼，王祖祥．洛伦兹曲线模型研究综述和最新进展［J］．统计与决策，2014（1）：34-39.

杨翠萍．我国西部农村"因教返贫"现象透析［J］．中州学刊，2010（5）：265-266.

杨国涛，周慧洁，李芸霞．贫困概念的内涵、演进与发展述评［J］．宁夏大学学报（人文社会科学版），2012，34（6）：139-143.

杨静，陆树程．新时代共同富裕的新要求——学习习近平关于共同富裕的重要论述［J］．毛泽东邓小平理论研究，2018（4）：24-29+107.

杨龙，李萌，汪三贵．贫困村互助资金降低农户脆弱性了吗——来自 5 省 1213 户三期面板数据的证据［J］．农业技术经济，2018（6）：57-70.

杨伦，刘某承，闵庆文，等．农户生计策略转型及对环境的影响研究综述［J］．生态学报，2019，39（21）：8172-8182.

杨清震，周晓燕．民族地区的反贫困与经济可持续发展［J］．黑龙江民族丛刊，2001（4）：22-29.

杨庆然，王永必，杨维林，等．夯实产业基础 创新养殖模式 助推脱贫攻坚［J］．云南畜牧兽医，2020（6）：39-41.

杨世龙，赵文娟，徐蕊，等．元江干热河谷地区农户生计策略选择机制分析——以新平县为例［J］．干旱区资源与环境，2016，30（7）：19-23.

杨欣，尚光引，李研，等．农户农田生态补偿方式选择偏好及其影响因素研究——基于农户分化视角的实证［J］．中国农业资源与区划，2020，41（10）：131-137.

杨云彦，赵锋．可持续生计分析框架下农户生计资本的调查与分析——以南水北调（中线）工程库区为例［J］ 农业经济问题，2009（3）：58-65+111.

杨志恒，黄秋昊，李满春，等．产业扶贫视角下村域空间贫困陷阱识别与策略分析——以湘西保靖县为例［J］．地理科学，2018，38（6）：885-894.

姚建平，王硕，刘晓东．农业产业化的农户返贫风险研究——基于甘肃省靖远县两村庄枣农的分析［J］．华北电力大学学报（社会科学版），2017（1）：73-79.

姚洋．振兴乡村不能只谈乡村经济，而更需要开展一场新进步运动［N］．财经，2018-04-16.

叶初升，高考，刘亚飞．贫困陷阱：资产匮乏与悲观心理的正反馈［J］．上海财经大学学报，2014，16（4）：44-53+85.

叶敬忠，张明皓，豆书龙．乡村振兴：谁在谈，谈什么？［J］．中国农业大学学报（社会科学版），2018，35（3）：5-14.

叶兴庆．新时代中国乡村振兴战略论纲［J］．改革，2018（1）：65-73.

俞林伟，陈小英．农民工家庭城市融入中健康贫困问题研究［J］．医学与哲学（A），2013，34（3）：58-61.

岳天明，李林芳．民族村寨精准扶贫的社会工作借鉴——以甘肃文县T乡为例［J］．中央民族大学学报（哲学社会科学版），2017，44（6）：103-109.

在庆祝改革开放40周年大会上的讲话［N］．人民日报，2018-12-19（2）．

在高质量发展中促进共同富裕 统筹做好重大金融风险防范化解工作［N］．人民日报，2021-08-18（1）．

张春勋，赖景生．西部农村返贫的制度根源及市场化创新方向［J］．重庆工商大学学报（西部论坛），2006（6）：11-14．

张春艳．我国"因灾返贫"问题研究——一种社会救助体系视角［D］．西安：西北大学，2012．

张国安．贵州少数民族地区返贫现象的调查与思考——以德江县松溪村、滚平村为例［J］．贵州民族研究，2000（4）：42-46．

张海鹏，郜亮亮，闫坤．乡村振兴战略思想的理论渊源、主要创新和实现路径［J］．中国农村经济，2018（11）：2-16．

张海鹏，朱钢．返乡农民工创业的现状、意愿及问题［J］．中国发展观察，2018（6）：53-56．

张华泉，申云．家庭负债与农户家庭贫困脆弱性——基于CHIP2013的经验证据［J］．西南民族大学学报（人文社科版），2019，40（9）：131-140．

张华泉．我国71年农村科技扶贫变迁历程及演化进路研究［J］．科技进步与对策，2020，37（15）：18-27．

张锦华．教育不平等、收入非平衡与贫困陷阱——对农村教育和农民收入的考察［J］．经济经纬，2007（6）：107-110．

张淼．中国共产党百年贫困治理的历程、经验与展望［J］．安阳师范学院学报，2021（4）：6-12．

张明皓，豆书龙．农业供给侧改革与精准扶贫衔接机制研究［J］．西北农林科技大学学报（社会科学版），2017，17（6）：18-24

张琦，史志乐．我国贫困家庭的教育脱贫问题研究［J］．甘肃社会科学，2017（3）：201-206．

张琦．稳步推进脱贫攻坚与乡村振兴有效衔接［J］．人民论坛，2019

（S1）：84-86.

张琦，张力，张涛．中国特色的贫困治理方略与经验［J］．可持续发展经济导刊，2021（Z2）：49-51.

张倩．贫困陷阱与精英捕获：气候变化影响下内蒙古牧区的贫富分化［J］．学海，2014（5）：132-142.

张永丽，刘卫兵．"教育致贫"悖论解析及相关精准扶贫策略研究——以甘肃14个贫困村为例［J］．经济地理，2017，37（9）：167-176.

张宇．自然资本多元价值的识别与测度——以武汉市东湖风景区为例［D］．武汉：华中科技大学，2016.

张自强，伍国勇，徐平．贫困地区农户对扶贫效果评价的影响因素分析——以贵州关岭县为例［J］．贵州大学学报（社会科学版），2017，35（5）：70-74.

赵述．区域性金融改革的制度变迁：基于新制度经济学视角［J］．海南金融，2018（1）：5-12.

赵玺玉，吴经龙，李宏勋．返贫：巩固扶贫开发成果需要解决的重大课题［J］．生产力研究，2003（3）：140-142.

赵玺玉，赵玉娟．关于遏制农村贫困人口"反弹"问题的研究［J］．理论探讨，2005（4）：64-66.

赵旭，陈寅岚，赵菲菲．COVID-19风险冲击对疫区农户生计资本的影响及其抵御效应——以湖北、安徽、重庆为例［J］．地理科学进展，2021，40（7）：1086-1097.

赵雪雁，刘江华，王伟军，等．贫困山区脱贫农户的生计可持续性及生计干预——以陇南山区为例［J］．地理科学进展，2020，39（6）：982-995.

赵雪雁，介永庆，何小风，等．多重压力下重点生态功能区农户的生计适应性研究——以甘南黄河水源补给区为例［J］．中国人口·资源与环境，2020，30（1）：140-149.

赵雪雁，李巍，杨培涛，等．生计资本对甘南高原农牧民生计活动的影响［J］．中国人口·资源与环境，2011，21（4）：111-118.

赵亚奎. 贫困陷阱的生成机制：一个文献综述［J］. 东岳论丛，2009，30（5）：10-15.

赵莹. 基于地理资本的集中连片特困地区空间贫困陷阱研究——以宁夏隆德县为例［D］. 银川：宁夏大学，2015.

郑瑞强，曹国庆. 脱贫人口返贫：影响因素、作用机制与风险控制［J］. 农林经济管理学报，2016，15（6）：619-624.

郑长德. 贫困陷阱、发展援助与集中连片特困地区的减贫与发展［J］. 西南民族大学学报（人文社科版），2017，38（1）：120-127.

郑智航. 论免于贫困的权利在中国的实现——以中国的反贫困政策为中心的分析［J］. 法商研究，2013，30（2）：48-57.

中共中央　国务院关于实施乡村振兴战略的意见［EB/OL］. （2018-02-04）. www. gov. cn/zhengce/2018-02/04/content_ 5263807. htm.

中共中央文献研究室. 建国以来重要文献选编（第一册）［M］. 北京：中央文献出版社，1992.

周丹青. 环境风险型群体性事件的发生逻辑及其治理路径［J］. 法制与社会，2016（7）：194-195.

周科. 我国农村正规金融服务缺失的制度经济学分析［M］. 成都：四川大学出版社，2014.

周力，孙杰. 气候变化与中国连片特困地区资产贫困陷阱［J］. 南京农业大学学报（社会科学版），2016，16（5）：55-64+155.

周力，郑旭媛. 气候变化与中国农村贫困陷阱［J］. 财经研究，2014，40（1）：62-72.

周茂春，邓鹏. 西部农村贫困陷阱反思及终结治理［J］. 云南财经大学学报（社会科学版），2009，24（2）：97-100.

朱建军，胡继连，安康，等. 农地转出户的生计策略选择研究——基于中国家庭追踪调查（CFPS）数据［J］. 农业经济问题，2016，37（2）：49-58+111.

庄天慧，张海霞，傅新红. 少数民族地区村级发展环境对贫困人口返贫的影响分析——基于四川、贵州、重庆少数民族地区 67 个村的调查［J］.农业技术经济, 2011（2）: 41-49.

邹薇, 方迎风. 中国农村区域性贫困陷阱研究——基于"群体效应"的视角［J］. 经济学动态, 2012（6）: 3-15.

Anthony Bebbington. Capitals and Capabilities: A Framework for Analyzing Peasant Viability, Rural Livelihoods and poverty ［J］. World Development, 1999, 27（12）.

China's Success on Millennium Development Goals Provides an Example for Others to Follow for the Post-2015 Development Agenda, Says New UNDP Report ［EB/OL］. https://www. undp. Org.

Ellis F. Rural Livelihoods and Diversity in Developing Countries ［M］. New York: Oxford University Press, 2000.

Esping-Andersen G. The Three Worlds of Welfare Capitalism ［M］. New York: John Wiley & Sons, 1990.

Ian Wallace. A Framework for Revitalisation of Rural Education and Training Systems in Sub-Saharan Africa: Strengthening the Human Resource Base for Food Security and Sustainable Livelihoods ［J］. International Journal of Educational Development, 2006, 27（5）.

Ian Scoones. Livelihoods Perspectives and Rural Development ［J］. The Journal of Peasant Studies, 2009, 36（1）.

Mackay Alex, Armitage Simon J, Niespolo Elizabeth M, et al. Environmental in Luences on Human Innovation and Behavioural Diversity in Southern Africa 92-80 Thousand Years Ago ［J］. Nature Ecology & Evolution, 2022, 6（4）.

Masud Iqbal Md, S Salim M, Ray R. Vulnerability of Rural Livelihoods to Multiple Stressors: A Case Study from the Southwest Coastal Region of Bangladesh ［J］. Ocean and Coastal Management, 2014（102）.

Padma Lhundrup. The Causes and Anti-poverty Strategies of Farmers and

Herdsmen Returning to Poverty in Qinghai Province ［J］. Qinghai Social Science, 2001 (3).

Runciman W G. Max Weber: Selections in Translation ［M］. London: Cambridge University Press, 1978.

Rowntree B S. Poverty: A Study of Town Life ［M］. London: Macmillan, 1901.

Thuy Thi Thanh Pham. Tourism in Marine Protected Areas: Can It be Considered as an Alternative Livelihood for Local Communities? ［J］. Marine Policy, 2020, 115 (C).

Taylor G I, Townsend P, Corlett R. Superiority of the Deep Circumflex Iliac Vessels as the Supply for Free Groin Flaps. Clinical Work. ［J］. Plastic and Reconstructive Surgery, 1979, 64 (6).

图书在版编目（CIP）数据

返贫风险应对策略：基于西北生态脆弱区脱贫农户
的调查／尚海洋，苏芳，马静著．--北京：社会科学
文献出版社，2023.7
　　ISBN 978-7-5228-2081-1

　　Ⅰ.①返… Ⅱ.①尚… ②苏… ③马… Ⅲ.①农村-
扶贫-调查研究-西北地区 Ⅳ.①F323.8

　　中国国家版本馆 CIP 数据核字（2023）第 125434 号

返贫风险应对策略：基于西北生态脆弱区脱贫农户的调查

著　　者／尚海洋　苏　芳　马　静

出 版 人／王利民
组稿编辑／恽　薇
责任编辑／孔庆梅
文稿编辑／白　银
责任印制／王京美

出　　版／社会科学文献出版社·经济与管理分社（010）59367226
　　　　　　地址：北京市北三环中路甲 29 号院华龙大厦　邮编：100029
　　　　　　网址：www.ssap.com.cn
发　　行／社会科学文献出版社（010）59367028
印　　装／三河市尚艺印装有限公司

规　　格／开　本：787mm×1092mm　1/16
　　　　　　印　张：20.25　字　数：309 千字
版　　次／2023 年 7 月第 1 版　2023 年 7 月第 1 次印刷
书　　号／ISBN 978-7-5228-2081-1
定　　价／128.00 元

读者服务电话：4008918866